我以我血献轩辕

I have dedicated my life to China

一位马克思主义经济学家七十自述

郭　飞　◎著

中国经济出版社
CHINA ECONOMIC PUBLISHING HOUSE
·北 京·

图书在版编目（CIP）数据

我以我血献轩辕：一位马克思主义经济学家七十自述 / 郭飞著. -- 北京：中国经济出版社，2022.7

ISBN 978-7-5136-6977-1

Ⅰ. ①我… Ⅱ. ①郭… Ⅲ. ①中国经济 - 经济改革 - 文集 ②中国经济 - 经济发展 - 文集 Ⅳ. ① F121-53 ② F124-53

中国版本图书馆 CIP 数据核字（2022）第 110032 号

策划编辑 李祥柱
责任编辑 王西琨
责任印制 马小宾
封面设计 任燕飞装帧设计工作室

出版发行 中国经济出版社
印 刷 者 北京富泰印刷有限责任公司
经 销 者 各地新华书店
开 本 710mm × 1000mm 1/16
彩 插 3.25
印 张 19.75
字 数 380 千字
版 次 2022 年 7 月第 1 版
印 次 2022 年 7 月第 1 次
定 价 126.00 元
广告经营许可证 京西工商广字第 8179 号

中国经济出版社 网址 www. economyph. com 社址 北京市东城区安定门外大街 58 号 邮编 100011
本版图书如存在印装质量问题，请与本社销售中心联系调换（联系电话：010-57512564）

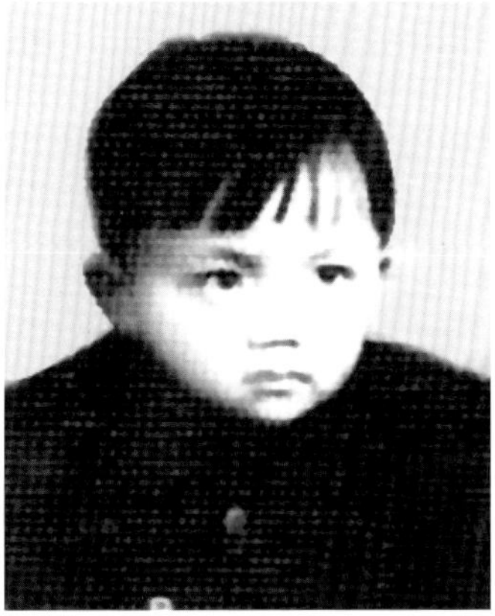

幼儿时期的郭飞（1955 年）

小学时期的郭飞（1962 年）

1965 年 7 月，郭飞（第 4 排左 10）的小学毕业合影

初中时期的郭飞（1967 年）

1971 年 5 月，郭飞（前排）在前郭县八三工程指挥部工作期间与同事合影

大学时期的郭飞（1973 年）

1975 年 1 月，郭飞（第 5 排左 7）的大学毕业合影

1983 年 12 月，郭飞（第 4排左5）与长春地质学院（后更名为长春科技大学并入吉林大学）社会科学系同事合影

1983年1月，郭飞（第4排左11）在教育部委托吉林大学举办的全国高校政治经济学教师进修班结业时合影

吉大政治经济学教师进修班结业纪念 83.1

1986年4月，郭飞（前排左7）在东北师范大学青年经济研究会成立后与部分师生合影

1987年6月，郭飞（左5）与东北师范大学政治经济学专业部分研究生合影

1988 年 6 月，郭飞（后排左 1）参加硕士学位论文答辩后与答辩委员会主席张大简教授（前排左 2，时任吉林省社联副主席、中共吉林省委党校副校长）和导师曹序教授（前排左 3）等合影

2000 年 11 月，郭飞在中国金融学院（隶属中国人民银行，由全国九大金融机构创办）门前留影

1995 年 5 月，郭飞在家中留影

2001 年起，郭飞在对外经济贸易大学国际经济贸易学院任教

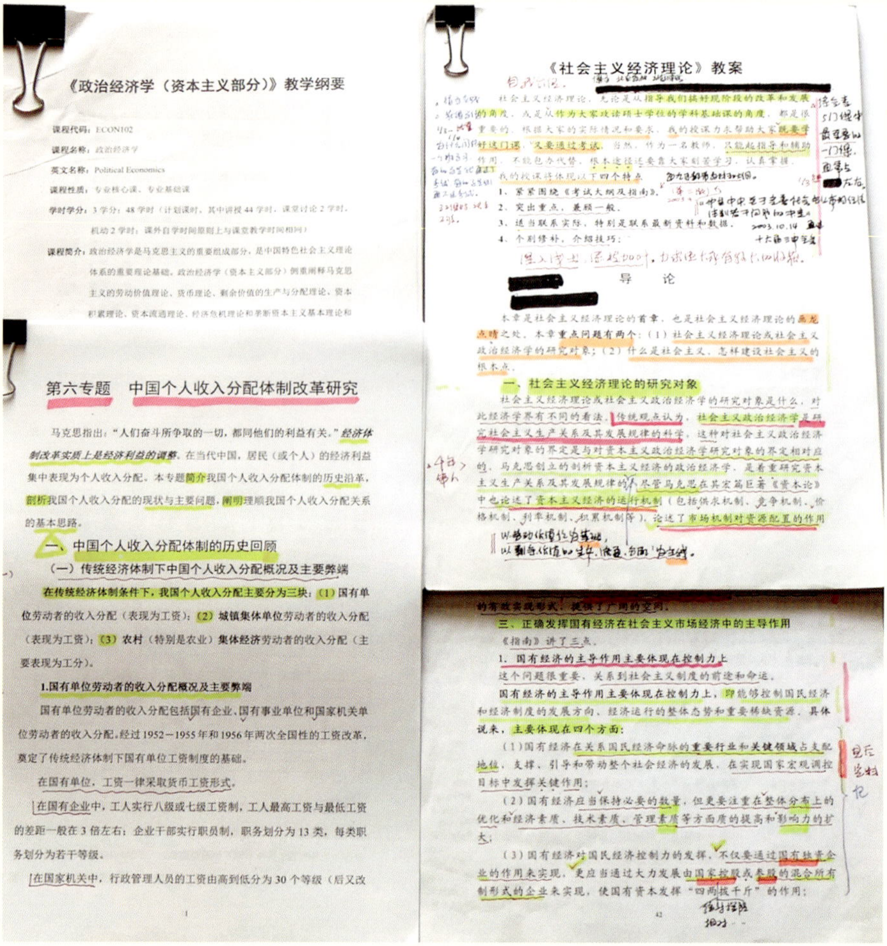

《政治经济学（资本主义部分）》教学纲要

课程代码：ECON102

课程名称：政治经济学

英文名称：Political Economics

课程性质：专业核心课、专业基础课

学时学分：3 学分；48 学时（计划课时，其中讲授 44 学时，课堂讨论 2 学时，机动 2 学时；课外自学时间原则上与课堂教学时间相同）

课程简介：政治经济学是马克思主义的重要组成部分，是中国特色社会主义理论体系的重要理论基础。政治经济学（资本主义部分）侧重阐释马克思主义的劳动价值理论、货币理论、剩余价值的生产与分配理论、资本积累理论、资本流通理论、经济危机理论和垄断资本主义基本理论和

第六专题　中国个人收入分配体制改革研究

马克思指出："人们奋斗所争取的一切，都同他们的利益有关。"*经济体制改革实质上是经济利益的调整*。在当代中国，居民（或个人）的经济利益集中表现为个人收入分配。本专题简介我国个人收入分配体制的历史沿革，剖析我国个人收入分配的现状与主要问题，阐明理顺我国个人收入分配关系的基本思路。

一、中国个人收入分配体制的历史回顾

（一）传统经济体制下中国个人收入分配概况及主要弊端

在传统经济体制条件下，我国个人收入分配主要分为三块：（1）**国有单位**劳动者的收入分配（表现为工资）；（2）**城镇集体单位**劳动者的收入分配（表现为工资）；（3）**农村**（特别是农业）**集体经济**劳动者的收入分配（主要表现为工分）。

1.国有单位劳动者的收入分配概况及主要弊端

国有单位劳动者的收入分配包括国有企业、国有事业单位和国家机关单位劳动者的收入分配。经过 1952—1955 年和 1956 年两次全国性的工资改革，奠定了传统经济体制下国有单位工资制度的基础。

在国有单位，工资一律采取货币工资形式。

在国有企业中，工人实行八级或七级工资制，工人最高工资与最低工资的差距一般在 3 倍左右；企业干部实行职员制，职务划分为 13 类，每类职务划分为若干等级。

在国家机关中，行政管理人员的工资由高到低分为 30 个等级（后又改

1

《社会主义经济理论》教案

[redacted]

社会主义经济理论，无论是从指导我们搞好现阶段的改革和发展的角度，或是从作为大家攻读硕士学位的学科基础课的角度，都是很重要的。根据大家的实际情况和要求，我的授课力求帮助大家既要学好这门课，又要通过考试。当然，作为一名教师，只能起指导和辅助作用，不能包办代替，根本途径还要靠大家刻苦学习，认真掌握。我的授课将体现以下四个特点：

1、紧紧围绕《考试大纲及指南》。

2、突出重点，兼顾一般。

3、适当联系实际，特别是联系最新资料和数据。

4、个别修补，介绍技巧：

[redacted]

导　论

本章是社会主义经济理论的首章，也是社会主义经济理论的画龙点睛之处。本章重点问题有两个：（1）社会主义经济理论或社会主义政治经济学的研究对象；（2）什么是社会主义、怎样建设社会主义的根本点。

一、社会主义经济理论的研究对象

社会主义经济理论或社会主义政治经济学的研究对象是什么，对此经济学界有不同的看法。传统观点认为，社会主义政治经济学是研究社会主义生产关系及其发展规律的科学。这种对社会主义政治经济学研究对象的界定是与对资本主义政治经济学研究对象的界定相对应的。马克思创立的剖析资本主义经济的政治经济学，是着重研究资本主义生产关系及其发展规律的。尽管马克思在其宏篇巨著《资本论》中也论述了资本主义经济的运行机制（包括供求机制、竞争机制、价格机制、利率机制、积累机制等），论述了市场机制对资源配置的作用

的有效实现形式，提供了广阔的空间。

三、正确发挥国有经济在社会主义市场经济中的主导作用

《指南》讲了三点。

1、国有经济的主导作用主要体现在控制力上

这个问题很重要，关系到社会主义制度的前途和命运。

国有经济的主导作用主要体现在控制力上，即能够控制国民经济和经济制度的发展方向、经济运行的整体态势和重要稀缺资源。具体说来，主要体现在四个方面：

（1）国有经济在关系国民经济命脉的重要行业和关键领域占支配地位，支撑、引导和带动整个社会经济的发展，在实现国家宏观调控目标中发挥关键作用；

（2）国有经济应当保持必要的数量，但更要注重在整体分布上的优化和经济素质、技术素质、管理素质等方面质的提高和影响力的扩大；

（3）国有经济对国民经济控制力的发挥，不仅要通过国有独资企业的作用来实现，更应当通过大力发展由国家控股或参股的混合所有制形式的企业来实现，使国有资本发挥"四两拨千斤"的作用；

42

郭飞为本科生与研究生授课的部分教学纲要和讲稿

1998 年 4 月，郭飞于本科教学评估前在中国金融学院教师和干部大会上进行示范授课

1996年4月，郭飞组织中国金融学院1995级部分学生到北京第一机床厂参观调查后合影

2012年5月，郭飞（前排左2）与指导的研究生在论文答辩后合影

2014年4月，郭飞（左5）与指导的本科留学生在对外经济贸易大学校史博物馆前合影

2000 年 4 月，郭飞在佐治亚州普伦斯市与美国前总统卡特及夫人合影

1995 年 10 月，郭飞在莫斯科与哈斯布拉托夫院士合影

2006 年 9 月，郭飞与杰出经济学家、中国社会科学院原副院长刘国光学部委员合影

2019 年 6 月 1 日，郭飞与刘国光学部委员在学术年会开幕前亲切交谈

2002 年元旦前夕，郭飞与“人民教育家”国家荣誉称号获得者、杰出经济学家、中国人民大学荣誉一级教授卫兴华合影

2004 年 10 月，郭飞与卫兴华教授合影

2009 年 1 月，郭飞与中国经济规律研究会（2018 年年末更名为中国政治经济学学会）部分领导同志（前排左起：陈德华、杨时旺、项启源、胡钧、刘方棫；后排左起：郭飞、文魁、杨圣明、程恩富、毛立言）合影

2013 年 2 月，郭飞与中国经济规律研究会原会长项启源荣誉学部委员合影

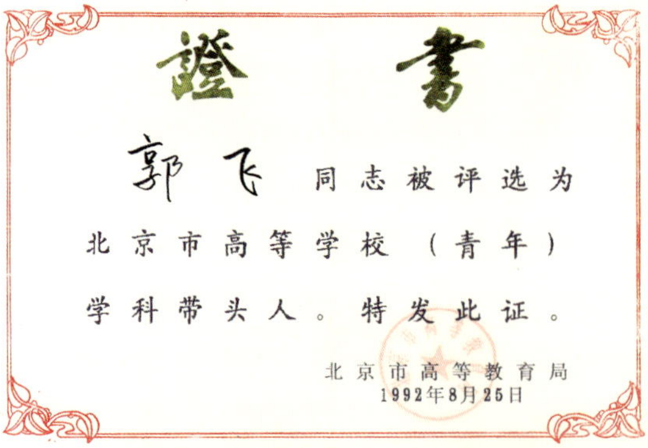

1992 年 8 月，郭飞被评为北京高校首批（青年）学科带头人

1998 年 2 月，郭飞被国务院批准为享受政府特殊津贴的有突出贡献的专家

郭飞独立（或为第一作者）获得省部级科研成果奖的证书

郭飞九次独立获得北京高校政治经济学优秀论文一等奖

郭飞获得国家级、省部级、校级等奖励30余项

《郭飞文选——经济理论与经济改革重大问题研究》（上、下卷）由经济科学出版社 2016 年出版，杰出经济学家刘国光为该书作序

·书　评·

对经济理论与经济改革若干重大问题的有益探索

《郭飞文选——经济理论与经济改革重大问题研究》(上、下卷)，已由经济科学出版社出版。该书荟萃了对外经济贸易大学郭飞同志 30 年来有代表性的科研论文，反映了他不断探索、砥砺成长的思想轨迹。我认为，该书具有三个主要特点。

1. 坚持“以人民为中心”的马克思主义政治经济学的根本立场。为什么人的问题是根本的问题。习近平总书记指出：“以人民为中心”是马克思主义政治经济学的根本立场。该书从论文选题、问题分析到研究结论，都力求从维护和增进我国最广大人民的根本利益出发，从促进我国经济发展和社会进步出发，而不囿于某一阶级、某一阶层和某一利益群体的局限。在当今世界多极化、经济全球化、中国经济体制发生深刻变化的大背景下，人民内部不同群体的利益多元分化，意识形态领域的斗争尖锐复杂，阶级和阶层分析也要跟进。但是，真正做到这一点并不容易。以劳动人民为主体的全体人民为中心，才是一切有良知的学者从事真正的科学研究并对社会做出贡献必备的先决条件。

2. 贯彻理论与实际相结合的方针，深入研究我国改革发展中的重大经济理论与现实问题。理论与实际相结合，既是马克思主义的优良学风，也是搞好科学研究的根本途径。改革开放以来，我国在建立与完善社会主义市场经济体制和经济发展方面遇到的问题前所未有，面临的风险与挑战不断出现。郭飞同志努力运用马克思主义政治经济学的立场、观点和方法，认真借鉴国内外的经验教训并注重吸收西方经济学中的有益成分，围绕我国所有制结构改革、国企改革与发展、个人收入分配制度改革、劳动就业体制改革、积极合理安全有效地利用外资以及逐步缩小居民财产差距等社会高度关注的重大经济理论与现实问题，进行了长期、系统和深入的研究。紧扣当代中国经济改革与经济发展的脉搏，直面重大的理论与现实问题，是贯穿该书的又一个特点。

3. 勇于理论创新，积极建言献策，奋力承担经济理论工作者的光荣使命。马克思指出：哲学家们只是以不同的方式解释世界，而问题在于改变世界。作为当代中国的经济理论工作者，无论是进行理论研究或对策研究，贵在创新管用。该书提出马克思主义政治经济学特别是社会主义政治经济学的研究对象是生产方式及其发展规律的观点，“三个有利于”的根本标准是我国确立和完善社会主义初级阶段所有制结构的基本理论依据的观点，社会主义市场经济中按劳分配计量尺度的观点，“要素财富论”是我国现阶段实行按生产要素分配的重要理论基础等观点，对促进我国经济理论研究不断深入起到了重要的积极作用。另外，该书提出我国应努力构建以自主创新为基点五位一体(以创新获技术、以竞争获技术、以引进获技术、以市场换技术、以优惠换技术)的技术进步基本路径格局，我国应加快实施中外企业所得税“两税合一”以及在过渡期内仍实行一定的税收优惠，我国应对国企高管薪酬标准的上限做出规定，我国应实施以人为本的“适度就业”等对策建议，在国内产生了较大影响。当然，有些观点和对策建议，仍需作进一步研究与深入探讨。

总之，《郭飞文选——经济理论与经济改革重大问题研究》具有较高的学术水平和应用价值。我愿将此书推荐给广大读者，以促进马克思主义政治经济学的创新与发展，将中国特色社会主义伟大事业不断推向前进。

(中国社会科学院 刘国光)

(责任编辑：钟培华)

《人民日报》《光明日报》《中国教育报》理论版和《经济学动态》杂志发表了刘国光、杨圣明等撰写的书评

郭飞的论著——《经邦济民治学创新——我与马克思主义经济学》，由经济科学出版社2019年出版

回应现实问题　创新理论观点

——《经邦济民治学创新》简评

程恩富

郭飞撰著的《经邦济民治学创新——我与马克思主义经济学》一书，已由经济科学出版社出版。该书阐述了马克思主义经济学的立场、观点和方法，梳理了我国经济改革与发展的理论和实践成果，提出了一些颇具创见的思想观点。

该书主要有两个特点。一是坚持问题导向。作者长期研究我国所有制结构改革、国有企业改革与发展、培育发展劳动力市场、收入分配改革等经济改革与发展中的重点、难点问题，提出了一些逻辑严谨、论证充分的理论观点，回应了我国改革发展中的现实问题。二是勇于推进创新。作者区分了按比例分配生产要素规律和按比例分配社会劳动规律、广义社会总资产和狭义社会总资产等马克思主义经济学研究中的重要概念，提出马克思主义经济学的研究对象是生产方式及其发展规律、我国国有企业改革理论与实践的六大创新等具有创新性的理论观点，并对生产要素按贡献参与分配问题提出了马克思主义的分析框架，为丰富马克思主义经济学的学科体系、学术体系、话语体系作出了贡献。

新书评介
XIN SHU PING JIE

2000年1月20日，《人民日报》理论版发表了世界政治经济学学会会长、中国政治经济学学会会长程恩富学部委员撰写的书评

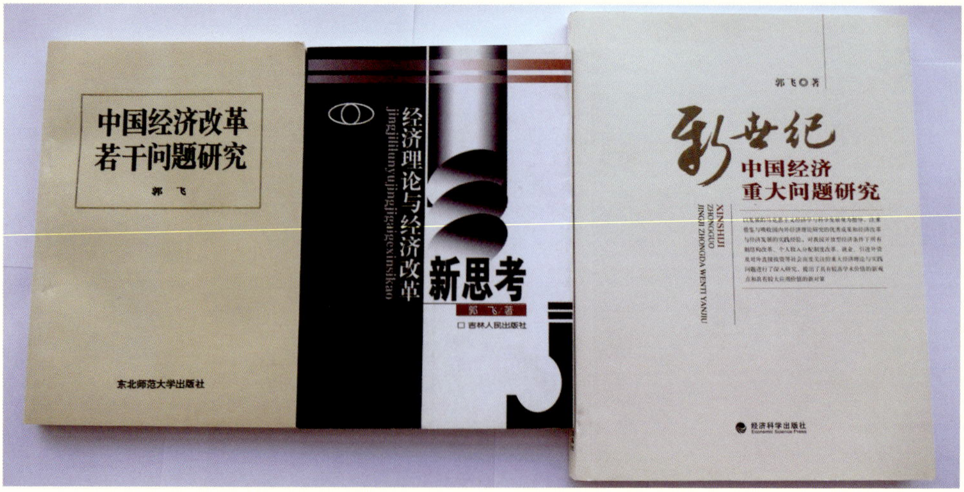

郭飞的论著《中国经济改革若干问题研究》(东北师范大学出版社1995年版)、《经济理论与经济改革新思考》(吉林人民出版社2001年版)和《新世纪中国经济重大问题研究》(经济科学出版社2010年版),卫兴华、胡钧、程恩富先后为书作序,并在《中国教育报》《人民日报》理论版和《经济学动态》杂志发表了书评

郭飞主编并主笔的国家社会科学基金项目专著《苏联演变与经济改革研究》(吉林教育出版社1996年版),陆南泉、许征帆先后在《经济学动态》《高校理论战线》杂志发表了书评

郭飞主持的国家"十五""211工程"重点学科建设项目专著《贸易自由化与投资自由化互动关系研究》(人民出版社2006年版),杨圣明、陈继勇等在《经济学动态》《世界经济》等杂志发表了书评

郭飞的论文《深化中国所有制结构改革的若干思考》在《中国社会科学》2008年第3期发表，并被《人民日报》《光明日报》《中国教育报》《新华文摘》《中国社会科学文摘》和中国人大复印报刊资料《社会主义经济理论与实践》等权威或重要报刊部分或全文转载

中国社会科学
SOCIAL SCIENCES IN CHINA
3
2008
中国社会科学杂志社

深化中国所有制结构改革的若干思考*

郭　飞

摘　要：邓小平提出的"三个有利于"的根本标准，是我国现阶段确立和完善公有制为主体、多种所有制经济共同发展这一所有制结构的基本理论依据。妥善处理公有制经济与非公有制经济的相互关系，使两者统一于建设中国特色社会主义的伟大实践，关键在于坚持公有制的主体地位，不断探索、发展和完善公有制的有效实现形式。"公有资产在社会总资产中占优势"，其量的优势主要应指公有经营性净资产在社会经营性净资产中占优势，其质的优势应集中表现在社会主义经济能够创造出高于资本主义经济的劳动生产率。应正确认识和把握社会主义市场经济条件下国有经济布局的转换期，合理规划并不断优化国有经济的布局和结构，着力打造一批具有国际竞争力的国有或国有控股的大型企业或企业集团，进一步发挥国有经济的主导作用。

关键词：所有制结构　社会主义公有制　国有经济布局

作者郭飞，对外经济贸易大学国际经贸学院教授（北京　100029）。

胡锦涛总书记在党的十七大报告中重申并强调指出，要"坚持和完善公有制为主体、多种所有制经济共同发展的基本经济制度，毫不动摇地巩固和发展公有制经济，毫不动摇地鼓励、支持、引导非公有制经济发展"。① 这既是对改革开放以来我国所有制结构改革基本经验的正确总结，也为我国深化所有制结构改革指明了方向。本文对我国所有制结构改革中的三个关键问题略抒己见，以抛砖引玉，推动我国所有制结构改革不断深化与完善。

一、妥善处理所有制结构中主体与辅体的相互关系，坚持和完善公有制为主体、多种所有制经济共同发展的基本经济制度

我国现有的经济成分包括五种类型的所有制，一是全民所有制，二是集体所有制，三是个体经济，四是私营经济，五是外资经济。前两种属于公有制或社会主义经济，后三种属于私有制或非社会主义经济。② 个体经济是劳动者的私有制，既不姓"社"，也不姓"资"。私营经济是

* 感谢匿名专家审稿中提出的宝贵意见，本文在修改过程中尽量吸收了这些意见，但文责自负。

① 胡锦涛：《高举中国特色社会主义伟大旗帜　为夺取全面建设小康社会新胜利而奋斗》，《人民日报》2007年10月25日，第3版。

② 严格地说，我国现有的外资经济中也包括来自境外的非资本主义私有制经济，因后者在外资经济中所占的比重很小，本文在分析外资经济性质时不予考察。此外，随着我国经济体制改革的不断深入，混合所有制企业越来越多，混合所有制不具独立的所有制性质，在资本主义国家和社会主义国家中都存

· 52 ·

专　刊
中国教育报
1993年7月7日　星期三　第三版

我国高校教师工资纵横谈

郭飞

不能互为偏废的两个提法

思想者
第八十五期

郭飞的论文《我国高校教师工资纵横谈》在《中国教育报》1993年7月7日理论版发表，并被《新华文摘》和中国人大复印报刊资料《劳动经济与人力资源管理》部分或全文转载

中国改革报

理论周刊

ZHONG GUO GAI GE BAO

社科院敲定跨

高校扩大招生将拉动内需

○郭飞

编者按：为配合本报一版"积极扩大国内需求　教育怎样有所作为"的大讨论，从理论的深度阐述这一问题，理论周刊特发表中国金融学院理论部主任郭飞教授的文章。

扩大高校招生规模，是实施科教兴国战略的迫切需要

高校扩大招生有三利

高校招生实现"三年扩招两翻番"

国家减灾的

致力于国

郭飞的论文《高校扩大招生将拉动内需》在《中国改革报》1999年6月9日理论版发表，并被《新华文摘》全文转载

教学与研究　2011年第12期

中国低工资制度的阶段特征与中期对策*

郭　飞，王　飞

（对外经济贸易大学 国际经济贸易学院，北京 100029）

[关键词] 中国；低工资制度；改革

[摘　要] 长期以来，中国一直实行低工资制度。中国低工资制度在计划经济时期和体制转轨时期具有不同的主要特征，其根本原因就是劳动生产率低下及"高积累、低消费"的经济建设指导思想所致。"十二五"时期，我国应进一步改革与完善低工资制度，调整与优化国民收入分配格局，积极促进民生改善与社会和谐。从长期来看，我国低工资制度应逐步向中、高工资制度转变。

[中图分类号]F244.2　[文献标识码]A　[文章编号]0257-2826(2011)12-0027-10

新中国成立以来，我国一直实行低工资制度。低工资制度是一把双刃剑，它既提高了积累率，促进了我国经济长期较快发展；也严重挤压了居民消费，不利于转变传统的经济发展方式。本文对我国计划经济时期和体制转轨时期低工资制度的主要特征及其成因进行初步探讨，并提出"十二五"时期我国改革与完善低工资制度的对策建议。

一、中国计划经济时期低工资制度的主要特征与基本成因

（一）中国计划经济时期低工资制度的主要特征

1. 低工资与平均主义并存。

27

34

郭飞等在《教学与研究》2011年第12期发表的论文《中国低工资制度的阶段特征与中期对策》中提出了从2011年到2020年中国居民收入十年倍增的对策建议（郭飞在《中国教育报》2012年3月2日理论版发表的《我国个人收入分配怎样改？》一文中重申了这一对策建议），并被中国人大复印报刊资料《社会主义经济理论与实践》全文转载

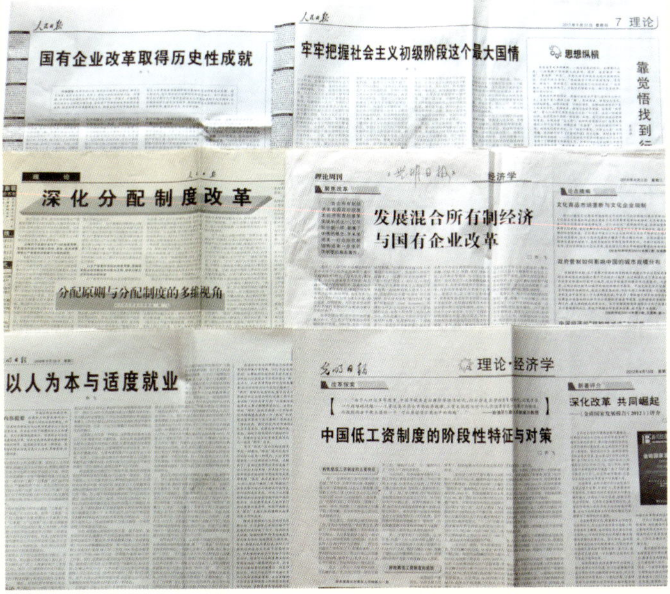

郭飞独撰并在《人民日报》《光明日报》理论版头条发表的论文

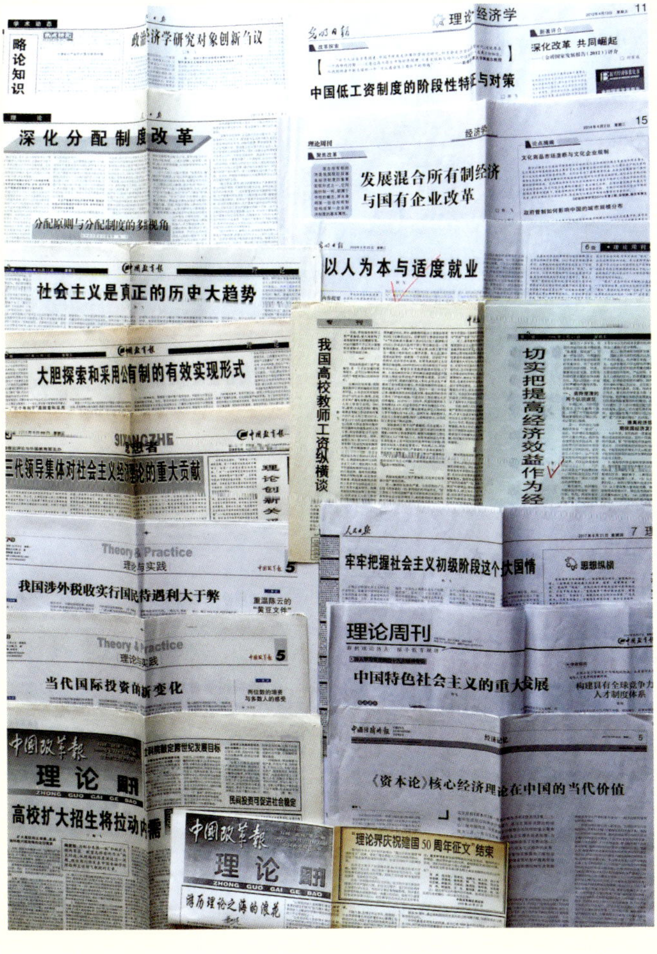

郭飞在《人民日报》《光明日报》《中国教育报》《中国改革报》《中国经济时报》等大报发表的部分论文

郭飞在《中国社会科学》《经济研究》《马克思主义研究》等国内权威刊物发表的部分论文

郭飞发表的近50篇论文被《新华文摘》《中国社会科学文摘》《红旗文摘》《马克思主义文摘》与中国人大复印报刊资料转载

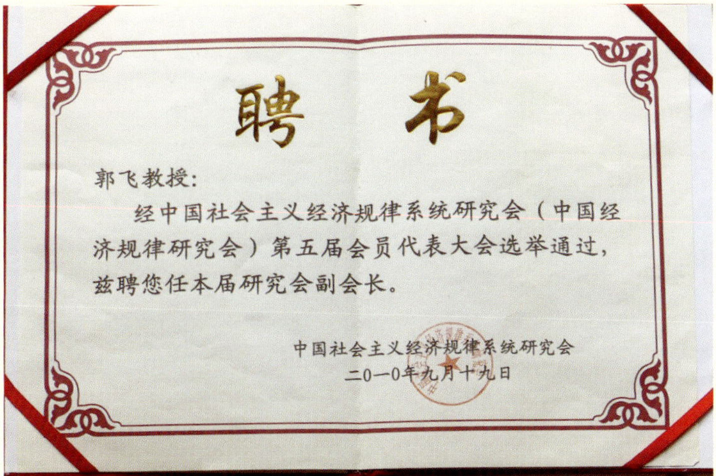

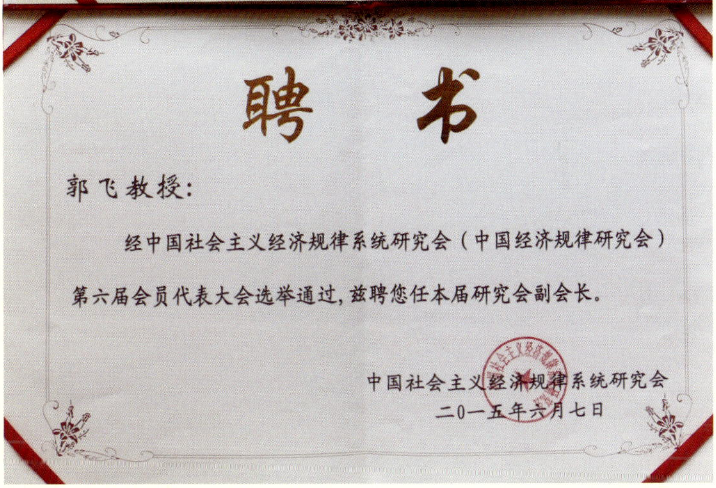

郭飞于2010年和2015年两次当选为中国经济规律研究会副会长

郭飞于2019年荣任中国政治经济学学会顾问

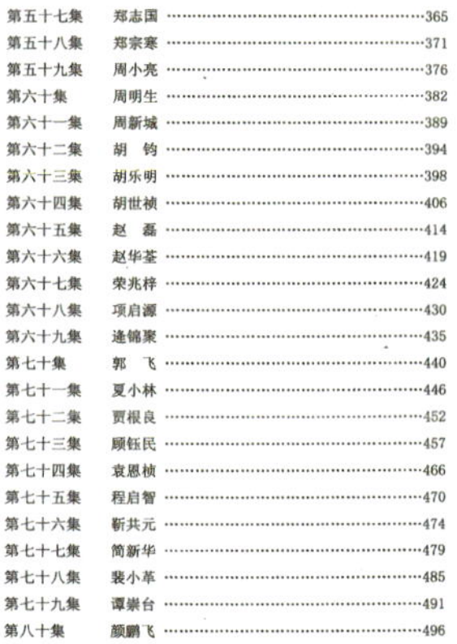

2012 年，《当代中国马克思主义经济学家：批判与创新》一书由世界图书出版公司出版，该书介绍了刘国光、卫兴华等 80 名经济学家（郭飞也在其中）

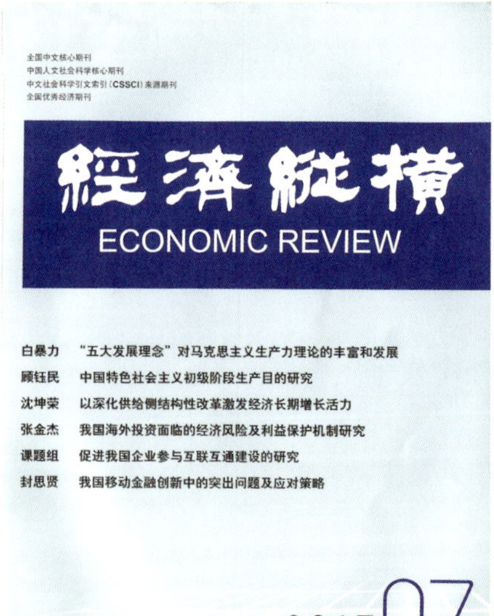

经济学人

郭飞教授

郭飞，对外经济贸易大学中国经济发展研究中心主任，国际经济贸易学院教授、博士生导师，国务院特殊津贴专家，兼任中国经济规律研究会副会长。

郭飞教授独立或主持承担国家或部委科研课题多项，在《中国社会科学》《经济研究》《马克思主义研究》《人民日报》《光明日报》《经济日报》等权威或重要报刊发表论文 155 篇，其中有 40 篇被《新华文摘》、人大复印报刊资料全文转载，多次荣获省部级优秀科研或教学成果奖。其代表性著作为《郭飞文选——经济理论与经济改革重大问题研究》（上、下卷，经济科学出版社 2016 年版）和《贸易自由化与投资自由化互动关系研究》（人民出版社 2006 年版）等。

郭飞教授运用发展的马克思主义政治经济学，在理论创新与对策创新方面作出突出贡献。他提出并论证马克思主义政治经济学特别是社会主义政治经济学的研究对象是生产方式及其发展规律、应明确区分按比例分配社会劳动规律与按比例分配生产要素规律，“三个有利于”的根本标准是我国确立和完善社会主义初级阶段所有制结构的基本理论依据、社会主义商品经济中按劳分配的计量尺度在全民企业和集体企业中分别是社会平均劳动时间与企业平均劳动时间的统一和企业平均劳动时间、“要素财富论”是我国现阶段实行按生产要素分配的重要理论基础、中国国有企业改革理论与实践的六大创新等观点，对深化我国经济理论研究起到重要作用。他提出我国应构建以自主创新为基点、五位一体的技术进步基本路径格局和实施以人为本的“适度就业”等建议，在国内产生了较大影响。特别是他在《中国教育报》撰文提出的应较大幅度提高高校教师工资和在《中国改革报》撰文提出的高校“三年扩招两翻番”（即招生规模和在校生规模三年各翻一番）等政策建议，已在当年或当期完全成为现实。

2004 年在成都参加全国高校社会主义经济理论与实践研讨会

2017 年在南开大学参加中国经济规律研究会年会

中国经济学核心期刊《经济纵横》2017 年第 7 期封二的“经济学人”专栏，介绍了郭飞的主要科研成就

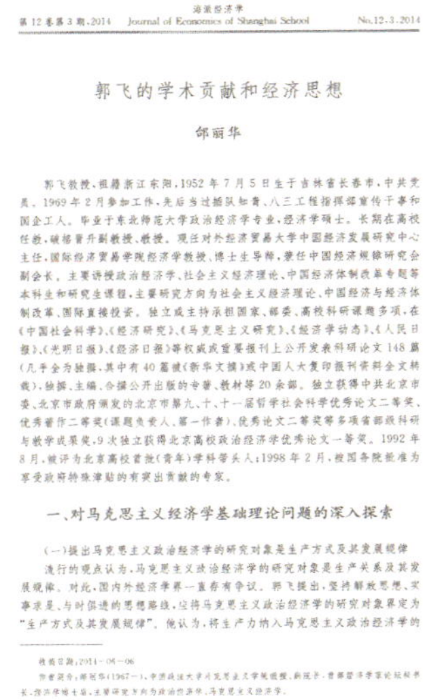

海派经济学
第12卷第3期，2014 Journal of Economics of Shanghai School No.12.3.2014

郭飞的学术贡献和经济思想

邰丽华

郭飞教授，祖籍浙江东阳，1952年7月5日生于吉林省长春市，中共党员。1969年2月参加工作，先后当过插队知青、八三工程指挥部宣传干事和国企工人。毕业于东北师范大学政治经济学专业，经济学硕士。长期在高校任教，破格晋升副教授、教授。现任对外经济贸易大学中国经济发展研究中心主任，国际经济贸易学院经济学教授、博士生导师，兼任中国经济规律研究会副会长。主要讲授政治经济学、社会主义经济理论、中国经济体制改革专题等本科生和研究生课程，主要研究方向为社会主义经济理论、中国经济与经济体制改革、国际直接投资。独立或主持承担国家、部委、高校科研课题多项，在《中国社会科学》、《经济研究》、《马克思主义研究》、《经济学动态》、《人民日报》、《光明日报》、《经济日报》等权威或重要报刊上公开发表科研论文148篇（几乎全为独撰，其中有40篇被《新华文摘》或中国人大复印报刊资料全文转载），独撰、主编、合撰公开出版的专著、教材等20余部。独立获得中共北京市委、北京市政府颁发的北京市第九、十、十一届哲学社会科学优秀论文二等奖、优秀著作二等奖（课题负责人、第一作者）、优秀论文二等奖等多项省部级科研与教学成果奖，9次独立获得北京高校政治经济学优秀论文一等奖。1992年8月，被评为北京高校首批（青年）学科带头人；1998年2月，被国务院批准为享受政府特殊津贴的有突出贡献的专家。

一、对马克思主义经济学基础理论问题的深入探索

（一）提出马克思主义政治经济学的研究对象是生产方式及其发展规律

流行的观点认为，马克思主义政治经济学的研究对象是生产关系及其发展规律。对此，国内外经济学界一直存有争议。郭飞提出，坚持解放思想、实事求是、与时俱进的思想路线，应将马克思主义政治经济学的研究对象界定为"生产方式及其发展规律"。他认为，将生产力纳入马克思主义政治经济学的

收稿日期：2014－06－06

作者简介：邰丽华（1967－），中国政法大学马克思主义学院教授，副院长，首都经济学家论坛秘书长，经济学博士后，主要研究方向为政治经济学、马克思主义经济学。

《海派经济学》2014年第3期发表了首都经济学家论坛秘书长邰丽华教授撰写的长篇文章《郭飞的学术贡献和经济思想》

4 2017年2月22日 星期三 经济记忆 中国经济时报

郭飞："以人民为中心"的马克思主义经济学研究

本报记者 李成刚

2017年2月22日《中国经济时报》整版发表了李成刚撰写的文章《郭飞："以人民为中心"的马克思主义经济学研究》

2010 年 7 月 1 日，对外经济贸易大学中国经济发展研究中心（吴树青、卫兴华、顾海良、杨圣明、施建军任顾问；黄泰岩、隆国强、张平、王林生等任学术指导；郭飞、韩琪分别担任正、副主任；杨国亮任秘书长）举行成立大会，校长施建军和郭飞（后排右 1）共同为研究中心揭牌

对外经济贸易大学中国经济发展研究中心参与承办的“经济全球化与中国经济科学发展高峰论坛”暨中国经济规律研究会第 21 届年会于 2011 年 9 月 17—18 日在对外经济贸易大学隆重举行（合影照片中第 1 排左 8 ~ 14 分别为文魁、程恩富、卫兴华、刘国光、吴树青、王玲、杨圣明，左 3 为郭飞）

中国教育报

CHINA EDUCATION DAILY

1997年7月 26 星期六 第3021号 代号1—10

江泽民等为中……

新时期建设……

高举伟大旗帜　推进教育事业发展

国家教委召开学习江泽民重要讲话座谈会

朱开轩柳斌朱新均出席　部分高校领导和专家学者畅谈学习体会

1997年7月25日，郭飞（面向主席台第1排右2）应邀参加国家教委举办的学习江泽民重要讲话座谈会并作了“正确认识与把握社会主义初级阶段”的大会发言

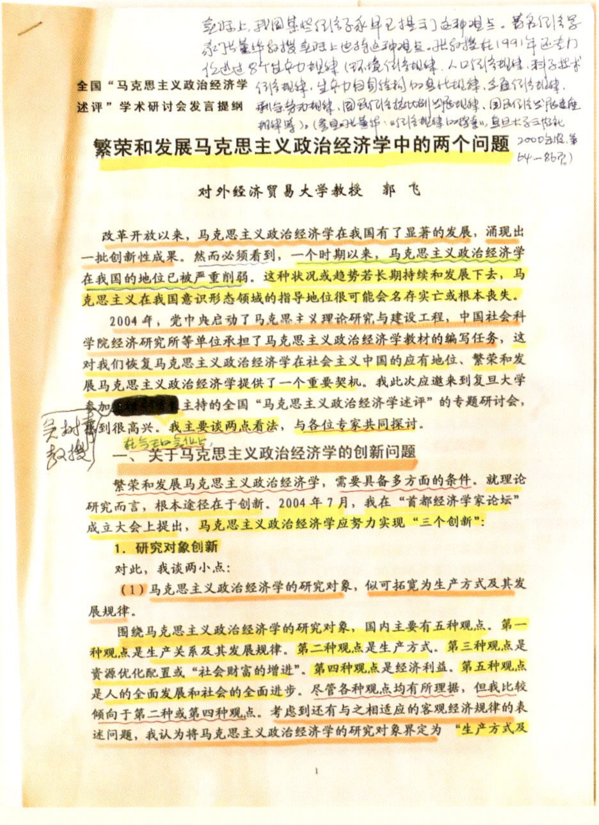
全国“马克思主义政治经济学述评”学术研讨会发言提纲

繁荣和发展马克思主义政治经济学中的两个问题

对外经济贸易大学教授　郭飞

改革开放以来，马克思主义政治经济学在我国有了显著的发展，涌现出一批创新性成果。然而必须看到，一个时期以来，马克思主义政治经济学在我国的地位已被严重削弱。这种状况或趋势若长期持续和发展下去，马克思主义在我国意识形态领域的指导地位很可能会名存实亡或根本丧失。

2004年，党中央启动了马克思主义理论研究与建设工程，中国社会科学院经济研究所等单位承担了马克思主义政治经济学教材的编写任务，这对我们恢复马克思主义政治经济学在社会主义中国的应有地位、繁荣和发展马克思主义政治经济学提供了一个重要契机。我此次应邀来到复旦大学参加[redacted]主持的全国“马克思主义政治经济学述评”的专题研讨会，感到很高兴。我主要谈两点看法，与各位专家共同探讨。

一、关于马克思主义政治经济学的创新问题

繁荣和发展马克思主义政治经济学，需要具备多方面的条件。就理论研究而言，根本途径在于创新。2004年7月，我在“首都经济学家论坛”成立大会上提出，马克思主义政治经济学应努力实现“三个创新”：

1. 研究对象创新

对此，我谈两小点：

（1）马克思主义政治经济学的研究对象，似可拓宽为生产方式及其发展规律。

围绕马克思主义政治经济学的研究对象，国内主要有五种观点。第一种观点是生产关系及其发展规律。第二种观点是生产方式。第三种观点是资源优化配置或“社会财富的增进”。第四种观点是经济利益。第五种观点是人的全面发展和社会的全面进步。尽管各种观点均有所理据，但我比较倾向于第二种或第四种观点。考虑到还有与之相适应的客观经济规律的表述问题，我认为将马克思主义政治经济学的研究对象界定为“生产方式及

1

2005年4月，郭飞在复旦大学参加中央马克思主义理论研究与建设工程主办的全国“马克思主义政治经济学述评”学术研讨会的发言提纲

2002 年 12 月，郭飞（第 2 排左 4）在上海财经大学参加全国经济学体系与方法论创新研讨会合影

2003 年 10 月，郭飞（第 2 排右 9）在厦门大学参加第十七次全国高校社会主义经济理论与实践研讨会合影

2003 年 11 月，郭飞（第 2 排左 11）在同济大学参加“全面建设小康社会与社会经济发展规律理论研讨会”暨中国经济规律研究会第十四届年会合影

2004 年 10 月 26 日，郭飞在四川大学参加全国高校社会主义经济理论与实践研讨会第十八次会议并作大会发言

2005 年 4 月，郭飞（第 2 排左 9）在复旦大学参加"马克思主义政治经济学述评"研讨会合影

2008 年 11 月，郭飞在复旦大学参加全国高校社会主义经济理论与实践研讨会第 22 次年会留影

2012 年 4 月，郭飞（第 1 排左 4）在武汉大学参加"财富的生产和分配：中外理论与政策"理论研讨会暨中国经济规律研究会第 22 届年会合影

2014 年 4 月，郭飞（第 1 排左 6）在清华大学参加第十二届首都经济学家论坛暨庆祝中国政治经济学教育科研网开通十周年学术研讨会合影

2016 年 4 月 16 日，郭飞在中国人民大学参加首都经济学家论坛第十四次学术讨论会并作大会发言

2019 年 6 月 1 日，郭飞（第 1 排右 4）在中国社会科学院参加中国政治经济学学会第 29 届年会暨中国海派经济论坛第 22 次研讨会合影

2019 年 6 月 2 日，郭飞在中国政治经济学学会第 29 届年会暨中国海派经济论坛第 22 次研讨会上作大会发言

1974 年 5 月，郭飞的全家照（前排左起：母亲郑海心、小妹妹郭志英、父亲郭学洁；后排左起：大妹妹郭志红、郭飞、姐姐郭志坚）

1990 年秋，郭飞父母在中国人民大学校门前合影

1995年10月，郭飞与亲属合影（左起：大妹妹郭志红、郭飞、父亲郭学洁、母亲郑海心、姐姐郭志坚、小妹妹郭志英）

2003年10月，郭飞父亲80寿辰之际在北京望京花园留影

2015 年 9 月，郭飞夫人杨静在意大利基安蒂云雾山庄酒店留影

2017 年 7 月，郭飞夫人杨静在北京盘古大厦留影

2016 年 11 月 16 日，郭飞夫妇合影

2017 年 9 月，郭飞夫妇在天津周恩来邓颖超纪念馆前合影

2007 年 3 月，郭飞和大妹妹郭志红合影

1997 年 7 月，郭飞大妹妹郭志红和大妹夫孙光强在天安门广场合影

2015 年 12 月，郭飞大妹妹郭志红和外甥女孙威合影

1998 年 4 月，郭飞与外甥女黄京菁合影

1977 年 2 月，郭飞在浙江东阳与部分亲属合影（前排左起：伯父郭孝文、叔叔郭锦金、表哥张品其；后排左起：表哥厉彬范、郭飞、堂弟郭明明、堂妹郭皎皎）

1974年9月，郭飞舅姥爷方显廷（右1，“民国四大经济学家”之一）与夫人罗妮在瑞士日内瓦合影

1958年冬，郭飞母亲郑海心在北京与部分亲属合影（前排左起：姥姥方根妙、表妹郑天宁；后排左起：小舅郑康宝、二舅郑康宁、母亲郑海心、小姨郑海声）

2005年4月，郭飞在上海与部分亲属合影（前排左起：婶婶张根娣、叔叔郭锦金、伯母柳金凤、堂姐郭玉珍；后排左起：堂姐郭淑贞、堂哥郭桂卿、郭飞、堂妹郭娴贞、堂妹郭慧贞）

1995年10月，郭飞在莫斯科红场朱可夫元帅雕像前留影

1995 年 10 月，郭飞（左 3）等与俄罗斯新婚夫妇在莫斯科卫国战争胜利纪念碑前合影

1997 年 5 月，郭飞在家中留影

2000 年 4 月，郭飞在世界贸易大厦 108 层俯瞰纽约市容

2000 年 4 月，郭飞在联合国安理会会议厅留影

2000 年 4 月，郭飞在美国拉斯维加斯留影

2001 年 10 月，郭飞在昆明世界园艺博览园留影

2002 年 1 月，郭飞在深圳世界之窗留影

2002 年 1 月，郭飞在深圳锦绣中华留影

2003 年 10 月，郭飞在厦门大学留影

2006 年 9 月，郭飞在
长江三峡纪念碑前留影

2013 年 9 月，郭飞在
北京奥林匹克广场留影

2015 年 9 月，郭飞在法国凡尔赛宫留影

2015 年 11 月，郭飞在国家博物馆第二次参观《复兴之路》基本陈列留影

2016 年 4 月，郭飞在中国科技馆参观探月工程留影

2017 年 7 月，郭飞在盘古大厦留影

2018 年元旦，郭飞在天安门前留影

2018 年 5 月，郭飞在国家博物馆参观“真理的力量——纪念马克思诞辰 200 周年主题展览”留影

2019 年 2 月，郭飞在国家博物馆参观“伟大的变革——庆祝改革开放 40 周年大型展览”留影

2021 年 9 月，郭飞在中国共产党历史展览馆参观并留影

2018年1月，《奋斗者之歌——郭飞教授65岁回眸》（上、下册）面世

2018年9月，对外经济贸易大学国际经济贸易学院教职工合影（第1排左2为郭飞）

目　　录

第一篇　筚路蓝缕青少年（1952—1987）

第二篇　北京高校喜扬帆（1988—2000）

第三篇　科研教学攀高峰（2001—2011）

第一篇

筚路蓝缕青少年（1952—1987）

金色童年

1952年7月5日，在中国雄鸡的“点睛之笔”、“共和国长子”的工业重镇、风景秀丽的北国春城——吉林省长春市，一个男婴呱呱坠地。这个新降生的男婴就是我。我小时候活泼可爱，父母和亲友都很喜欢。

我生长在革命干部和高级知识分子家庭。父亲郭学洁，1923年9月16日生于浙江省东阳县，1948年3月在复旦大学学习时加入中共闽浙赣区江西地下党，同年10月由党组织安排北上突破封锁线到达东北解放区。他毕业于复旦大学和东北师范大学（以下简称“东北师大”）①，曾任东北师大党委宣传部部长、教授、硕士研究生导师，吉林省哲学社会科学联合会第三、第四届常务理事兼副秘书长。母亲郑海心，中共党员，1920年9月30日生于浙江省宁波市，1948年在上海幼稚师范专科学校三年级学习时参加革命，同年10月与父亲等一起到达东北解放区。她毕业于东北师大，长期担任东北师大附属幼儿园园长，离休前任东北师大教育科学研究所副研究员。

父亲郭学洁

母亲郑海心

① 实际上，父亲和母亲在大学并没有学完全部课程。他们进入东北师大学习后不久，就被安排提前留校并参加工作。根据教育部（84）教学字031号《关于对“文革”前部分大学生落实政策补发毕业证书的通知》的精神，复旦大学和东北师大分别于1985年和1986年为父亲补发了本科毕业证书，东北师大1986年为母亲补发了本科毕业证书。

爷爷郭仙火，奶奶金辉球，均为贫苦农民。伯父郭孝文，浙江省东阳县下街头小学教师。姑姑郭凤香，浙江省东阳县农民。姥爷郑伦年当过店员，与姥姥方根妙均为城市贫民。姥姥的弟弟（即我的舅姥爷）方显廷（1903—1985），是近代方系家族中的雄杰之一。方显廷聪颖好学，当过纱厂学徒，后受民族工业家穆藕初先生资助，在不到9年的时间内学完中学、大学和研究生的全部课程，并获美国耶鲁大学哲学博士学位。他1929年回国，任教于南开大学经济系和社会经济研究委员会。他主编的《南开统计周刊》《中国经济月报》《南开社会经济季刊》《政治经济学月报》等中英文期刊，在国内外影响深远。他是南开大学经济管理学科的开创者，被誉为“民国四大经济学家”之一。著名经济学家、南开大学原校长滕维藻教授是他的研究生①。他1946年赴上海在中国经济研究所任执行所长，1947年年末受聘参加联合国亚洲及远东经济委员会工作，任经济调查研究室主任。1968年退休后，他应新加坡南洋大学邀请，成为该校首席荣誉教授。大姨郑月英，浙江省宁波市烟糖公司职员。大舅郑康泰，宁波四中美术教师。二舅郑康宁，中共党员，煤炭部选煤设计研究院（教授级）高级工程师。三舅郑海石，中共党员，山西大学外语系俄语教授，硕士研究生导师。小舅郑康宝，中共党员，化工部第三建设公司高级经济师。小姨郑海声，中共党员，中国地质科学院勘探技术研究所医务室主治医师。

我有一个姐姐和两个妹妹。姐姐郭志坚，1950年生，中共党员，毕业于吉林工业大学机械一系，高级工程师，曾任长春市轻工业研究所副所长。大妹妹郭志红，1954年生，毕业于吉林大学外语系，日本早稻田大学访问学者，中国人民大学外语学院日语副教授。小妹妹郭志英，1961年生，本科毕业于清华大学精密仪器系，先后攻读中国科学院长春光机所光学专业和加拿大卡尔顿大学计算机专业研究生并获双硕士学位，曾任中国人民大学讲师，后举家移民加拿大。

伴随着响亮的《东方红》乐曲和朗朗的读书声，我的整个童年和少年的部分时期总体上是在幸福之中度过的。

我先上了东北师大附属幼儿园。东北师大附属幼儿园是吉林省著名的优

① 参见《方显廷回忆录——一位中国经济学家的七十自述》，商务印书馆2006年版，第372页。

秀幼儿园。在那里，我无忧无虑地玩游戏、唱歌、跳舞、读拼音、学汉字，结识了不少小朋友。有的小朋友后来在事业上发展得相当不错，我们至今还保持着良好的关系。

上小学之前，发生了一件对我终生都有重要意义的事情。我小时候一直用乳名。一次，全家人围坐在一起，商议为我起一个规范得体的名字。当时，父母和姐妹们左思右想，都起不出合适的名字。正在他们绞尽脑汁、一筹莫展之际，我灵机一动，提议说："这样吧，就叫飞，也就是郭飞。"其他人听了都说好。于是，我从上小学至今，一直都使用这个名字。"文化大革命"期间，社会上有些人受形势影响纷纷改名，我姐姐和妹妹也都改名为"志坚""志红""志英"。我本可顺势改名为"志刚"，却不为所动，没有改名。后来，我除使用郭飞这个姓名外，还加了个字——翔宇。其一，周恩来的字为翔宇，我的字也为翔宇，即向敬爱的周总理学习，为中华民族之崛起而读书和工作。其二，翔宇中的"翔"和我名字中的"飞"在含义上相同。

1959 年 9 月，我进入东北师范大学附属小学（以下简称"东北师大附小"）学习。东北师大附小是当时吉林省最好的小学，也是我成长进步的摇篮。在东北师大附小学习的六年中，给我印象最深的有四件事。

一是亲历三年经济困难时期。1960—1962 年，中国出现了严重的经济困难。当时，我国每个农业劳动力每天的口粮（毛粮）平均只有 3 两。城市居民定量供应的粮食根本不够吃，一年到头很难吃上肉，许多人因营养不良患上了不同程度的肝炎。除粮食外，我们还吃代食品（用玉米穗轴即"棒子骨"磨成的粉）、榆树叶和"小球藻"等。家里主食实行"干稀搭配"，副食一般吃菜粥。父亲平时不会做饭，那时却撸起袖子"露一手"。他擅长熬"糊涂粥"（即较稀的玉米面粥），还经常在粥里放些蔬菜和可食的野菜。党和政府号召和组织广大人民多措并举，努力克服暂时的经济困难。为此，从小就干过农活的父亲带着我在家属楼前开垦了园田地，甚至还到东北师大附属幼儿园园外的空地上开垦了小片荒，种了一些玉米和黄豆。尽管那段时期的生活相当困难，但人民的精神面貌不错，坚毅自信，勒紧裤带，共渡难关。1963 年以后，中国经济形势开始好转，人民生活不断改善。我们意气风发，斗志昂扬，放声高唱著名歌曲《我们走在大路上》。1964 年 10 月 16 日，我国自行研制的第一颗原子弹爆炸成功，伴随蘑菇烟云升起的是中国新的希望。当时，举国上下一片欢腾，中国社会主义建设高歌猛进。

二是我写的一篇优秀作文。1963 年 6 月 20 日，周恩来总理陪同朝鲜劳动党中央委员会副委员长崔庸健一行到长春访问。崔庸健副委员长是中国人民的老朋友。他 1926 年参加过北伐战争并加入中国共产党，1927 年参加过广州起义，1935 年曾任东北人民革命军第四军四团参谋长，从 1954 年到 1969 年曾 5 次正式访问中国，为中华人民共和国成立和发展中朝友谊作出了重要贡献。崔庸健副委员长那次来长春访问，受到了中共吉林省委、吉林省人民政府和长春市民隆重热烈的欢迎。我作为欢迎队伍中的一名小学生，目睹了世界伟人周恩来总理的风采和崔庸健副委员长沿途受到热烈欢迎的盛况。当时，长春的十里长街——斯大林大街两旁，列队站满了前来欢迎的群众和学生，鲜花起舞，彩旗飘扬，人们唱起《金日成将军之歌》，歌声嘹亮，汇成了一片欢乐的海洋。这是我第一次参加如此高规格、大规模的欢迎活动，终生难忘。活动结束后，语文老师申建国要求我们以此次活动为主题，每人写一篇作文。我精心构思，认真修改，交上了一篇作文，受到申老师的高度评价。申老师是我在小学前四年学习中遇到的水平最高的语文教师，他让我在课上高声朗读这篇作文。55 年后我们小学同学聚会时，有的同学还提起当时我写的这篇作文给他们留下的深刻印象。尽管此前我曾多次受到语文老师的表扬，但申老师的这次表扬，对我日后更加刻苦地学习语文、不断提高写作水平是一个重大的激励。

三是阅读《元素的故事》《红岩》等图书。东北师大附小图书馆可以借给学生图书，每名学生同期限借 1 册。我从学校图书馆先后借了一些书，其中印象最深的是《元素的故事》。《元素的故事》由苏联科学文艺作家依·尼查叶夫所著，描写了一些杰出化学家如何发现化学元素的故事。其中，居里夫人经过几十年的艰辛研究发现了元素钋和镭并两次获得诺贝尔奖的故事对我影响很大，门捷列夫化学元素周期表的诞生过程也给我留下了极为深刻的印象。作为一名天真上进的小学生，我对为人类社会作出杰出贡献的科学家由衷敬佩，并在笔记本上写下了要立志成为这个“家”、那个“家”的誓言。我购买并阅读了《红岩》等书籍。当时，罗广斌、杨益言合著的《红岩》在全国很火，我认真读了两遍。许云峰、江竹筠等革命先烈那种为推翻旧社会、建立新中国和实现共产主义事业而赴汤蹈火、宁死不屈的革命精神，使我深受感动和激励。阅读《可爱的中国》《革命烈士诗抄》《钢铁是怎样炼成的》《卓娅和舒拉的故事》《雷锋日记》等书籍，也对我产生了“强刺激”。这些课外读物，开拓了我的视野，促进了我的思考，连同当时学习的课本，对我逐渐形成正确的世界观、人生观和价值观，起到了重要作用。

四是奋力考取东北师范大学附属中学（以下简称“东北师大附中”）。1963 年暑期，家里发生了一件“大事”：小升初“揭榜”了，姐姐没能考取东北师大附中，只考取了长春二中。姐姐在小学与我同校，大我两个年级，在班里是优等生。升学考试中她若发挥正常，应能考取当时在吉林省甚至是东北地区最好的中学——东北师大附中。她报考中学的第一志愿也是东北师大附中。然而，她在考试中却发挥欠佳，以总成绩 6 分之差未能如愿。姐姐考试失利的事情对全家人的震动和打击很大。父母都是非常上进的人。父亲出身于贫苦农民家庭，年少时曾做过棕匠。后来，国难家泪，他辗转苦学，并于 1946 年秋以高分考入复旦大学政治系学习（公费生）。1948 年，他参加中共地下党后，接受组织安排到东北解放区插入东北大学（后更名为东北师大）社会科学系学习，并留校工作。母亲出身于城市贫民家庭，小时候做过刺绣，辅助姥姥维持全家生计，十几岁才开始上学。她聪颖上进，半工半读，后来进入上海高校学习。1948 年，她参加革命并与我父亲到达东北解放区插入东北大学文学院学习。她服从组织决定，创办东北师大附属幼儿园并担任园长。父母在学习和事业上取得的骄人业绩，全靠在正确路径中的个人奋斗。[①] 平时，父母对我们经常讲自己和别人的故事，灌输诚实正直、顽强奋斗的理念。姐姐考试失利，一度在父母心头留下了难以抹掉的阴影。但是，他们还是耐心地帮助姐姐总结教训，希望她吃一堑，长一智，争取在中考时能考上东北师大附中的高中。我和大妹妹看到父母

① 父亲于1989年秋写了《六六抒怀》（诗两首），载于《东北师大报》1992年4月2日。在其中的一首诗中，他回顾了几十年的奋斗历程：“身出寒微历磨难，黎芫投笔荐轩辕。十里洋场向北斗，松花江畔求真言。春城灯窗伴月影，北国青松傲雪寒。往事历历情犹在，桃李芬芳慰心田。”父亲于 1979 年 3 月还写了《昂首怒放一枝花——祝贺爱人郑海心从事幼教工作三十年》一诗（见《郭学洁诗选》，第 13 页），介绍了母亲几十年的奋斗历程：“青少离别市民家，渡海投身革命涯。矢志幼教三十载，昂首怒放一枝花。平时唯知工作乐，丹心岂顾名和家。银丝根根未虚度，幼苗棵棵育英华。”

心情不好，也非常难受。于是，我暗下决心，一定要考取东北师大附中，不仅给自己确立新目标，同时也为父母争口气！

小学五六年级，我在学习上更加刻苦、认真和讲究效率。当时，在新华书店买不到教科书的参考资料，我就着力于课上认真听讲和思考，课下认真做作业并仔细检查。在学习中，我努力做到不仅知其然，也知其所以然，举一反三，融会贯通。父亲每周日都带我到他的办公室去“用功”。一方面，他检查我的作业，并指导我修改作文；另一方面，他在办公室里阅读与工作相关的报刊书籍。当然，我那时的学习还谈不上吃大苦，更谈不上“悬梁刺股”。我和其他同学一道，打乒乓球、跑步、跳大绳、踢毽子、踢足球，积极参加学校组织的文艺活动。萦绕耳畔的是《我们是共产主义接班人》《五月的鲜花》《让我们荡起双桨》等优美旋律和动听歌声，使我们精神愉悦、激扬奋发。那真是一段十分珍贵、幸福和美好的时光！王凤鸣、严肃、辛绍先、宋喜荣、谢守宽、梁世春、孙永智等优秀的教师，那兰、杨冬哥、巩昭、刘冲、施小平、宋达、车忠群、蒋於穆、林玲、张杰敏、邱小航、朱小鸽、张苏、刘敏芝等可爱的同学，将永远留在我的脑海里。小学六年级下学期，我担任中队长。东北师大附小六年级举行仪式，欢送郝显刚同学回乡务农，我代表全体同学致辞。1965 年夏季，我参加了长春市小升初的统一考试，以总分第二名的优异成绩被东北师大附中录取。

1965 年秋，沐浴着金色的阳光，我走进东北师大附中的校门。我被分配在五年制实验班，即从初一到高中毕业只用五年时间，中间无须再参加中考。东北师大附中从初一到高三共有六个年级，每个年级有四个班，每个班约有 50 名学生。东北师大附中从 1965 级初中生开始，设有因材施教的五年制教学实验班，这在当时具有教学改革和学制改革的性质。初中一年级设有两个教学实验班，一个班即我所在的初一（2）班，由六年制小学毕业的学生组成，班主任是才华横溢的语文教师张翼健[①]；另一个班即初一

---

① 张翼健（1941—2008），湖南省平江县人，中共党员。他 1953—1959 年在东北师大附中学习，1959 年考入东北师大中文系，1963 年毕业分配到东北师大附中语文组任教，1970—1984 年 12 月任语文教研组组长，后任吉林省教育学院教授、副院长。在东北师大附中校庆 70 周年之际，校友刘作礼写了一首诗，表达了我们对张翼健老师的深切怀念：“风流倜傥英才，母校师资大牌。讲课聚精会神，击球血气登来。挥毫力透纸背，报告情及器怀。降在南国翼健，成于北地心白。”见石丁：《永不凋谢的校园丁香》，东北师大附中长春校友会，2020 年版，第 117 页。

（4）班，由五年制小学毕业的学生组成。初一（1）、初一（2）两班学习的外语语种为俄语；初一（3）、初一（4）两班学习的外语语种为英语。

东北师大附中首任校长是中国著名教育家陈元晖。陈元晖提出："附中教师要做教育家，不要当教书匠。"学校聚集了不少高水平的中学教师，也荟萃了来自全市乃至全省（因高中各年级都设有一个"贫下中农子弟班"，其成员从长春市以外吉林省各县的尖子生中择优录取）的精英学子。进入东北师大附中之后，我强烈感受到相当浓厚的学习氛围和竞争激烈的客观环境。[①] 在东北师大附中实际学习的近一年期间，我印象尤深的有三件事。

一是政治课教师李炳庚的首次授课。李炳庚当时 40 多岁，中等身材，微胖，戴一副褐色镜架的眼镜，是个典型的文质彬彬的知识分子。他给我们上的第一堂政治课内容生动，声音洪亮、抑扬顿挫，充满激情。其中，在讲到九一八事变时，他运用的例证、语言和阐述的观点极具吸引力、感染力与穿透力，使我们大多数同学都禁不住流下了热泪。这是我第一次听到的高水平的政治课，并对我后来在高校搞好马克思主义政治经济学教学提供了最初的借鉴。

二是学长纪宽荣的俄语演讲。我们班学的是俄语，俄语教师王玉珍为激发我们学好俄语的热情，专门请来初二学生纪宽荣作俄语演讲的示范。纪宽荣是一名男同学，他用 20 分钟作了非常精彩的完全脱稿的俄语演讲。虽然我们不能完全听懂，但其口语表达之准确与流利，令我们十分惊叹并钦佩不已。由此，我们看到了学习俄语的榜样，增强了学好俄语的信心。1995 年，我去俄罗斯考察，在莫斯科遇到一名当年参加过解放满洲里战斗的苏军老战士。他身体健康，精神矍铄，胸前挂满奖章。我没用导游当翻译，以 30 年前在东北师大附中学习后残剩的俄语"底子"与他进行了短暂的交流，双方都很高兴。

---

① "文化大革命"初期，我在东北师大附中一间被损坏的办公室里，曾看到老高一（即1965年高中一年级）校友吴宇虹在一个小本子上写的一首诗："名落孙山志不灰，悬梁刺股努力追。待到春去夏来时，改目再看吾是谁？"这首小诗充分体现了东北师大附中学生的奋斗精神和竞争精神，令我终生难忘。吴宇虹曾在前郭县八三工程（本书中的"八三工程"，均指"八三工程"的一期工程）指挥部与我共事，后为东北师大世界古典文明史研究所所长、教授、博士生导师和中国世界古代史研究会副会长。

三是大刀阔斧的三门主课分组教学实验。为体现因材施教的教学改革，东北师大附中率先在我们班和初一（4）班实行了对语文、数学和外语三门主课的分组教学实验。按照学习成绩高低，对本班学生实行三门主课的三组划分。成绩优秀的学生在一组，教学主要采取自学方式；成绩次之的学生在二组，教师讲授和学生自学时间各半；成绩再次之的学生在三组，以教师讲授和辅导为主，学生自学为辅。教学分组不是固定的，随着学习成绩的升降不断地进行调整。在这三门主课中，我都分在一组。在教学实验中，三门主课的三组同学营垒分明，竞争激烈，你追我赶，互相促进。在全班，我的学习成绩虽名列前茅，但与三门主课综合排名第一的同学尚有差距。于是，我暗下决心，虚心向这位同学和其他同学学习，力争实现赶超。在两个五年制实验班中，我们班的考试成绩明显超过另一个班。同时，我们五年制实验班的教学进度也比六年制普通班快得多。在不到一年的时间内，我所在的数学一组，已学完了三册代数（相当于中学普通班一年半的代数课程），有的同学甚至自学到代数课本第四册。当时，班风很正，不讲门第，不讲关系，唯学优是举。在不少学生的头脑中，考试成绩得 100 分是正常的，得 99 分或 98 分则是不正常的。大家都憋着一股劲儿，为祖国和人民而学习，力争考上清华和北大。

当然，东北师大附中也不是一座中学的象牙塔，我们还到农村去参加劳动，在校办工厂学习做木工活儿，到长春市南湖去学习游泳。然而，在东北师大附中学习的美好时光，却不幸被“文化大革命”所改变。

学业中辍

1966年春，国内政治形势骤然紧张，"山雨欲来风满楼"。5月16日，中共中央政治局扩大会议通过了发动"文化大革命"的纲领性文件《中国共产党中央委员会通知》(简称"五一六通知")。[①]当时，我们仅是十三四岁的学生，对这一个重要文件的政治背景和深刻意图毫无所知，学校的教学秩序基本正常。6月1日，新华社播发了北京大学聂元梓等写的大字报。[②]许多学生紧跟形势，在学校里铺天盖地地张贴大字报，教学秩序被完全打乱了。后来，就干脆"停课闹革命"了。由此直到1969年2月我下乡插队之前，有三方面的事情值得回顾。

一是父母被反复批斗和强制"劳改"。1966年8月20日下午，邻居王德茂（东北师大体育系教师）告知我去参加当晚由东北师大"革命造反大军"组织的揭发批判大会（以下简称"揭批会"）。这次大会在东北师大"革命造反楼"前举行，是对校、系领导干部进行的第一次揭批会。在揭批会上，我目睹东北师大的部分校、系领导干部被一个个地"揪"出来批判。这些领导干部在露天会场站成一排，面向参加揭批会的造反派和群众，挺胸昂首，毫无愧色。当时，造反派对这些领导干部还没有戴高帽、挂黑牌，只是强制性地摁脑袋，强迫"低头"。可是，这些领导干部在脑袋被摁下去之后，很快就昂起头来。给我印象最深的是东北师大党委副书记李铁心，他勇敢无畏，正气凛然，在所有被批判的领导干部中表现得最为"亮眼"。我父亲在"文化大革命"初期除担任党委宣传部副部长之外，还担任东北师大"文化大革命"办公室副主任，在这次揭批会上也未能幸免。看到父亲等被批判，我非常困惑。

很快，东北师大造反派组织对父母等的批斗逐步升级，还给父亲剃了

---

①② 参见中共中央党史研究室著：《中国共产党的九十年》，中共党史出版社、党史读物出版社2016年版，第563 ~ 564页。

光头，并给父母戴高帽、挂黑牌、戴黑名签，甚至押上卡车游街。与父亲相比，母亲被斗得更狠。父亲在校部机关工作，被斗时经常是陪斗。母亲则是单位的一把手，被斗时则是单斗。母亲不知被斗了多少次，不仅被强迫低头，还被强迫下跪。有一次，母亲单位的造反派在开完批斗会后，特意押着母亲在我家附近走了一圈儿。他们强迫母亲一边走，一边敲着铜锣。见此情景，我心如刀绞，真想冲上去把母亲“救”下来。有一段时间，父亲被造反派拘留在“小白楼”（即东北师大专家公寓）写“交待”材料，并要求我按时送饭。一次，在给父亲送饭时，有一个造反派骨干分子问我：“你爸是不是走资派？”我当即厉声答道：“不是！”

1966年12月31日晚，我们买了半斤肉，全家人在一起包饺子过年。可是，下锅的饺子还未煮熟，突然闯进来几名母亲单位的造反派女成员，声称要查找所谓的“黑材料”，并强行抄家。她们折腾了一个多小时，最后空手而归。

除被批斗外，我父母和东北师大其他“走资派”还被强制与“反动学术权威”等一块儿进行“劳改”（打扫厕所、在工地干活儿等）。东北师大中文系原总支书记戴星东（“文化大革命”后曾任东北师大副校长）曾讥讽地写过两句诗：“满腹经纶无用处，盖世才华挖地瓜。”

父母成了“走资派”，我们转瞬之间也变成了“走资派”子女，在人格方面似乎矮了半截儿。过去，我在孩子群中是“中心人物”，但很快就被划入“圈外”。不少邻居和同学都疏远我，甚至用鄙夷的眼光看着我，有些淘气的小孩儿还朝我投石块、射弹弓，甚至在我家大门上胡写乱画。有一次，我路过东北师大附中校门口，看到同班的几名同学聚在那里。我听到一名同学对另外几名同学说：“郭飞怎么了，为何这么沉闷？”

那段时期，姐姐到学校去参加红卫兵活动。我虽14岁，但“男儿自当强”，毅然承担起买菜做饭等家务活儿。造反派强制我们搬家，与东北师大物理系主任丁明新教授两家合住一套较小的三居室。我们两家共用一个厨房。丁明新教授的夫人才咏絮也是中共党员，善良慈祥，曾被评为劳动模范。她见我与煤气灶台一般高，便非常耐心地教我如何做饭和炒菜。在她的帮助下，我逐渐学会了做饭与炒菜，为后来插队落户和独立生活奠定了初步的基础。

“文化大革命”初期，父母受到了说不尽的委屈、侮辱和痛苦的煎熬。

对此，我们四个子女都非常心疼。我百思不得其解：在社会主义中国，难道地方政府和基层单位的党组织全都“烂”了？父母毕竟是经历过风雨的人，他们一方面相互安慰，舔舐心中的伤痕；一方面也做我们的思想工作。他们经常安详地对我们说：20 年来，他们都是听党话、跟党走，清清水、白白米，全心全意地为党和人民工作；他们相信群众相信党，最终会被“解放”的。有一次，父亲让我帮他抄写表态性的大字报，我至今记住的只有 8 个字：“漫漫长夜，不能成眠。”

二是在北京接受毛主席检阅。1966 年 8 月 18 日和 31 日，毛主席两次在天安门城楼上检阅百万红卫兵。[①] 受大势裹挟，我也参加了东北师大附中的红卫兵组织，并与几名附中学生同去北京，接受毛主席对红卫兵的检阅。

临行前，我向父母谈了自己的想法。他们表示同意，并给了我 10 元钱（当时红卫兵在全国大串联，吃、住、行都不花钱）。我到首都后，被安排住在北京航空学院（后更名为北京航空航天大学）的学生宿舍。9 月 15 日清晨，我们按要求在长安街旁列队等候。上午 10 点左右，毛主席乘敞篷车徐徐驶过天安门广场，中央其他领导人乘车紧随其后。我站在接受检阅队伍的前排，第一次亲眼见到伟大领袖毛主席。毛主席身材魁梧，神采奕奕，不停地向广大红卫兵和群众挥手致意。长安街两旁的红卫兵和群众激动地高呼：“毛主席万岁！”尽管我对毛主席发动的“文化大革命”心情非常复杂，也从未跳过“忠字舞”，但基于所受的教育和已有的知识，我深知毛主席是中国共产党的创始人和中华人民共和国的缔造者，也是中国人民的伟大领袖，所以对毛主席非常敬仰。接受毛主席的检阅后，我又在北京待了 20 多天，主要是去北大、清华等高校看大字报，并为父母收集和寄去一些中央领导人的讲话材料。随后，我辗转大连回到长春。此次北京之行，我最大的收获就是近距离地见到了毛主席。

三是长期当“逍遥派”。从北京回来后，我先和东北师大附中初三的几名学生成立了“九一五”战斗队；继而又与本班 1 名同学成立了“满江红纵队”，参加了学校红卫兵组织的一些活动，但从未参加过对校内外领导干部的批斗会。1967 年夏，我在东北师大附中校门口碰到了造反派的一个头

① 参见“第六章　见证非常岁月”，中国共产党新闻网，2012 年 10 月 9 日。

头。他对我说："郭飞，你能不能到红革会（当时吉林省最大的造反派组织）参谋部去，那里需要人。在那里还可以带手枪。"我从未拿过枪，也坚决反对武斗，当即明确表示："我不去！"然后，我质问那个造反派头头："听说你们昨晚在学生宿舍血洗了红旗战斗队。都是同校学生，为什么把 ×× 打得满脸是血？"他非但没有回答我提出的问题，反而狠狠地踢了我一脚。他这一脚可真把我给踢"醒"了。我怒视了他一眼，转身就走了。此后，我在较长时期中都没有参加学校和社会上的任何红卫兵活动，毅然当起了"逍遥派"。我认识了高三的贾卫平和王大元等同学，他们的父亲在"文化大革命"中也受到了冲击，我们成了无话不谈的好朋友。我还向贾卫平学习游泳技术，从原来不敢下水一跃达到了横渡南湖的水平。

其实，"逍遥派"也并不逍遥。我除了帮助父母承担家务外，还抽空帮助邻居刘国民（东北师大职工）家糊纸口袋。刘国民的妻子是家庭妇女，全家三口人经济比较拮据。我帮他家糊纸口袋挣钱，一是助人为乐，二是融洽邻里关系。我还阅读了父亲书架上的一些书，主要是毛主席的一些著作以及《古文观止》《唐宋词一百首》《唐代散文选注》和借来的一些小说等。同时，我密切关注国内政治经济形势的变化，盼望"文化大革命"尽快结束，父母都被"解放"。后来，父母终于被"解放"了，全家人都很高兴。

1968 年秋，吉林省革委会安置办要求"文化大革命"前在城市和县城中学读书的"老三届"学生上山下乡，我积极报名。起初，省安置办不同意，其依据是我作为中学五年制实验班的学生，从上初中到当时才仅有三年，还没到届。12 月下旬，《人民日报》发表了毛主席关于"知识青年到农村去，接受贫下中农的再教育，很有必要"的重要指示，省安置办随即同意我们这些没到届的学生作为初中毕业生上山下乡。于是，我和东北师大附中等校从初一到高三的另 12 名学生仓促组成了集体户，按照相关安排赴吉林省西部农村插队落户。在去农村插队之前，我曾在笔记本上写道："我无限神往着那沐浴着灿烂阳光的广阔天地。我以为，在那里是可以大有作为的。为了人类的彻底解放和崇高的共产主义事业，贡献出自己的全部力量。"这段话，既表明了我准备在农村干一番事业的决心，也反映了我在当时的某种疑惑和无奈。

知青岁月

“客车驶出市区。映入眼帘的，已不是那一排排整齐的楼房、林立的烟囱、各式各样的商店、熙熙攘攘的人群和喧闹街巷中的车水马龙，而是那闪着晶莹白光覆盖在已经沉睡的黑土地上的一望无际的雪野。挺立于凛冽寒风中的黑褐色树干骄傲地舒展着她那倔强的腰肢，片片农宅坐落在浩瀚的‘银海’之中，蓝天上飘着朵朵白云，一条宽阔平坦的公路蜿蜒地向前伸去……这是我从未见过的蔚为奇观的壮丽景色，是大自然点缀广阔天地的美的写真。”①

1969年2月6日上午，我们集体户共13人（有杨中清、王大元、杨玉中、罗柏林、杨中宇、齐少平、荀秉聪、张中敏、黄杭音、吴兰琪、邓如松、那力力和我，杨中清为户长），带着不少行李，乘坐学校安排的一辆长途客车，前往距长春市区约150公里的插队地点——吉林省前郭尔罗斯蒙古族自治旗（以下简称“前郭旗”或“前郭县”）吉拉吐公社松花江大队八队。

我们集体户的成员从老初一（即1965年初中一年级）到老高三（即1965年高中三年级），年龄参差不齐。除杨中宇（其兄杨中清）和罗柏林之外，绝大多数都是东北师大附中的学生。我们落户的生产队位于松花江畔的吉拉吐公社本屯，地图标名为锡伯屯（现为锡伯屯村）。与我们落户在同一生产大队的，还有在一队的由史宁中、蔡培国、关卓等10余名东北师大附中学生组成的集体户。当天中午，我们到达了目的地。生产队长和一些社员热情地欢迎我们，并给我们做好了香喷喷的大米饭和猪肉白菜炖粉条。我们先被临时安顿在社员家，后被安置在公社原税务所的一座旧房子里，男、女生各住一间，中间是厨房。从此，我们开始了在农村的知识青年生活。

① 郭飞：《笑洒热血不停步　誓做革命后来人》（思想汇报），1971年1月20日。

1969 年 12 月，郭飞在长春与集体户成员合影（第 1 排左起：吴兰琪、邓如松、苟秉聪、那力力；第 2 排左起：杨玉中、杨中清、罗柏林；第 3 排左起：郭飞、杨中宇、王大元、齐少平）

我在农村当知识青年共计 20 个月。刚到农村的时候，也没想到能抽调上来，对在农村安家落户有一定的思想准备。在不到两年的时间中，下述四方面的事情对我具有重要意义。

一是由城市中学生向农民的身份转变。到农村后，有一段时期我在思想上有些迷茫：一个好端端的城市中学生，怎么一夜之间就变成了农民？在劳动中和生活上，我能适应吗？这种思想在行动中也有表现。后来，我通过参加劳动并与社员们交流，这个思想弯子逐渐转过来了。实际上，我若不是出身于城市的干部家庭，而是和许多农村青年一样出身于农民家庭，那原本也就是个农民。两者的区别在于出身的家庭和地点。农民确实很苦（距我们屯约 4 公里的吉拉吐大队第六生产队，有的年头社员干一天活儿仅挣 4 分钱。而附近公社最富裕的生产队，社员干一天活儿可以挣到两元多，但这只是农村社队中的“风毛麟角”），整体上处于社会底层。“一军二干三工人，死都不嫁庄稼人”，是当地一部分女青年择偶标准的顺口溜。作为一名知识青年，要在农村真正干出一番事业，当一名建设社会主义新农村的新型农民，就必须承认已经下乡插队的基本事实，从思想上、劳动中和生活上把自己当成农民。这个思想扣子解开之后，我的精神面貌发生了很大变化。

二是在艰苦的劳动中树立劳动人民的思想感情。插队初期，我才 16 岁半，尚未成年。过去基本上没干过农活儿，乍一参加农村劳动并与农村成年劳动力干同样的活儿，确实又苦又累。春天，我和社员们用手镐刨玉米茬子，技术上要求手起镐落，将玉米茬子连根刨起。尽管我们戴了线手套，但毕竟由于干活儿少，手上没结厚茧，不仅在手上磨起了大泡，而且大泡也磨破了，满手是血。[①] 插秧时节，我和社员们一样赤脚弯腰，将一棵棵秧苗插到冰冷的水田地里。水田地里有蚂蟥，不时地钻进脚掌和小腿，我被咬得很痛，马上用硬东西将它拍出来。夏天铲地，早晨 4 点钟就出工，晚上 7 点钟才下工。炎炎烈日之下，我们头戴草帽，身穿帆布劳动服，也不知出了多少汗，深蓝色的劳动服上满是白圈和白道儿。隆冬时节，我和社员们冒着摄氏零下 30 多度的严寒到离村较远的地方去干活儿。我们用干牛粪当燃料烤玉米饼，喝凉水，就着盐和咸菜充饥。“积日辛劳少睡眠，青春年少欲摧残。巉岩险关学闯道，岂可长梦便苟安？”这是 1969 年我写的一首小诗。

“迎着呼啸的西北风，脚下是唰唰的挖土声；顶着炎炎的烈日，我们在碧绿的田野上耕耘；在沤臭的粪堆旁，我们扬起了铁锹；在绯红的高粱地里，我们挥舞着银镰……”[②] 还记得生产队马忠祥队长对我们的热情关照、问寒问暖；还记得续延友、张仁学、侯德金等青年社员指导或帮助我们干活儿并与我们进行思想交流；还记得 1969 年在评工记分时生产队社员给我评定的 9.3 分（男性成年劳动力最高评为 10 分，折合当年我所在生产队年末分配的现金 1.25 元）；还记得冬闲时节社员们给我们集体户送来了一些黏豆包……在与农民（特别是贫下中农）相结合的过程中，特别是在艰苦繁重的劳动中，我的立场、思想和感情发生了很大变化，在许多方面由原来的“格格不入”变为后来的“水乳交融”。我逐渐认识到：劳动是劳动人民的美德和本质特征，它不仅是创造财富（指使用价值）的一个重要源泉，也是区分人与其他动物的标志。毛主席指出：“社会主义制度的建立给我们

① 2019年1月，吴兰琪给我发了手机短信，回顾了当年我在农村的劳动情景。她写道：“有一次你们男生刨茬子，你把胶鞋刨开了，差点儿伤了脚。回到集体户，不知谁说了一句：‘郭飞，让你刨茬子，你刨脚干啥？’又有人说：‘郭飞才 16 岁，还未成人呢！’大家顿时都笑翻了，人人都流出了热泪。还有一次，你从生产队队部往回扛粮食，到户里时整个人像要贴在地皮上。有人说：‘快放下来，你年龄小，这样会压吐血的！’大家都心疼得不得了。”

② 郭飞：《笑洒热血不停步　誓做革命后来人》（思想汇报），1971 年 1 月 20 日。

开辟了一条到达理想境界的道路，而理想境界的实现还要靠我们的辛勤劳动。”[①]

“每逢我在碧绿的草地上息歇，观赏那盛开的灰紫色的野花，倾听溪边‘呱呱’的有节奏的蛙语声；每逢我独立于江边，凝眸远视那滚滚北去的江水和西边熔金的落日、合璧的彩云；每逢雨休风住后的夜晚，我从远处归来，看见皓月中天，辉映着庄稼地里片片墨绿的倩影；我就禁不住激动起来，油然产生一种心底之爱。我喜欢那恬静的原野，钟爱那排排屋脊烟囱上冒着缕缕炊烟的乡村，钦慕那贫下中农饱经风霜面孔上的笑貌音容。我将可爱的锡伯屯，看作我的第二个故乡；将帮助我成长、鞭策我前进的贫下中农，视为我生身的爹娘。”[②]与农民（特别是贫下中农）相结合，对我后来坚持“以人民为中心”的根本立场进行科学研究，起到了重要作用。

三是抓紧一切时间顽强学习。尽管插队落户，学业中辍，但我并没有放弃学习，而是更加珍惜时间，抓紧一切可以利用的时间进行学习。“知识就是力量”，这是我自小学以来始终坚守的基本理念。我曾写过一首小诗：“挥汗劳动日，赏景闲暇时。幽阳斜窗照，还忆学生时。”[③]我在自己的书箱侧面贴上手抄的毛主席 1937 年 10 月 23 日为陕北公学成立的题词：“要造就一大批人，这些人是革命的先锋队。这些人具有政治远见。这些人充满着斗争精神和牺牲精神。这些人是胸怀坦白的，忠诚的，积极的，与正直的。这些人不谋私利，唯一的为着民族与社会的解放。这些人不怕困难，在困难面前总是坚定的，勇敢向前的。这些人不是狂妄分子，也不是风头主义者，而是脚踏实地富于实际精神的人们。中国要有一大群这样的先锋分子，中国革命的任务就能够顺利的解决。”[④]

在知青岁月，我的学习主要通过三种途径：（1）在劳动间歇时间学习。劳动休息时，不少社员在抽烟、聊天或睡觉，我和集体户其他成员则经常

① 《毛泽东著作选读》（下册），人民出版社 1986 年版，第 781 页。

② 郭飞：《笑洒热血不停步　誓做革命后来人》（思想汇报），1971 年 1 月 20 日。

③ 非常有趣和值得回味的是：在我们集体户成员的合影中，多数户员胸前都佩戴着毛主席像章，唯独我胸前戴着中学校徽。

④ 习近平：《在庆祝中国共产主义青年团成立100周年大会上的讲话》，载于《光明日报》2022 年 5 月 11 日。

从拎兜里取出书来学习。（2）利用晚饭后、睡觉前的时间学习。夏天，吃过晚饭简单洗漱之后，通常已经快9点了，我和集体户有些成员不顾劳累，经常坚持学习到11点左右。“偶尔读到深夜，由于白天的过度辛劳，竟至熟睡过去却不自知。当我从睡梦中醒来的时候，方知还伏在书本上面。此时，我思绪万千，像草原上脱缰的野马，在纵横驰骋，放达不羁；像江水在奔腾，像激流在澎湃；像巍峨高山上苍翠挺拔的劲松，在傲然屹立，与世斗雄……”①（3）每周利用3个半天进行学习。当时，既由于学习心切，也由于身体没有长成，我给自己规定了一条“铁律”：每周在白天中必须保证3个半天的时间进行学习。我从家里带来4个木箱，有两个木箱中装满了书籍。我对人民教育出版社编辑并出版的《论学习语文》一书爱不释手。该书精选了古今中外一些名人关于如何学习语文的论述，使我很受启发，终身受益。中国古典名著《水浒传》，就是我在这一时期认真看完的。“遵四时以叹逝，瞻万物而思纷。悲落叶于劲秋，喜柔条于芳春。心懔懔以怀霜，志眇眇而临云。咏世德之骏烈，颂先人之清芬。游文章之林府，嘉丽藻之彬彬。慨投篇而援笔，聊宣之乎斯文。”对魏晋陆机的这段名句，我经常吟诵自励。此外，我还向集体户其他成员借书来读。我觉得这种整块时间的学习最“解渴”，最有效率，也最具幸福感。高尔基说：“书籍是人类进步的阶梯。”我在读书时非常愉悦和专注，宛如畅饮天降的甘露。

此外，我还通过其他途径进行学习。1970年1月，我返回长春在吉林医科大学一院做扁桃体切除手术。住院期间，给我做手术的年轻漂亮的女医生阴东平在巡查病房时，见我正专心致志地阅读中国社会科学院文学研究所中国文学史编写组编著的《中国文学史》（第3册），床边还放着一部《新华字典》，非常惊讶，并投来赞许的目光。她没想到，在“文化荒漠”年代，竟有一名在农村插队的知识青年不甘沉沦，在病床上如饥似渴地学习大学教材。后来我听说，她父亲是吉林医科大学的著名教授，也曾挨过批斗。7—8月，生产队长安排我看庄稼。我利用看玉米地的方便条件，认真学习了《毛泽东选集》（第1～4卷）中的许多文章，并写了一部分读书笔记。我们集体户学习氛围比较浓厚，绝大部分成员都是挤时间学习。特

① 郭飞：《读书》，1970年1月7日。

别是在冬闲时节，大家没有“猫冬”，相互之间传阅图书和交流学习心得，有的户员还拉起了二胡或者引吭高歌，仿佛重新过起了校园生活。外国著名歌曲《小路》《莫斯科郊外的晚上》《深深的海洋》《三套车》等，我就是在那时学会的。

学习的目的在于应用。我在农村插队后期，大队领导逐渐对我有所了解并比较器重。有时，大队总支书记张今夫、革委会主任马云龙等找我去帮他们写点文字材料，我都愉快地接受并完成了任务。1970 年 9 月 22 日晚，我协助大队领导查夜，完成任务时已是翌日凌晨，天将破晓。我触景生情，成诗《欲晓》：“夜阑星散，东方微露光霞。神思沧涟，宏志自向天涯。”

四是写下首篇立志之作《志》。1970 年 7 月 5 日，是我 18 周岁生日。天不作美，时逢大雨，我们都没有出工。回顾过去，展望未来，思潮汹涌，我写了一篇标题为《志》[①] 的短文，全文如下：

志

室内阴洞洞，帘外雨意浓。为负凌云志，独坐正堂中。

我在想，在写，无际的思想的浪花在翻滚，一颗赤诚的心在怦怦地跳动……

我生身至今，已经 18 年整。在这人类历史上短暂的刹那——我走过的一段较长的历程中，自己由一个呱呱坠地的婴儿，成长为一个体态健全、刚强坚毅的青年；从一个天真幼稚的孩童，成长为一个自食其力的劳动者。其间，以笃学奋进、桀骜不驯出现，未以卑陋无知、市侩小人自居；以磊落廉洁于世，未以藏污纳垢避人。忆往昔，生活多欢畅，气质多高昂！在斗转星移、阳光明媚的日子里，常与朋友们散步于室外，栖息于柳荫，击浪于碧水，泛舟于湖心。同叙中外奇闻，古今之事，无所不及，海阔天空。慕英雄砥砺之途，思诸国盛衰之变，化励己奋斗之源，长热血献国之心。多少个秋雨方尽的夜晚，多少个曙光初照的良辰，孤立于寥廓苍天之下，望繁星之闪烁，见旭日之升腾。我曾怎样地憧憬啊，遐想那伟大祖国的未

① 作者仅对原文中的个别文字做了修改，其他均无变动。

来和壮丽的共产主义社会，如同梦境！

我们是中华民族精华的蓓蕾，我们是祖国未来的象征，我们是毛泽东思想哺育的新一代，我们是将世界革命进行到最后胜利的主力军。

浩志，是那样纯洁与高峻；青松，是那样挺劲耸拔，傲视苍穹；长河，是那样澎湃汹涌，浩荡不尽；宇宙啊，是那样际域广阔，联类无穷。

今天，我响应伟大领袖毛主席的号召，来到农村接受贫下中农的再教育，走与工农兵相结合的光辉道路。在艰苦劳动和改造思想的过程中，我要认真学习毛主席著作，以毛泽东思想指导自己的一言一行，虚心学习贫下中农的优良品质和革命精神，培养自己埋头苦干、脚踏实地的优良作风，争取早日得到贫下中农发给的合格毕业证书，做一名优秀的无产阶级革命事业的接班人。

明天，倘若第三次世界大战爆发了，那我将和祖国亿万优秀儿女一道，拿出和敌人血战到底的气概，胸怀埋葬帝修反、解放全人类的决心，挥戈疆场，骁勇善战，不惮驱于前阵。如果我在战斗中英勇地牺牲了，或在建设社会主义祖国的过程中献出了生命，那我也毫无怨艾，可以自豪地宣称：我的全部精力和整个生命，都已经献给了世界上最壮丽的事业——为人类的解放而斗争！

为将红旗赤环宇，吾愿未偿死不休。为达此目的，我必须从现在开始就进行我应从事的工作——学好马列主义毛泽东思想，为胜任未来赋予我们的伟大历史使命奠定基础。我要刻苦学习革命理论，勇于参加革命实践，如燕子啄泥砌巢，一点一滴地积累知识。以铮骨之坚不拔刚韧之志，以怀世之想不懈奋斗之心，苦撑竭蹶，拼命向前，闯出一条通往共产主义理想境界的人生道路。

顾此耿耿在，良辰讵可待；他年若遂平生志，呕心沥血写春秋。

我们对党无限忠诚，我们对毛主席无限热爱。

我们的胸襟是旷达的，我们的志趣是高超的，我们的前途是光明的，我们的能量是无限的。

实践，实践，再实践！学习，学习，再学习！努力，努力，再努力！

透过峰峦与迷雾，便可瞻见胜利的坦途。向前进！置身于广大工农群众之中，让我生命的每一秒钟，都迸发出璀璨的火花，放射出时代的光华！

这篇文章，50多年来我一直珍存并经常翻看。尽管它不可避免地存在历史烙印和欠妥之处[①]，但文中体现的身处逆境顽强进取的昂扬斗志，对我后来的成长发展具有重要的激励作用。

1970年秋，我在集体户中第一个被正式抽调上来，先到前郭县八三工程指挥部就职。10月7日上午，“微风和煦，朗洁的天空上泛游着许多白云，像是横截耸峙的山峰。姝丽的太阳，时而从云端缝隙间露出圆圆的脸来。我纵身一跃上了汽车，去迎接新的工作任务。此时，我的心宛如那迭连扬起尘土的车轮，不停地向前飞奔……”[②]

① 后来，经过不断学习和实践检验，我对1968年及以后若干年中1700余万知识青年上山下乡插队落户的背景、原因与作用有了新的全面而深刻的认识，对中国农民阶级在新民主主义革命和社会主义革命、建设、改革中的作用有了更为全面和深刻的认识，在此不赘。2018年年末2019年年初，在“老三届”学生上山下乡插队落户50周年之际，看到不少人写的知青诗歌和知青故事，我很同情，也颇有感慨。人生的道路并不平坦。在当年的历史条件下，我们只能逆境中谋生存，奋斗中求发展。我在发给中学同学的微信中写下这样一段话：“悲哉‘老三届’，壮哉‘老三届’，百折不挠，淬火成钢‘老三届’！”

② 郭飞：《笑洒热血不停步　誓做革命后来人》(思想汇报)，1971年1月20日。

宣传干事

八三工程是周恩来总理和中央有关领导决定修建的一条从大庆至抚顺的大型地下输油管道工程。该工程于1970年9月开工，投入解放军战士、建筑工人、专业技术人员和公社武装民兵等共20万人，修建直径为720毫米的地下输油管道558.6公里和若干座泵站，以解决中国当时因铁路运力不足造成的燃油严重短缺问题。八三工程修建的地下输油管道于1971年8月试运行，10月31日正式通油，在中国原油管道勘察设计和工程建设史上创造了前所未有的奇迹。

前郭县是八三工程的经由之地，沿途除要修建地下输油管道之外，还要修建两座泵站，工程任务相当艰巨。前郭县革委会和武装部高度重视，迅速调集有关单位的领导干部和技术人员，并从6个公社抽调了24名知识青年，由县武装部长和县革委会副主任亲自挂帅，共同组建了前郭县八三工程指挥部。

我被抽调到县八三工程指挥部以后，开始时并不是担任宣传干事，而是先担任了一段时期的押运员、发货员和保管员。

在担任押运员期间，我住在县八三工程指挥部临时安排的宿舍。我早出晚归，押运水泥、钢筋、木料、钢管等各种物资去各个工地。有时遇到在公路两旁劳动的东北师大附中的集体户同学，我格外高兴，或是让司机停车与他们聊上几句，或是打开车窗向他们招手致意。

在担任发货员期间，我住在前郭县砖厂宿舍。平时，我认真清点砖垛（每垛200块砖），尽量做到发砖数量准确无误。我结识了一个姓靳的来自北京的知识青年。他皮肤白皙，长相英俊，年龄比我稍大，在砖厂已经工作了近一年。虽说当了工人，但劳动条件较差，每天都很辛苦，且很容易得矽肺病。我跟他交谈时，他表示愿意扎根砖厂干一辈子，对此我很钦佩。

与我同住一个房间一个火炕的，是两个早年从北京下放到砖厂进行“劳动改造”的右派。其中，一个曾是中央党校的教授，姓郭；另一个曾是最高人民检察院的干部，姓李。我与他们的交流很少，避谈政治问题。我对他们没有任何歧视，只为他们的厄运惋惜。

在担任保管员期间，我已被调到前郭县 5 号泵站。在 5 号泵站，我目睹了八三工程大会战中“革命加拼命，拼命干革命”和“一天三班倒，24 小时连轴转”的壮观场面，并经常抽时间给工地播音室写一些诗歌和报道等稿件。有一次，工地的高音喇叭播出了我写的一篇报道，恰巧被前来检查工作的县革委会副主任、县八三工程指挥部副总指挥刘昇同志听到了，他立即询问这篇报道是谁写的，并派人把我叫到他面前。他微笑着问我：“小郭，这篇报道是你写的吗？”我说：“是的，刘主任。”他接着又问：“你现在做什么工作？”我说：“当工地仓库的保管员。”他沉思片刻，郑重地对我说：“从明天开始，派你到 3 号泵站政工组工作，当宣传干事。”我当即表示服从组织安排，并于翌日前往位于平凤公社黑岗子的 3 号泵站政工组赴任。

3 号泵站政工组由我、李国文（来自部队的团政治干事）和李沛然（东北师大附中 1965 年高中三年级学生，后任深圳大学教授）3 人组成，李国文任组长。当时，我的主要工作是写一些宣传稿件、给泵站指挥部领导同志起草讲话稿、撰写泵站建设工作汇报和主持建设工地的誓师大会。

此外，我还负责主持 3 号泵站指挥部每天上午 1 个小时的政治学习。在 3 号泵站指挥部的工作人员中，有县革委会副主任、“文化大革命”前的副县长、白城地区建筑公司的工程师，还有解放军干部和县革委会的工作人员。我当时还不满 19 岁，主持好泵站指挥部的政治学习并非易事。我抓紧学习，精选内容，注意正确引导并做好学习总结。有一段时间，我们学习毛泽东的哲学思想。我对毛泽东的哲学著作《实践论》《矛盾论》比较熟悉，又认真自学过艾思奇主编的《辩证唯物主义　历史唯物主义》教科书，具有一定的哲学基础。在学习中，我积极引导指挥部成员紧密联系工作实际，效果较好。

有一天半夜时分，我还在工地办公室中写材料。由于十分疲劳，我当时不得不抽了 1 支烟。恰巧，刘昇同志看见了，他关切地问我："小郭，你怎么还抽烟？"我知道他从不抽烟，但我抽烟也实属无奈。于是，我笑着说："刘主任，我如果不抽烟，早就睡着了，还能继续写材料吗？"他听后默不作声，悄悄地走了。实际上，我过去从不抽烟，只是在 3 号泵站指挥部工作那段时期中偶尔抽 1 支烟。离开八三工程以后的近 50 年中，无论工作多么劳累，我只是喝点茶水，没再抽过 1 支烟。

在参加八三工程大会战期间，我每天的休息时间很少，大约只有 4 ~ 5 个小时。除完成基本工作任务外，每天还要抽出 2 ~ 3 个甚至 4 ~ 5 个小时到建设工地与工人、解放军战士和公社武装民兵一起劳动。公社武装民兵在挑土篮时同时能挑起 6 个土篮，建筑公司的工人在两三天内能建起一幢楼房，这种革命干劲和工作效率使我非常感动。1971 年 6 月，我曾写过一首小诗："天上繁星亮晶晶，工地灯火比星明。挥镐舞锹建泵站，战天斗地乐无穷。浩歌正气动天地，革命豪志贯长虹。喜看神州红旗舞，我为人民立新功。"

在县八三工程指挥部工作期间，我与中学同班同学汪爱群同在 3 号泵站建筑工地，她被树为工地建设标兵；我与同期东北师大附中的高中校友安莉、陶路在工作中也有接触。当时，我经常与父亲通信。我们全家 6 口人分别工作或居住在四个地方：父亲在东北师大"留守"；母亲走"五七"道路在吉林省桦甸县八道河子公社新开河大队平岭生产队，她还带去了两个妹妹，大妹妹郭志红初中毕业后在当地插队落户；姐姐在吉林省农安县开安公社插队落户；我在吉林省前郭县八三工程指挥部工作。我没有时间给其他亲人写信，只能从父亲的信件中获悉她们的情况。一次，我在给父亲的信中写道："北风吼，心潮涌，想亲人，望远方……"他见后流下了眼泪。此外，我仍与插队落户时所在的生产队团支部保持着联系，递交过入团申请书和思想汇报《笑洒热血不停步　誓做革命后来人》，并加入了中国共产主义青年团。同时，我数次返回集体户，看望仍在农村战天斗地的其他户员。1971 年 6 月 8 日，我在《返户有感》一文中写道："任其弱女之姣姣，任其强男之凶暴，任其雷电之相合，任其狂飙之呼号！矢志不移，中流击水，变大海之一怒涛，推社会主义之航船，迎共产主义朝瞰之高照！"

1971 年 8 月，八三工程基本结束，县八三工程指挥部工作人员各自回到原单位。我作为正式抽调上来的知识青年，被通知到县劳动局报到并分配工作。临行前，3 号泵站八三工程指挥部的工作人员聚餐告别。回顾一年来在一不怕苦、二不怕死的大会战中取得的辉煌业绩以及彼此结下的深厚情谊，大家都喜泪盈眶，依依不舍，相互签名或题诗留念。我即兴赋诗一首：“临别豪言赠战友，思绪如泉涌心头。千言万语凝一句，永做工农一马牛。”

国企工人

1971年8月下旬，前郭县劳动局分配我到前郭县国营苇场工作。前郭县国营苇场的基本职能是收购、管理和发运芦苇，隶属前郭县工业局。前郭县工业局下属20多个工厂中，国营苇场属于规模较小、工作比较艰苦的企业。前郭县国营苇场的正式职工只有几十人，除场部设在县城外，下设3～4个芦苇管理收购站（大多设在农村中的大芦苇塘附近）。在县八三工程指挥部工作过的其他知识青年，多数被分配到县国营无线电厂、电机厂、农机厂等较好的企业，只有我和当地知识青年宋思发被分配到县国营苇场工作。我一度产生了思想波动，认为自己是没根没蔓，才被分配到条件较差的单位。然而，这种思想很快就有了根本转变。我决心继续以革命青年的昂扬姿态，干好苇场的本职工作，做一颗社会主义建设事业的"螺丝钉"。

"此刻，我眼前好像浮现出这样一幅图景：在一望无垠的色彩缤纷的原野中，大片大片黄熟的芦苇随风起伏。苇荡中歌声缭绕，彩蝶飞舞，芦花扬起——这是我战斗的地方！

"接着又出现另一幅图景。在祖国的各个地方，无数革命群众和武装战士，如饥似渴地读着毛主席的著作，剑出鞘，弹上膛，环球地平线上越来越亮地出现了黎明的曙光——这是我们战斗的力量！"[①]

从到前郭县国营苇场工作至1972年4月末上大学，我共经历了8个月的时间。其间，有四方面的事情记忆犹新。

第一，我受场领导委派去长春采购地中衡（即大型地秤）。我到苇场工作后，先在场部参加了一个多月的修建场部新办公用房的劳动。后来，场

① 郭飞：《给四位战友的信》，1971年8月27日。

领导要我去完成一项重要任务——设法搞到4吨钢材指标，并到长春市衡器厂去购买新建芦苇管理收购站需要使用的地中衡。当时，国家实行计划经济，我场需要购买的地中衡并没有纳入当年生产计划，也没有钢材指标。因此，完成场领导交给我的任务确实是个大难题。我当时感到肩上的担子很重，但还是表示要尽力而为。

我去白城地区芦苇公司申请钢材指标，结果未成。随后，我又专程到长春，去吉林省轻化工业局找有关领导请求帮忙。我场收购的芦苇，主要是卖给吉林市造纸厂做原料，而吉林市造纸厂当时隶属吉林省轻化工业局。

我在“文化大革命”初期（即我14 ~ 15岁时）曾自告奋勇当过一段时间东北师大附中的“采买员”，为学校购买当时较为紧缺的大白纸、（刻字用）钢板、蜡纸和铁笔等，业绩还不错。我找到吉林省轻化工业局主管钢材指标的处长，向他详细汇报了我场急需4吨钢材指标购买地中衡的情况，恳请他设法利用机动的钢材指标予以解决。我与这位处长素不相识，也没人从中搭桥。我反复去了几次，他终于给我解决了4吨钢材指标。我大喜过望。单位没给我任何“活动经费”，我就用自己的钱（10元左右，占月工资的1/2）买了两条香烟给他送去，以示感谢。然而，这位处长委婉地拒绝了，他还语重心长地对我说：“我是共产党的干部，烟我不能要。帮助你们单位解决一点儿困难，是我的分内工作。”当时，我很受感动。这件事对我后来的思想和行为产生了深远影响。我用4吨钢材指标去长春市衡器厂联系并购买了地中衡，圆满完成了场领导交给我的重要任务。

第二，我被安排在旱龙坑芦苇管理收购站工作。我在苇场工作两个月后，场领导将宋思发留在场部工作，将我派到距县城约75公里且正在筹建中的地处深井子公社的旱龙坑芦苇管理收购站当“以工代干”（即以工人的身份做干部的工作）的检斤员。我二话没说，表示服从安排。1971年10月21日上午，我乘敞篷大卡车押运木料从县场部至旱龙坑芦苇管理收购站。为防木料丢失，我坐在木料上头。行驶途中，天色阴晦，风自东南方向骤起，寒烟缕缕，衰草摇曳，冷气袭人。环目四顾，回忆3年来自己在前郭旗的工作经历，情思涌溢，感触满怀。我想起毛泽东的著名诗词《七律·长征》，遂循其韵作诗一首：

异　乡

背井离乡来旗前，手擎宝书战荒原。
金禾婆娑舞银镰，麋师火线驰笔尖。
翘首远瞩阅春色，迢行千里指顾间。
业无高卑志当坚，血沥神州沃果园。

我在旱龙坑芦苇管理收购站工作期间，条件相当艰苦。站长姓梁，是一名忠实憨厚、任劳任怨的党员老干部。除梁站长以外，只有我和另一个人是正式职工。此外，苇站雇了临时工负责做饭和打扫卫生。苇站的房子是新建的，冬天屋里很冷，脸盆里的水都结着冰碴儿。在苇站安装地中衡之前，我先做出纳员工作；安装地中衡之后，我做检斤员工作。做苇站地中衡的检斤员，就是要将装满苇捆的汽车或马车准确过秤，然后开出苇捆重量的票据，交给送来苇捆的农民，由他们凭票据去兑取现金。平时，我除了做好检斤员的工作之外，还要和梁站长等人经常到苇站周边地区巡查芦苇保护与收割的情况，防止属于国有资源的苇塘芦苇被私人盗割或转卖。一天晚上，梁站长带着我们几人一起去巡查附近芦苇的保护情况。当时，天降大雪，我们冒着摄氏零下 30 多度的严寒，在没膝深的雪地里走了 30 多公里，回来时已是第二天上午 7 点多了，棉鞋、棉裤全都湿透并结了冰。有时，我到附近生产队去看社员打苇捆，才知道他们打苇捆实行的是计件工资，社员劳动积极性较高。在城市国营企业中大批所谓“物质刺激”的“修正主义路线”之际，地处偏远地区的农村生产队却全然不顾这一套，依然实行按劳分配的计件工资制度。

第三，我抓紧时间刻苦学习。1971 年秋，在我从前郭县乘火车去白城市办事的途中，列车的车厢里反复播放着《梁祝》的优美乐曲。我拿出父亲从东北师大图书馆借来的《世界文学》期刊合订本，一看就是几个小时。当时，我对面坐着一个年轻漂亮的姑娘，她见我读书非常专注，既十分惊讶，又很羡慕。她豆蔻年华，情窦初开，似乎很想与我搭话，但我视若无人，没与她说过一句话。歌德有句名言：哪个少男不钟情，哪个少女不怀春？然而，我心里清楚：此时此刻，读书比交朋友或谈情说爱更重要！

我在旱龙坑苇站有一间独立的工作室。尽管隔壁经常有几个人在一起打扑克、搓麻将，抽烟、喝酒，但我则利用工作间隙和晚上休息时间孜孜不倦地努力学习。那段时期，正值林彪叛逃的九一三事件发生之后，全国范围内开展了“批林”运动。毛泽东提倡高中级领导干部要“认真看书学习，弄通马克思主义”，并推荐了一些重要的马列经典著作供领导干部阅读。我去县新华书店购买了《共产党宣言》《法兰西内战》《哥达纲领批判》《反杜林论》《国家与革命》《唯物主义和经验批判主义》等经典著作，父亲给我寄来他参加省里举办的领导干部理论学习班印发的相关辅导材料。我逐本认真学习，尽管不少内容深奥难懂，但仍感大开眼界，明显提高了理论水平。与此同时，我学习了东北师大李星万等编写的教材《中国人民革命斗争史》，增加了中国近代史的历史知识。李星万曾是我父亲的同事，我父亲对他的才华较为欣赏，他和其他老师编写的教材也使我从文学方面受益。此外，我结合社会、工作和思想实际，还写了《一个极其沉痛深刻的教训》《请战书》《幸福》等几篇文章。

《一个极其沉痛深刻的教训》是九一三事件之后我写的一篇评论性文章（约4000字），曾在场部的政治学习中宣读。可惜，这篇文章没有保存下来。

《请战书》是我写给县革委会副主任刘昇同志的一封信，内容是我申请参加县里组织的农业学大寨工作队。《请战书》从三个角度提出请战，其中第三个角度及文章末尾如下：

“请战！！！

“我们是社会主义建设事业的新愚公，也是共产主义幸福社会的奠基人。我们担负着解放全人类、将无产阶级革命进行到底的光荣历史使命。平时流汗，是革命青年义不容辞的职责；战时流血，是革命青年责无旁贷的重任。在百花吐艳年代因公忘我，在硝烟弥漫之际冲锋陷阵。浩歌正气，为伟大的共产主义事业奋斗终生。

“前郭县，是我的第二个故乡。东有庶林富水，尚未充分受益；南有坦荡平川，尚未有效利用；西有葳蕤草原，尚未垦凿挖潜；北有膏腴之地，尚未合理安排。前郭县自然资源丰富，劳动人口众多，发展前景远大。

“能投身于广大工农兵群众和革命干部改变前郭县面貌的斗争洪流中去，为革命事业兢兢业业，任劳任怨，发出自己微渺的光热，是我的旦夕志愿。能动地改造客观世界，和祖国七亿人民共同挥写声讨旧世界的檄文，向着共产主义的美好未来胜利进军，‘实现一百多年来无数革命先烈所怀抱的宏大志愿’！

“东风鼓征帆，丹心铁手绘图蓝。求战心切，疾笔写成。敬请批准，闻召起行。”①

《请战书》的落款是前郭县国营苇场工人郭飞，时间为1971年10月23日。

《幸福》是我阐述个人幸福观的一篇文章，也是我第二篇立志之作（约4000字），于1972年2月10日定稿。在文章中，我初步论述了不同阶级的幸福观，并提出了个人的努力方向和奋斗目标。该文的最后部分如下：

“胸怀祖国，放眼世界。竭忠尽智，笃行不倦。不依赖于外因条件的借助，苛求于自己脚踏实地、一丝不苟的努力。在革命的长河中学会游泳术，运用马克思列宁主义、毛泽东思想的锐利武器，有效地献身于艰巨的革命。做中国共产党的优秀党员，中国人民的忠诚战士，这是我坚定不移的奋斗方向和付诸今后的实际行动。

“‘满腔的热血已经沸腾，要为真理而斗争。’

“当我们用不竭的智慧和勤劳的双手，用鲜红的融贯时代风云的血液，为人类进步作出了应有的贡献；当我们看到，努力并没有付之东流，可爱的祖国与世界各国一道由社会主义社会漫长的历史时期过渡到共产主义社会——这个极端崭新完美的代表人类崇高理想的伟大的社会；当她朝暾般地从东方地平线上喷薄升起，而以其辉煌陆离的光焰照耀整个世界，并使其迸发出宇宙中特有的绚丽色彩时，我们将感到无上的幸福！”②

第四，我奋力争取上大学。1970年，我国有些高校遵照毛主席1968年7月21日关于“大学还是要办的”的重要指示，招收了第一批大学生（亦称“试办班”工农兵学员），这是我国高等教育事业恢复与发展的先兆。从1972年开始，我国高校从具有两年以上实践经验的工农兵青年中正式招收大学生。

---

① 郭飞：《请战书》，1971年10月23日。

② 郭飞：《幸福》，1972年2月10日。

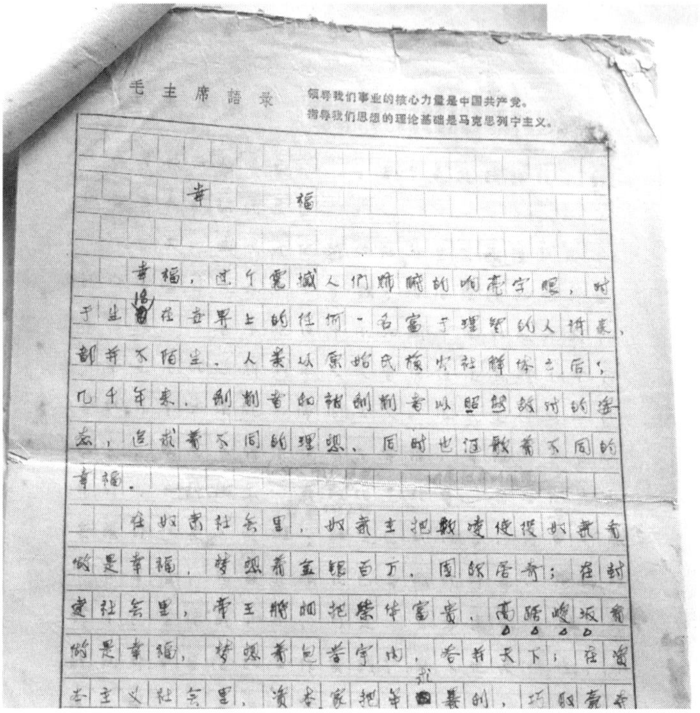
毛主席語录 领导我们事业的核心力量是中国共产党。指导我们思想的理论基础是马克思列宁主义。

幸福

1972 年 2 月，郭飞在前郭县苇场工作期间写的《幸福》一文（部分）

1972 年年初，我获悉高校可能招生，非常兴奋。为了能上大学读书，我利用去场部办事的机会，到县革委会副主任刘昇家里向他表达了我的愿望，恳请他在可能的情况下给予支持。他听完我的想法后，直截了当地对我说："社会也是大学。"他原是一名小学教师，靠个人努力当上了县领导，对是否必须上大学有他的独特想法，我可以理解。这也使我联想起著名作家高尔基的小说《我的大学》。然而，刘昇副主任的意见并没能改变我要上大学的愿望。不久后，从县里传来正式消息，国家将采取个人报名、单位推荐、统一考试、择优录取的方针招收大学生。我闻讯后欢欣鼓舞，立即向苇场领导反映了个人的上学愿望。场革委会主任王昇对我的愿望非常支持，他亲切地对我说："小郭，你到苇场后工作很好。我过去当县粮食局局长时曾输送过两名大学生。你很有发展，我不压人，全力支持！"我听后热泪盈眶，对这位中华人民共和国成立前参加革命的行政 14 级党员干部更加敬重。我填写了入学申请表和入学申请报告。场领导就我的升学问题专门召开了场部全体干部职工会议，与会同志一致同意我报考大学。当时，我所在的县工业局仅有 3 个高校录取名额，按 1:3 的规定比例仅有 9 个参加考试的名额，可是县工业局下属的企业有 20 多个，申请报考大学的青年挺多。无奈之下，县工业局硬性规定每个企业最多只能推荐 1 名青年参加竞争。我所在的苇场在县工业局中是个小企业，若按企业规模和地位衡量，我竞争“出线”的可能性很小。然而，县工业局的有关领导在认真审查了被推荐人的相关材料（特别是入学申请报告）以后，遴选出包括我在内的 9 名青年参加入学考试。场领导挺关照我，给了我一段时间在前郭县五七大学进行考前准备。我小学同学的姐姐、东北师大附中老高三学生刘宁恰在该校任教，我就请她对我备考的数、理、化 3 门课程进行辅导。

我在前郭县参加了由吉林省有关部门统一命题的入学考试，在文科考试中明显占优。记得当时的文科考试除笔试外，还有面试，即要求考生按照主考老师的要求当场口述一篇文章。我稍做准备，镇定自若，紧扣主题，表达精练，声音洪亮，主考老师非常满意。最终，我被东北师大政治系正式录取。

在吉林省 1972 年高校招生工作中，存在一些无序和混乱的现象。例如，我在填写报考高校志愿时，根本不知道有哪些高校的哪些专业在我县招生；对入学考试规定的 6 门课程（语文、政治、历史、数学、物理、化学），有关部门并没有向考生公布考试的复习大纲；所有考生的考试成绩（含单科成绩和总成绩）也没有正式公布等。或许，这些弊端在当时的历史条件下难以避免。

工农兵大学生

1972年4月下旬，我离开前郭县国营苇场，来到东北师大政治系。如果没有“文化大革命”，我会在东北师大附中高中顺利毕业，极有可能考上国内顶级高校。然而，我既承认历史，也正视现实。从一名工人一跃成为著名大学的学生，这无疑是改变我人生命运的重要一步。

新环境，新集体，新学习，新生活，新收获。我在东北师大政治系的学习时间共计两年零八个月。当时正值“文化大革命”后期，我至今回忆起来内心仍五味杂陈。总体来看，我的主要收获是：

一是进一步明确和坚定了人民立场。在大学期间，同学中最响亮的口号是“人民送我上大学，我上大学为人民”。大家都是来自工农兵的“各路英豪”（有的同学是县委候补委员或市、县级劳动模范），对党、国家和人民的感情较深，艰苦朴素，勤奋团结，互相帮助。其间，学校实行“文科以社会为工厂”的教学改革，强调理论联系实际。我们到长春市拖拉机厂、吉林市铁合金厂、吉林省永吉县农村进行调查研究，到德惠县校办农场参加劳动和到辽源煤矿、营城煤矿下井挖煤，与工人农民结合在一起，进一步增强了对国情的了解和劳动人民的思想感情。1975年1月12日，我光荣加入了中国共产党。①

二是学习了一些基础理论和历史知识。除了学习马克思主义的基本理论课程之外，我们还学习了中国古代史、中国近代史、中共党史、世界古代史、世界近代史、国际共产主义运动史、中国哲学史、逻辑学和中文等课程，学习了马克思、恩格斯、列宁、斯大林、毛泽东的部分经典著作。毋庸讳言，受历史条件的限制，当时东北师大政治系所开设课程的门数和内容都与1977年我国恢复高考后著名大学的政治专业不能媲美，但毕竟为我

① 我的入党介绍人是刘俊和吴玉琴。刘俊曾任内蒙古自治区发展和改革委员会副主任。

们奠定了一定的理论和知识基础。即使是所用教材和讲授内容中存在一些“左”的观点，也可成为我们后来在工作中正确地观察、思考和解决问题的反面参考。

三是受教于一些高水平的教师。在为我们授课的教师中，有一些是优秀或相当优秀的，我至今难以忘怀。被授予“全国优秀共产党员”“改革先锋”“最美奋斗者”称号的“红色理论家”郑德荣（后任东北师大副校长），就曾经给我们讲过中共党史专题。他思路清晰，语言凝练，概括能力很强。中共党史教师孙玉葵，她在讲课时内容娴熟，举例生动，抑扬顿挫，充满激情，声音洪亮，受到同学们的一致好评。哲学教师薛文华，授课时不用讲稿，深入浅出，倒背如流。中文教师张人和，才高八斗，语言生动，有一次讲课时以毛泽东的诗句“天翻地覆天慨而慷”结束，顿时引来同学们的一阵掌声。世界近代史教师曲培洛，讲课熟练，充满激情，挥洒自如。政治经济学教师戴星东给我们作了美国经济危机的专题报告，分析精辟，举例精当，知识渊博，颇有文采。我国世界古典文明史研究的开拓者林志纯教授给我们作过报告，他治学严谨，旁征博引，给大家留下深刻印象。

在校期间，同学们学习劲头很足，也很刻苦。有的同学午饭后根本不休息，直接去教室看书。我在寒、暑假基本上不回家，在宿舍里认真阅读了《马克思传》《恩格斯传》《回忆马克思恩格斯》《欧洲哲学史简编》等书籍和《资本论》(第 1 卷）的部分章节。

当然，我在东北师大政治系的学习也有不少缺憾。除学制较短、课程较少、没有开设外语必修课和选修课之外，学习内容明显带有历史烙印，教学安排也经常被“批林批孔”等政治运动和较长时间的劳动所打乱。

我既当过工农兵学员，又当过工农兵学员的老师，还读过硕士研究生并长期担任“文化大革命”后入学的本科生教师和研究生导师。如何看待中国“文化大革命”期间的高校招生及录取的工农兵学员？对此，我有五点基本认识：（1）1970 年某些高校招收的“试办班”学员，特别是 1972 年高校正式招收的工农兵学员，相对于“文化大革命”初期高校停课和停止招生而言，是一种历史的进步。从某种意义上，也可将其视为对“文化大革命”中相关错误进行拨乱反正的一个开端。（2）就总体而言，“试办班”学员和 1972 ~ 1976 级工农兵学员，属于当时我国优秀青年的一部分。其主要优势是具有一定的实践经验，政治素质较好。其在文化素质方面参差不齐，则是由特定历史条件造成的。（3）1973—1976 年的高校招生工作，由于受到“四人帮”吹捧“白卷英雄”等极“左”思潮的干扰破坏，文化考试形同虚设，导致生源的文化素质持续下滑。（4）1977 年我国恢复高考制度，这是对“文化大革命”中相关错误具有根本意义的拨乱反正，对经济与社会较快发展起到了相当重要的作用。（5）从“文化大革命”初期高校停止招生到“文化大革命”后恢复高考制度，高校从有实践经验的工农兵中招收大学生具有历史必然性。在“文化大革命”中党内“左”倾错误占上风的较长时期内，我国高校不可能在短期内完全恢复“文化大革命”前的高考制度。

大学毕业前夕，年级辅导员找我谈了一次话。他问我对毕业去向有何考虑？我说：绝对服从分配。[①] 当时，长春市团市委的干部到东北师大政治系挑选毕业生，物色担任团市委副书记的“苗子”。他们查阅了我系同年级 60 多名学员的档案材料，最后选中了我。当时，系毕业分配领导小组负责人是一位工人师傅，他以我身上有“知识分子气”为由拒不同意。团市委的干部对这位工人师傅说：“我们要的人必须能说能写，就是要有知识分子气。”这位工人师傅仍不同意。团市委的干部一气之下，转身到东北师大别的系录取了一名毕业生。

① 当时，我已做好了回前郭县工作的思想准备，并在一张照片的后面写下了“立足前旗是我家，雄鹰展翅战天涯”。

大学教师的最初生涯

1975 年 1 月中旬，我被分配到长春地质学院（该校 1988 年被定为全国重点大学，后更名为长春科技大学，2000 年并入吉林大学）马列主义教研室任教。同时，从东北师大数学、体育、化学、物理系分配到长春地质学院担任教师工作的还有杨永华、李一、何其庄和陈洁。[①] 由此，我开始了长达 40 多年的大学教师生涯。

1979 年 1 月，送陈洁赴南京任职合影（前排左起：何其庄、陈洁；后排左起：郭飞、李一、杨永华）

在长春地质学院工作的前 4 年中，我大体上做了三方面的事情。

一是授课较多，任务很重。刚到长春地质学院马列主义教研室工作，我就被室领导安排去吉林大学参加理论培训班。室领导获悉我在该培训班上

① 我们这5位教师后来发展得都很好。陈洁最早离开长春地质学院，调任南京航空学院（后更名为南京航空航天大学）工作。我攻读硕士研究生后在北京的中央高校任教。杨永华调任中国地质大学地学院教授。何其庄调任上海师范大学生命与环境科学学院教授、博士生导师。李一任吉林大学体育学院教授。

学习和发言的情况都很好，就立即派我到水工系（即水文工程与地质工程系）任课，并讲授多门政治理论课课程。当时，教研室的教师几乎都安排到各系，其中派到水工系任课的教师共3人（除我以外，还有陈兴昌、孙却非两位教师），由陈兴昌任组长。我承担水工系一个年级4个班（每班约50名学生）的政治理论课授课任务，每周授课4～8学时，同时兼任年级党总支副书记。我住在学校的第三宿舍，与杨永华、李一同一个房间。为了在春季开学后把课讲好，我整个寒假很少休息。从正月初一至初五，我都在宿舍里认真备课。

1975年2月下旬，在坐满200名学生的阶梯教室，我大步走上讲台。开始了我在长春地质学院的首次讲课。我授课的对象是1974级工农兵学员，他们中不少学员的年龄比我大，还有陈大忠、左炳合等来自海、陆、空三军的干部。我在前郭县八三工程指挥部当过宣传干事，在大学期间又有多次在工人、农民或学生中的宣讲经历，对给大学生授课并不打怵。我声音洪亮，条分缕析，举例生动，语言精练，充满激情，一下子就把学生吸引住了。1975—1978年，我给学生讲授过马克思主义政治经济学（资本主义部分和社会主义部分）、中共党史、马列经典著作选读、毛泽东著作选读等课程。为了备好课，我除了积极购买和借阅相关书籍及杂志外，曾多次去东北师大听万欣老师（后任吉林省社会科学院院长）和曹序老师（后来成为我的硕士研究生导师）讲授的政治经济学课程，有时还把自己写的讲稿交给教学水平高的老教师审阅，并认真听取他们提出的宝贵意见。

郭飞（1977年）

二是带学生“出队”和学军。1975 年夏季，我与一些干部、专业课教师带领学生到辽宁省朝阳地区进行野外地质实习。当时，实习和生活的条件都很艰苦。在炎炎烈日之下，学生跟着老师像地质队员一样，越过一座座荒山秃岭进行水文和矿藏的地质调查，并带着饭盒和军用水壶在野外吃午饭。学生住在老乡家，干部和教师住在帐篷里。我组织学生办小报，搞宣传，受到领导、教师和学生的好评。我利用学生实习的休整时间（下雨或周日）给他们授课。野外实习队的领导同志对我的讲课很重视，水工系党总支副书记徐应葆、基建处处长张大基等同志和一部分专业课教师经常听我的课。1976 年夏季，我随下一级学生又来到朝阳地区进行野外地质实习。此外，1975 年 10 月，我与刘志山老师带领 200 名学生到吉林省磐石县二炮部队学军三周，经历了部队生活的锻炼。为表达师生学军的较大收获及与战士离别时的不舍之情，我在全团召开的送别联欢会上朗诵了自己写的一首长诗《写在联欢晚会上》。该诗的第一段如下：

“俱乐部内灯火辉煌，
学员战士欢聚一堂。
开个离别联欢会啊，
共叙军民情意长。
此刻的我——
思潮，
像松江的碧水起波浪，
词汇，
像丰收的五谷堆满仓……”

三是给学生上党课，在部委大报发表诗歌。我在系里担任政治理论课教师期间，学校和教研室明确要求教师兼做学生的思想政治工作。我除在课堂教学中努力联系学生思想实际和有时亲自做学生思想政治工作以外，还专门给几十名学生党员和入党积极分子上了一次党课。当时，我翻阅了不少材料，紧密联系党的宗旨，结合历史与现实中许多模范人物的生动事例，认真地写好了讲稿，并利用一个晚上声情并茂地讲了近两个小时。在讲台上，我发自肺腑，慷慨陈词；在讲台下，学生党员和入党积极分子聚精会神，认真听讲，有些学生还感动地流下了眼泪。这是一次效果颇佳的党课。

在我后来40余年的高校教师生涯中，尽管我被学校评为优秀共产党员，我任支部书记的单位党支部被学校评为优秀党支部；尽管我在全校党员大会上作过专题报告，在全校中层以上干部会议上作过辅导报告，却没再给高校学生上过一次党课，这未免有些遗憾。

1977年2月，爷爷已81岁高龄，身体欠佳。受父母委托，我去浙江东阳看望爷爷。途经北京时，我去了天安门，游览了颐和园，并写了一首小诗《游颐和园》。该诗如下：

游颐和园

万寿山头览千峰，颐和园里游万亭。
奇木珍石今方见，雕梁画栋昨不逢。
恨此皇园垫白骨，怨彼白宫盖黄金。
烽烟滚滚驱阴霾，山河娇娇迎主人。

途经上海时，我住在著名经济学家、复旦大学教授张薰华家[①]，参观了复旦大学和鲁迅公园。途经杭州时，我游览了西湖和苏堤。在浙江东阳郭宅二村，我首次见到了爷爷。他比较衰老，精神尚好，见到我很高兴。我还见到了伯父、伯母、姑姑、表叔郭锦金、堂姐郭朗朗、表兄厉斌范、堂妹郭皎皎、堂弟郭明明，见到了亲戚张品华、张品其、张品荣和郭锦成等。伯父带着我和几个亲属在湖溪镇照相馆合影。

6月，为庆祝中国共产党成立56周年，我写了一首70行字的诗歌《颂党旗》，发表在国家地质总局（后更名为地质矿产部）主办的《地质战线》（后更名为《中国地质报》）上。该诗的头两段如下：

“你像红霞般壮丽——
啊，我们庄严的党旗！
烈士的鲜血染成，
斗争的风雨洗礼……

① 张薰华教授是中华人民共和国成立前我父亲在复旦大学学习时的老师，双方常有来往。

“南湖碧波，
仰望过你的英姿；
井岗烽火，
装扮你更加绚丽；
枣园春风，
深情地朝你招手；
北京秋雨，
大声地向你贺喜！”①

7 月 5 日，是我 25 岁的生日。古今中外的志士仁人，生如闪电，逝若流星，人生中能有几个 25 年？我提笔写下一首小诗，以回忆过去，鞭策未来：“瞬度二十五，奋勉步征途。欲尽心与力，大厦添抔土。”

① 郭飞：《颂党旗》，载于《地质战线》1977 年 6 月 30 日。

挥毫《阵痛》立宏志

1977 年，下派到各系的政治理论课教师又重回马列主义教研室。不久，马列主义教研室更名为社会科学系，我在政治经济学教研室任教，并在一段时期中担任教研室党支部书记。

1978 年春，我登记结婚。妻子毕业于名牌大学英语专业，双方家庭门当户对。我们举行了极其简朴的婚礼。①

12 月，中国共产党召开了十一届三中全会，纠正了较长时期内“以阶级斗争为纲”的“左”的错误，作出了将党的中心工作转向经济建设并实行改革开放的重大决策。这是中国共产党历史上具有深远意义的伟大转折。对此，我坚决拥护，激动不已。1979 年 1 月 15 日，我写下了短文《阵痛》，全文如下：

阵　痛

孕妇在分娩之前，通常要经过短时间的阵痛。学者在获得一定的成果之前，则往往要经过长时间的“阵痛”。目前，我正处在后者的“阵痛”中。

自清除“四害”、拨乱反正以来，我的思想大大解放。环视今日之世界，我深感国耻！放眼今日之中国，我尤觉己庸！10 多年来，奸佞肆虐，同室操戈，金玉不振，民怨沸腾，国家蒙受了一场大劫难。尽管自己苦撑

① 那时，我和妻子的月工资都是39元，相当于工厂二级技工的工资水平。学校租给我们的住房是一居室，卧室、厨房和厕所等加在一起居住面积也不足 20 平方米。我们的全部家当和结婚费用不足 800 元。结婚的当天上午，我穿了一套新做的涤棉布制服和一双新的塑料底布鞋给学生授课，妻子单位的领导和教师来到我家庆贺，竟没见到新郎；下午 3 时，我所在的社会科学系近 30 名教师前来贺喜，大家坐着边聊边嗑瓜子和吃喜糖约 40 分钟，婚礼即告结束。父亲曾说：“郭飞，恐怕你在这套房中得住 10 年。”我当时一愣，并不相信。然而，父亲言中了。我从 1978 年入住到 1988 年离开，在这套房中整整住了 10 年。

竭蹶，努力向上，但仍有许多宝贵光阴付之东流，以致科学文化知识严重落伍，即使与踔厉风发的童秀相比，在某些方面都深愧不如。痛定思痛，义愤填膺。与其流泪祈天，莫如奋然前行！同时，我也决不悔恨投身政治论坛，因我有共产党人的胆识。实际上，无论涉足任何专业领域，真科学的道路都从不平坦。倘若怕刺，当然也就摘不到玫瑰花。

在某些人的轻蔑和嘲讽中，我要深深地埋下头，顽强地端起书。矢志不移，逆水行舟。好在如今我年富力强，牵挂甚少，又有一定的专业基础和较优越的工作环境，只要我勤学苦钻，有的放矢，实事求是，持之以恒，就可能在理论经济学上有所造诣，为人民尽菲微之力。

让躁动于我知识腹中的“婴儿”，早日降生吧！

这篇短文，是我继《志》《幸福》两文后的第三篇立志之作。在第一篇立志之作《志》中，我誓言要做“优秀的无产阶级革命事业的接班人”；在第二篇立志之作《幸福》中，我誓言要做“中国共产党的优秀党员，中国人民的忠诚战士”；在第三篇立志之作《阵痛》中，我誓言要做有较高造诣的马克思主义经济学者和优秀的高校教师。这三篇立志之作，是在为社会主义、共产主义事业奋斗这一根本目标的前提下，结合工作实际对个人奋斗目标的逐步具体化。《阵痛》一文，对我后40年的工作生涯具有重要意义。我经常翻阅此文以鞭策自己，并写诗直抒胸臆：“昔读《宝剑篇》，浩气贯霓虹。今书此《阵痛》，挥毫抖长风。”

两年研读《资本论》

马克思耗费多年心血撰写的鸿篇巨制《资本论》，是马克思一生中最重要的理论著作，被誉为“工人阶级的圣经”。《资本论》是马克思主义的百科全书，但其主要是一部政治经济学著作。在《资本论》中，马克思在劳动价值论的基础上着重考察剩余价值的生产、流通和分配过程，揭示了资本主义必然被社会主义、共产主义所取代的客观规律，从而为无产阶级和广大劳动人民推翻旧世界、建设新世界提供了强大的思想武器。《资本论》问世以来，已被译成50多种语言，在全世界产生了极为巨大的革命影响，有力地推进了社会发展进程。《资本论》的真理光芒和理论威力，连某些资产阶级经济学家都并不否认。1999年，剑桥大学和英国广播公司在全球范围内举行过一次“千年思想家”的网上评选，马克思位居第一，爱因斯坦、牛顿等名列其后。

《资本论》是我50年中用心最深、研读时间最长的一部理论著作，也是对我影响最大的一部理论著作。多年来，我坚信社会主义、共产主义事业必然胜利，坚持以发展的马克思主义经济学的立场、观点和方法进行科学研究和教学工作，主要的理论根基就是《资本论》。

我学习和研究《资本论》，主要经历了三个阶段。

第一阶段（1974年春至1981年）。在东北师大政治系学习期间，我们学习了政治经济学原理。当时提倡多学原著，我从图书馆借来了《资本论》（第1卷），但我只读了其中的一部分。1975年到高校工作后，我先后购买了《马克思恩格斯全集》（第23～26卷），即《资本论》第1～4卷（其中，第4卷是《剩余价值理论》）。1975年5—8月，我带学生到辽宁省朝阳地区进行野外实习。其间，我在荒山上和帐篷里认真研读《资本论》（第1卷）。当时，《资本论》的辅导材料极其匮乏，我能看到的只有苏联卢森贝撰写的《〈资本论〉注释》（第1～3卷）和中央党校编印的《资本论》辅导材料。由于我的政治经济学功底不深，又缺乏政治经济学史方面的知识，研读《资本论》相当费劲儿。在正常情况下，我 1 小时只能看 2 ~ 3 页，有不少地方还看不懂。于是，我回校以后就经常向我系 1954 年毕业于复旦大学政治经济学研究生班的陈中杰老师请教。

1977 年我国恢复高考制度后，长春地质学院招收了四年制的政治理论师资班，其中也设有政治经济学专业。从 1979 年起，我院师资班政治经济学专业连续开设了一年半的《资本论》课程，由刚从农村走“五七”道路回来不久的蔡象赞副教授授课，我给他当助教。蔡老师 1952 年毕业于南开大学经济系，理论功底好，边备课边讲课。我与师资班政治经济学专业的学生一起听课，同时又是他们的答疑教师。这种教学安排促使我认认真真、从头到尾地研读了《资本论》（第 1 ~ 3 卷），并阅读了北大经济系《资本论》教学组编写的《〈资本论〉释义》和复旦大学张薰华、洪远朋编写的《〈资本论〉提要》等参考书。

第二阶段（1982 年春至 1983 年年初）。当时，我在教育部委托吉林大学举办的全国高校政治经济学教师进修班脱产进修一年，吉林大学著名教授蔡铃等讲授《资本论》（第 1 ~ 3 卷）课程。这样，我又与来自全国各地的高校进修教师一道，重新学习了《资本论》，并对其中的若干重点问题进行了讨论。1982 年，经东北师大政治系赵洪[①]介绍，我加入了中国《资本论》研究会，成为该研究会的个人会员。

第三阶段（1985 年秋至 1987 年春）。当时，我在东北师大攻读政治经济学硕士学位，由我的导师曹序教授授课，第三遍学习《资本论》（第 1 ~ 3 卷）。曹序教授在研究《资本论》方面很有造诣。他要求我们在学习《资本论》的过程中，结合阅读福建师范大学陈征教授撰写的《〈资本论〉解说》（第 1 ~ 5 册）。[②]此外，我还购买并参阅了国内研究《资本论》的一些专著和文集，学习收获较大。

总体来看，上述三个阶段集中研读《资本论》，使我花费了两年左右的时间（每天按 8 小时计算，节假日除外）。我研读《资本论》时在著作中

① 赵洪曾任中国《资本论》研究会常务理事，后调任辽宁师范大学经济学教授。

② 陈征教授是我国《资本论》研究的权威之一，曾获中华人民共和国成立70年“最美奋斗者”称号。

勾勾画画，写下一些概要和个人理解，同时也写了不少本阅读或听课笔记。此外，还阅读了几种《资本论》辅导材料和一些报刊发表的相关论文。

在学习与研究《资本论》的过程中，我着重学习《资本论》中体现的立场、观点和方法。所谓《资本论》的立场，即作为先进生产力代表者的无产阶级的立场，用当代中国的话来说就是人民的立场。所谓《资本论》的观点，就是贯穿《资本论》全书、后来被历史实践证明的马克思关于商品经济及其基本规律、关于资本主义基本经济规律、关于资本循环与资本周转和社会资本再生产的基本原理、关于资本主义积累的一般规律、关于剩余价值分割和资本主义经济危机的基本原理以及对未来社会的科学预见等正确观点。所谓《资本论》的方法，最根本的就是辩证唯物主义和历史唯物主义的方法，以及历史和逻辑相统一与科学的抽象等方法。此外，马克思在《资本论》中体现的科学精神、理论联系实际的学风、渊博的学识和严格恪守学术道德等，都使我终身受益无穷。

在学习与研究《资本论》的过程中，我努力实行“四个结合”：（1）将学习《资本论》与学习政治经济学史结合起来。在上述三个阶段，我恰巧都赶上学习政治经济学史特别是资产阶级政治经济学史的课程，这非常有利于学懂悟通《资本论》，正确认识《资本论》在经济学说史和马克思主义理论发展史中的重要地位和创新性贡献。（2）将学习《资本论》与学习国内最高水平的政治经济学教材结合起来。例如，在20世纪70年代，国内最高水平的政治经济学教材通常认为是徐禾等编写的《政治经济学概论》（人民出版社出版）；在80年代，国内最高水平的政治经济学教材通常认为是宋涛主编的《政治经济学》（人民出版社出版）。我结合学习这两种既较好体现《资本论》原意又联系当代资本主义实际的教材，从而对《资本论》中的某些观点理解得更加准确和深入。（3）将学习《资本论》与学习列宁的光辉著作《帝国主义是资本主义的最高阶段》和垄断资本主义政治经济学结合起来。从而，我对当代资本主义有了更为全面和深刻的认识。（4）将学习《资本论》与研究社会主义经济问题结合起来。在东北师大攻读政治经济学硕士学位期间，《资本论》课程的考试题目就是“《资本论》与社会主义经济”。实践证明，“四个结合”的学习方法是非常有效的，它可以使理论与实践、历史与现实很好地结合起来，使人站得更高，看得更远，悟得更透。

“学海永不落征帆，书山觅宝靠钻勤”“背靠理论，面向现实”，这是我在学习和研究《资本论》过程中遵循的格言。

郭飞研读过的《资本论》（第1～3卷）

自学英语突破全国考研录取线

我的英语学习之路起步艰难，结果却超出预期。

我在东北师大附中学习了一年俄语，大约掌握了700个单词。我在东北师大本科学习期间，系里没开外语课。因此，在实行改革开放之前，我基本上是个外语盲。实行改革开放以后，随着对外交流日益增多，国内迅速兴起了“外语热”（特别是“英语热”）。我敏锐地意识到：学习英语，势在必行。

最初，我学习英语仅是为了晋升职称。按照相关规定，高校教师晋升职称的条件之一是必须通过外语考试。当时，许多高校对教师进行外语考试的基本方式就是笔译外文，且不是“中译外”，而仅是“外译中”（即允许携带外语词典，在考场内限定时间将一定篇幅的外文笔译成中文）。实际上，这种外语考试就是考核教师阅读和理解外语的能力。为此，我以中央电视台播出的北京大学郑培蒂讲授的杜秉正等主编的英语教材和北京外国语学院（后更名为北京外国语大学）许国璋主编的英语教材为基本教材，以薄冰编著的英语语法教材和张道真编著的《实用英语语法》为辅助教材，利用业余时间自学英语。

我经常到教师阅览室去学习英语，主要是掌握英语词汇量。同时，因当时家中没有电视，我就经常到学校英语教研室和英语教师一道，定时观看电视中播放的郑培蒂讲授的英语课程。经过3～4年的业余学习，我大约掌握了4000个英语单词，并顺利通过了拟晋升讲师的英语考试。

1983年12月，我巧遇东北师大1973级工农兵学员、中共吉林省委党校政治经济学教师肖欣（后任中共吉林省委政策研究室副主任）。他当时正在中央党校政治经济学研究生班学习。我们交谈了约两小时，他明确提示我：在高校当老师，必须摘掉工农兵学员的帽子，否则日子很不好过，随时都有可能被“淘汰”出局。

肖欣的话促我猛醒。联想到某些高校已经出现的一些情况，我下决心要尽快考上研究生。我仔细掂量了一下，经过几年来特别是 1979 年以来的刻苦努力和在吉林大学为期一年的脱产进修，要攻克考研难关，专业课程已经不是障碍，主要障碍在于英语水平较低。我过去学习的英语，实际上是“哑巴”英语。在英语读、说、听、写、译五个环节中，我侧重于笔译中的英译汉，其他环节都是弱项。在教育部组织的全国高校硕士研究生统一入学考试的英语考试中，英译汉占的比重很小，还包括英语词汇量、英语语法题、英语辨析题、汉译英等许多内容。我深知在英语水平方面差距较大，只有迎难而上，讲究效率，方能苦战过关。

当时，报考 1984 年教育部统招硕士研究生的时限已过，我就报考了中央党校单独招收的研究生班（学制为两年），考试时间定在 1984 年 4 月。在短短的 3 个多月中，我除了完成系里安排的教学任务之外，全力以赴地准备考试。报考中央党校政治经济学研究生班要求考试的科目较多，我把备考重点放到了英语上。我尽量收集中学英语教材，结合当时已有的大学英语教材，由低到高地认真学习并做题。

1984 年 4 月，我参加了中央党校在长春组织的研究生入学考试。在专业课考试中，我基本上没有遇到大的困难。在《资本论》课程的考试中，我更是如鱼得水，监考老师见了非常惊讶。试后，她开玩笑地对我说：“你不停地答题，就像事先知道了考题一样。”我当时以为英语试卷答得还可以，有可能突破中央党校规定的外语成绩最低录取线（40 分）。5 月，我收到了中央党校寄来的研究生入学考试成绩单。打开一看，我的专业课、综合课成绩全部合格（有的课程成绩还比较高），但英语成绩仅有 29.25 分，进而使我当年报考中央党校研究生的希望彻底“泡汤”。尽管英语考试成绩低于预期，但我并不气馁。实际上，我原本也只是把参加中央党校研究生考试作为 1984 年年末参加教育部组织的全国高校 1985 年硕士研究生入学统一考试的“预演”。

距 1984 年 12 月的全国高校硕士研究生入学考试只有 7 个月了，时间相当紧迫。当时，社会科学系主任不仅在我报考教育部统招研究生的问题上百般阻挠（他以“担心”我考上研究生后不回长春地质学院工作为由，在我填写的硕士研究生申报表上不予签字。直到我按其要求从省教育厅找了一位主管高校政治理论教育的处长和从东北师大找了一位著名教授当“保人”后，他才被迫签字），而且继续安排我在考前承担较重的教学任务。我咬紧牙关，周密策划，主攻英语，兼顾其他。为能攻克英语难关，我买来复旦大学董亚芬主编的大学文科英语教材（第 1 ～ 4 册），收集了历年的硕士研究生英语试题和一部分托福试题，并到东北师大旁听刘金明副教授给本科生的英语授课。刘教授的教学效果优秀是出了名的，英语和汉语的口语表达与板书等都非常好，经常被外单位邀请给英语教师授课。我听她的课时坐在教室第 1 排，其他学生搞不清我是旁听生还是本校老师。有一次，英语课文中涉及上层建筑和经济基础的概念，刘教授知道我是政治经济学教师，突然用英语问我上层建筑与经济基础的关系。她这样做显然是为了活跃课堂气氛，同时也测试一下我的反应能力和英语表达能力。我虽听明白了她提问的内容，但由于英语口语能力太差，支支吾吾，很是尴尬。多年以后，我与刘教授在北京回忆起这件往事，两人都哈哈大笑。此外，我参加了吉林大学举办的硕士研究生英语考试辅导班，收获较大。

我奋力苦战，大量做题，每天晚上都学习到深夜。大学文科英语教材第 3 ～ 4 册，本科生学习的标准时间是 1 周 1 课，而我在学习最紧张时则是 1 天 1 课；不仅要掌握并记住全部单词，还要做完全部习题。尽管非常劳累，但我用蒲松龄的名言激励自己：“有志者，事竟成，破釜沉舟，百二秦关终属楚；苦心人，天不负，卧薪尝胆，三千越甲可吞吴。”当时，妻子给了我不少的支持和帮助。在参加考试前几天的晚上，我居住的教工宿舍临时停电。我就在桌上同时点燃 3 根蜡烛，继续坚持学习。经过半年多的鏖战，终于迎来了 1984 年 12 月末教育部组织的全国高校硕士研究生入学统一考试。

考试的第 1 天即考英语和思想政治理论。当天早晨我 6 点醒来，自我感觉精神很好，增强了考试成功的信心。经过近 3 天的研究生考试，我愉快地走出考场。1985 年春季，东北师大研究生处公布了硕士研究生的考试成绩。我的研究生考试总成绩为 486 分（百分制，6 门课，单科平均成绩为 81 分），英语成绩为 67.5 分（教育部当年规定报考硕士研究生英语成绩合格录取线为 50 分，而对在职人员报考硕士研究生且其他课程平均成绩达到 80 分以上者的英语成绩合格录取线则可降至 45 分）。我和小妹妹郭志英同年报考硕士研究生，用的是同样的英语试卷。她在东北师大附中和清华大学先后学习了 10 多年英语，而我的英语考试成绩仅比她低 4 分。从 1984 年 4 月参加中央党校研究生入学考试英语成绩的 29.25 分，跃至 1984 年 12 月参加教育部组织的全国高校硕士研究生入学统一考试英语成绩的 67.5 分，在半年多的时间中我的英语成绩竟提高了 38.25 分，我喜极而泣。

斗室中的奋斗

我从1979年年初写的短文《阵痛》，到1985年考取东北师大政治经济学专业硕士研究生，经历了近7年的时间。在这7年的奋斗中，除前述相关内容外，我还有四方面的事情值得回顾。

一是受到张志新、史云峰英雄事迹的重大影响。在"文化大革命"中，张志新、史云峰是真正的英雄。张志新是中共党员，中共辽宁省委宣传部干事。她反对林彪、"四人帮"的倒行逆施，被定为"现行反革命"，并遭受残酷迫害。她1969年9月被捕入狱，1975年4月惨遭"四人帮"反革命集团杀害，年仅45岁。1979年3月，中共辽宁省委为她平反昭雪。[①]2019年9月，她被授予中华人民共和国成立70年"最美奋斗者"称号。史云峰是长春第一光学仪器厂工人，与"四人帮"进行了坚决斗争。他1974年被秘密逮捕，1976年被处决，年仅28岁。史云峰在几十次的审讯中，经受了巨大的精神和肉体的折磨，但他拒不认罪，正气凛然地说："我忠于革命，忠于共产主义事业，为人类的幸福而不惜牺牲自己的生命，心永远是鲜红的！"1980年春，中共吉林省委为史云峰平反昭雪，追认他为中共党员、革命烈士，并号召全省共产党员、共青团员和广大干部群众向他学习。[②]张志新和史云峰的英雄事迹经主流媒体报道后，在社会上引起强烈反响。他们坚持真理、敢于斗争、宁死不屈的革命精神，深深地感染了我，激励了我，也提升了我。"胸含万汇凭吞吐，笔有千钧任施张"，这是史云峰的名言。后来，我在教学中经常引用这句名言，激励学生不断提高文字表达能力。1980年4月26日，我写了一首诗《悼念史云峰同志》，全诗如下：

---

① 孙钧、苗家生、陈禹山：《一份血写的报告——记党的好女儿张志新》，载于《光明日报》1979年6月5日。

② 参见：《史云峰同志追悼大会在长春举行》，载于《吉林日报》1980年3月29日；《真理卫士史云峰》，载于《新文化报》2009年10月16日。

悼念史云峰同志

云遮雾障惊雷吼，砥柱触天立中流。
忧民不惧牢狱苦，救国何惜断此头。
君躯虽殁豪气在，我等抱愧争上游。
矢志宣传真马列，喜听真理响全球。

二是夯实马克思主义哲学的功底。马克思主义哲学是研究自然、社会和思维发展的最一般规律的科学，是社会科学皇冠上的明珠。马克思主义哲学包括辩证唯物主义和历史唯物主义。它既是马克思主义的三个组成部分之一，也是《资本论》和政治经济学的根本研究方法。在这 7 年中，我抽出一些时间进一步加强了对马克思主义哲学的学习和研究。

此前，我对马克思主义哲学是比较熟悉的。毛泽东撰写的《实践论》《矛盾论》《人的正确思想是从哪里来的？》等哲学名著，我曾反复学习过。马克思撰写的《关于费尔巴哈的提纲》、恩格斯撰写的《反杜林论》中的哲学部分、列宁撰写的《唯物主义和经验批判主义》《哲学笔记》等经典著作，我都认真地学习过。艾思奇主编的哲学教科书《辩证唯物主义　历史唯物主义》，我也经常翻看。在此基础上，我买来当时国内最高水平的哲学教材（即肖前、李秀林、汪永祥主编的《辩证唯物主义原理》和《历史唯物主义原理》)，买来苏联费·瓦·康斯坦丁诺夫主编的《马克思列宁主义哲学原理》中译本，结合教育部组织编写的马克思主义哲学教学大纲和报刊发表的有关文章，紧密联系历史和当代的重大实际问题，进行认真学习并深入思考，力求真正学懂悟通马克思主义哲学的基本原理。通过刻苦钻研，我的思维能力和理论水平明显提升，观察事物的视野进一步开阔，对许多问题的看法也更加透彻。一次，我就学习中经过思考仍没有搞清楚的 20 多个问题与 20 世纪 50 年代初从北京大学哲学系毕业的本系哲学教研室主任进行交流。他坦率地对我说："你提出的这些问题，我一个都回答不了。"

学习并掌握马克思主义哲学，对我深入研究马克思主义政治经济学和中国经济与中国经济体制改革的重大问题，起到了非常重要的作用。后来，我在探讨经济理论和实际问题时，经常从马克思主义哲学著作和哲学原理中汲取智慧，获得启迪。有人说：马克思主义哲学是“智慧学”。对此，我深有体会。我在给本科生、研究生授课的过程中，经常告诫他们要学好马克思主义哲学，从根本上树立正确的世界观和方法论；否则，书读得再多，也如堕烟海。

三是在吉林大学脱产进修一年。1982 年 3 月至 1983 年 1 月，我在教育部委托吉林大学举办的全国高校政治经济学教师进修班学习一年，收获很大。因受教育部委托举办，吉林大学尽锐出战，派出了该校经济学教师的最强阵容，所授课程实际上就是该校经济学硕士生或博士生的专业课。我国著名经济学家、经济学院院长关梦觉教授亲自上阵，给我们讲授了中国社会主义经济理论的若干专题。他功底很深，专业术语和口头语言结合得很好，表达准确精练，给我们留下了深刻印象。著名经济学家张维达教授思维敏捷，口才很好，板书相当漂亮。著名经济学家池元吉教授讲授世界经济专题，知识渊博，提纲挈领，恰到好处。蔡铃教授讲授《资本论》（第 1 卷）驾轻就熟，游刃有余。常宝权教授讲授社会主义经济理论专题严谨深入，有独立见解。宛樵教授讲授资产阶级古典政治经济学通俗生动，挥洒自如。毕世杰副教授讲授《资本论》（第 2 卷）准确清晰，逻辑严密。尽管我们这些学员大多是四五十岁的高校教师，但吉林大学任课教师对我们的要求仍相当严格，课程考试经常采取写小论文的形式。在吉林大学脱产进修的一年中，我们听课、自学、讨论、考试环环紧扣，虽很辛苦，但苦中有乐。其中的一个重要收获在于，我有幸欣赏和领略了吉林大学优秀经济学教师的水平和风采。

四是试写科研论文。在长春地质学院社会科学系工作期间，我逐渐了解到全系 30 多名教师中大部分都“师出名门”，是从中国人大、复旦大学研究生班或北京大学、南开大学本科毕业的。然而，由于 1957 年以后经历频繁的政治运动和在理工科院校从事政治理论课教学工作，能公开发表的科研成果很少，晋升副教授、教授难度较大。一次，在全系教师大会上，系资料室主任杨裕泰副教授指着会议室周边杂志柜上摆放的近百种杂志，不无嘲讽和自责地对其他教师说：“大家看看，在这么多种杂志中，有哪一篇文章是咱们系教师写的？”在座的几十位教师都沉默无语。这件事对我触动很大。我决心从长计议，逐步做到能够撰写并公开发表科研论文。

1981 年 3 月，我写了一篇论文《试论一些青年中的“信念危机”》，在系学术研讨会上宣读。1983 年 6 月，我写了另一篇论文《试论张海迪成长为青年典范的条件》，也在系学术研讨会上宣读。1983 年 7 月，中国《资本论》创作史学术研讨会在东北师大举办，蔡象赞副教授和我合写了一篇参会论文《马克思〈政治经济学批判〉（1857—1858 年手稿）中关于剩余价值转化为利润的理论——兼对两个流行提法的商榷》。以上 3 篇论文，均属“试笔初稿”，没向报刊投稿并公开发表。1983 年夏，针对蒋学模主编《政治经济学教材》（第 3 版）中表述的社会主义经济效益公式，我和陈中杰副教授合写了一篇商榷性文章，发表于著名学术期刊《教学与研究》1984 年第 2 期。

1985 年 7 月，我收到东北师大研究生处寄来的政治经济学专业硕士研究生录取通知书。我回顾近 7 年的奋斗历程，于 7 月 25 日写了一篇短文《斗室中的奋斗》，全文如下：

斗室中的奋斗

身居斗室，

立志报国，

不懈奋斗。

压在写字台玻璃板底下的这几行字，是近 7 年来我的处境和心声的真实写照。

奋斗，是历史前进的巨大动力。它作为一种性格特征，庶几是我前半生的重要特点。然而，我真正值得一提的奋斗，应从结婚之后算起。

由于奋斗，我在长达 7 年的时间里，几乎没有节假日，更很少看电影，脑袋“长”在桌子上，埋头学习和工作。由于奋斗，我虽无力购买一台最普通的黑白电视机，却能从每月菲薄的薪金中省出十几元钱用于购买报刊书籍。由于奋斗，我在执教十载、年过而立、即将成为讲师的情况下，毅然决定报考研究生，并步入东北师大研究生的行列……

诚然，我的奋斗还远不能与兰弟、蒋筑英等模范人物媲美，但它也的的确确是当代中国一个热血青年脚踏实地的奋斗。7 年来，我像“知识囚徒”一般地生活。在几乎是整个社会都形而上学地看待工农兵学员、贬斥之声盈耳的日子里，我苦学深钻，孜孜不倦，誓以实践之镜映照奋斗之躯，以优异成绩洗刷延误之耻。黑斑渐多，心口疼痛，满身虚汗，丝毫不能动摇我拳拳赤子的奋斗之心。在这把人锻炼成钢铁的过程中，尽管我没有取得炫目的成果，但它毕竟为我今后的学习与工作奠定了较为稳固的基础，并给我留下了终生难忘的珍珠般的回忆……

在当今之世，有形形色色甚至是截然相反的奋斗。有的人为金钱奋斗，有的人为官职奋斗，也有的人为名誉奋斗，而我则是竭诚地为猎取、传授和探索知识而奋斗。有人说，这是一种“苦行僧”式的奋斗，没有什么油水儿和实惠。而我则毫不为之所动，依旧我行我素，因这是与社会上众多的有志之士一样，为中华民族新的腾飞和共产主义社会的早日实现而奋斗。如斯奋斗，死且不惧，况乎流汗？！

随着时光的流逝，一切都会成为过去。若云怀昔旧，而今更无前。在开创新局面的“弄潮儿”面前，不应该有终点站。唯愿往日斗室中的奋斗，能成为今后我在更广阔的舞台上继续奋斗的良好开端。

初露头角的硕士研究生

1985年9月，我再次迈进东北师大的校门，开始了丰富多彩、令人难忘的硕士研究生生活。我的导师是曹序教授，研究方向是中国社会主义经济。与我一起读曹教授硕士研究生的还有齐晓安、冯晓明、陈跃中3位同学。因我们年龄偏大，都是高校或中专的教师（有两位还是在职硕士研究生），故有的同学称我们是曹教授硕士研究生中的“四大金刚”。

3年的研究生生活，使我在学习和科学研究中跃上了一个大台阶。其中，有六件事情对我后来的奋斗生涯产生了重大影响。

一是再战英语苦过关。就英语水平而言，考取硕士研究生，仅相当于达到了大学英语四级水平；而硕士研究生毕业，则需要达到大学英语六级水平。加之我过去是自学英语，没有经过长期系统的专门训练，在英语口语、听力等方面弱项突出。因此，要真正达到硕士研究生英语毕业水平，对我而言难度很大。

入学后，我按规定每周上6节英语课（4节是精读课，2节是听力课），而后是做题复习。我原想只要认真学习，就可以顺利达到目的。可是，在第一学期的期中考试中我的英语成绩仅为56分。这也使我很没面子，给我敲响了警钟。我连续几天都没睡好觉，琢磨着如何才能实现英语过关（按照当时校方规定，获得硕士学位的英语终考成绩必须为良好及以上，即最低线为75分）。思前想后，唯有多下功夫、下苦功夫才是根本出路。

母亲陪我找到了东北师大负责研究生英语教学工作的闻兆荣副教授，我向她说明了自身情况，请求旁听她讲授的另一个班的研究生英语课。她非常善解人意，很痛快地答应了。从那时起，我每周上12节英语课，加之其他专业课等课程，每周要上20多节课。此外，还要看不少书，做许多题，在时间方面相当紧张。当时，我虽已成家，且家离学校不远，但为了将更多的时间和精力投入学习，我每周六天住校，一天回家。同宿舍的年轻研究生同学都在积极地查阅资料，撰写并发表论文，而我却将大量时间花费在英语学习上。解恩泽教授给我们作了“如何搞好科学研究”的专题报告，使我很受启发。兼管研究生工作的郭永钧教授找到我父亲，要他转告并敦促我抓紧发表文章。我父亲最了解我的真实情况，但他也只能如实相告，我听后有苦难言。“真金不怕火炼。”经过大半年的艰苦努力，我终于在第二学期期末的硕士研究生英语过关考试中取得了良好成绩。从 1979 年开始利用业余时间自学英语，到 1986 年夏季达到硕士研究生英语毕业水平，我在英语学习方面大约用了整整两年的时间。尽管如此，这也明显少于许多人从中学到硕士研究生毕业在英语学习方面实际花费的时间。英语对我从事教学与科研工作仅是一种手段，但我在苦学英语的过程中进一步增强了自学能力、学习毅力和学习自信。

二是初步体验“研讨式”教学。读研期间，我们学习了多门专业课程。其中，韩明希教授开设的中国社会主义经济专题和曹序教授开设的《资本论》课程采用了“研讨式”教学法，对我们颇具吸引力。其基本做法是教师提出教学的基本要求和重点问题—学生自学相关图书资料—学生讨论—教师总结。这种“研讨式”教学法，一改传统的“填鸭式”教学法，与发达国家著名高校在本科生高年级和研究生阶段采用的教学法相似，能够较好地调动学生深入学习的积极性，有利于提高学生分析问题和解决问题的能力。在这两门课程的讨论环节中，我和另外几名曾当过高校教师或在职读研的高校教师则显示出明显的优势。教师在总结中精辟到位，能够提出个人的独立见解和继续研究的新思路。此外，这两门课程的考试方式也很灵活，均采取了撰写小论文的形式。这种“研讨式”教学法和小论文的考试方式，对我后来在高校切实搞好本科生和研究生的教学改革，具有重要的启示作用。

三是参加东北师大青年经济研究会。1986 年 4 月 6 日，东北师大青年经济研究会宣告成立，隶属吉林省青年经济研究会。成立大会在东北师大校部楼四层阶梯教室隆重举行。东北师大著名经济学教授于俊文、曹序、宋绍英、韩明希、赵玉林等应邀出席，吉林省青年经济研究会副会长、东北师大研究生会会长和不少研究生、本科生（特别是政治经济学专业的研究生、本科生）踊跃参加。我代表东北师大青年经济研究会在成立大会上发言，全文如下：

在东北师大青年经济研究会成立大会上的讲话

各位领导、老师们、同学们：

在全国人民为中华民族新的腾飞而奋力拼搏、经济体制改革方兴未艾之际，我们东北师大青年经济研究会宣告成立了。这是我校有志于从事经济理论和经济实际研究的青年的一件大喜事，我们政治经济学专业的全体研究生，无不为之欢欣鼓舞。

在我校成立青年经济研究会，是我们希冀已久的事情。党的十一届三中全会以来，在党中央正确路线的指引下，我国经济学界出现了百花齐放、百家争鸣的可喜局面。各种学术团体如雨后春笋纷纷建立起来，有力地促进了我国经济科学的繁荣和社会主义现代化建设。然而，在较长时间内，我校却没有一个由青年经济学者组成的学术团体，这不能不是一个遗憾。现在，借吉林省青年经济研究会成立的东风，在校领导和有关老师的支持下，我们正式成立了东北师大青年经济研究会，这对于在我校青年中加强理论研究，促进学术交流，更好地为社会主义现代化建设出力，无疑是一个巨大的推动。

身为 20 世纪 80 年代的研究生，东北师大青年经济研究会的会员，我们决心肩负起历史的重任。面对浩瀚的理论和实践的海洋，我们要锐意求索，开拓前进。我们要坚持马克思主义的基本原理，但决不躺在马克思主义经典著作上睡大觉；我们要学习和借鉴外国一切有益的经济理论和实际经验，但决不“食洋不化”、生搬硬套；我们既要研究社会主义经济的本质，也要研究社会主义经济的运行和发展；我们既要钻研理论，更要面向实际。一句话，我们要不断地用新的知识充实头脑，在坚持和发展马克思主义的经济理论、建设有中国特色社会主义的伟大事业中，尽赤子之心，效绵薄之力。

最后，我们衷心希望学校的各级领导和各位老师多多关怀，不吝指教；衷心希望全体会友苦学深思，勇于创新，把我校青年经济研究会真正办成学术思想纵横驰骋、理论新秀脱颖而出的园地。

四是奋力撰写科研论文和教材。研究生课程基本结束后，我迅即转入实战阶段——撰写科研论文。在此期间，还有一个小插曲。校研究生会要换届，研究生会徐炎章会长推荐我担任新一届研究生会会长，校党委也讨论并通过了这个提名。有一位教授闻讯后立即找到我，直截了当地问我："你研究生毕业后是想从政还是想搞业务？"我脱口而出："搞业务。"他听后谈了自己的看法：如果以后想从政，担任研究生会会长有一定的好处，可以从中得到某种锻炼；如果以后想搞业务，担任研究生会会长则纯属浪费时间。我经过慎重考虑，毅然放弃了担任校研究生会会长的机会。

我广泛阅读，开阔视野，深入思考，积极寻找进行科学研究的生长点。尽管我在科研方面尚属起步阶段，但撰写和发表论文则完全立足于个人的努力，从不借助导师的名义或关系。我在《经济纵横》《人才研究》《中国劳动科学》《争鸣》《吉林社会科学》《新长征》《外国问题研究》《长白学刊》《东北师范大学学报》（增刊）和《吉林日报》理论版上发表了10篇论文。其中，最可圈可点的是提出了两个具有创新性的观点。

第一，明确提出区分按比例分配社会劳动规律与按比例分配生产要素规律，初步阐述了按比例分配生产要素规律。

在以往的教学实践中，我发现国内不少政治经济学教材或专著中，往往都把按比例分配社会劳动规律与按比例分配生产要素规律混为一谈。我提出，不少学者混同这两个规律的基本理论依据是马克思的一段话，而马克思的这段话仅提出了按比例分配社会劳动规律，并没有明确提出按比例分配生产要素规律。在马克思的其他著作中，也没有明确提出按比例分配生产要素规律。在此基础上，我初步提出了按比例分配生产要素规律，并阐明了按比例分配社会劳动规律与按比例分配生产要素规律之间的联系与区别：

"按比例分配社会劳动规律与按比例分配生产要素规律都同属生产力规律，并在一切以社会分工为基础的社会生产中发生作用，但两者仍有明显的区别。首先，它们的含义不同。按比例分配社会劳动规律的基本含义是按照符合消费需要的社会再生产比例分配活劳动（或劳动力）和物化劳动（或凝结着人类劳动的生产资料），而按比例分配生产要素规律的基本含义则是按照符合消费需要的社会再生产比例分配劳动力和全部生产资料。其次，它们的作用范围不同。按比例分配生产要素规律不仅对分配社会劳动发生作用，而且对分配未凝结人类劳动的生产资料（如原始森林、未开垦的土地和地下蕴藏的矿物资源等）也发生作用，可见按比例分配生产要素规律比按比例分配社会劳动规律的作用范围更大。最后，它们在生产力规律体系中所处的地位不同。按比例分配生产要素规律体现了社会生产力发展最基本的客观要求，它与按比例分配社会劳动规律是整体和局部的关系，因而它是更高层次的生产力规律，而按比例分配社会劳动规律则是在按比例分配生产要素规律的基础上派生出来的一个生产力规律。"①

我提出：明确区分按比例分配社会劳动规律与按比例分配生产要素规律，不仅有利于准确表述生产力规律，也有利于准确表述国民经济有计划按比例发展规律。"因为，按比例分配生产要素是实现社会按比例生产的必要前提。社会生产过程是社会生产要素相互作用的过程，不仅包括劳动力这一要素（可用活劳动代表），也不仅包括机器、厂房、加工过的原材料等凝结着人类劳动的生产资料要素（可用物化劳动代表），而且还必然包括某些天然存在的充当劳动资料或劳动对象的生产资料要素。正如同垦荒不能仅有劳动力和机器而没有荒地、采矿不能仅有劳动力和机器而没有矿山一样。因此，要有计划地发展国民经济，仅仅按比例地分配社会劳动是绝对不够的，还必须按比例地分配未凝结人类劳动的生产资料。"②

现在来看，我的上述观点仍然是正确的。然而，对于生产要素内涵的理解应随着研究的深入进一步完善。生产要素不仅包括劳动力和生产资料这两项最基本的生产要素，还可进一步细化地包括科学技术、管理、信息等生产要素。

第二，对科技人员的合理流向和最佳流向提出新见解。

1983 年 7 月，《国务院关于科技人员合理流动的若干规定》中提出了科技人员的合理流向。这种提法具有一定的合理性，但在实践中又存在不少矛盾和弊端。我与另外 3 名同志（其中有两名同志是从事实际工作的副处长）合作，由我构思并撰写，先后发表了两篇文章，对科技人员的合理流向和最佳流向提出了新见解。

我们首先界定了科技人员流动的含义，论证了科技人员流动的客观必然

①② 郭飞：《两个生产力规律辨异》，载于《争鸣》1988 年第 2 期。

性。在此基础上，我们提出："在过去较长时期内，人们对科技人员的合理流向众说纷纭，颇多歧义。自1983年7月《国务院关于科技人员合理流动的若干规定》颁布以后，许多同志都认为科技人员的合理流向就是'从城市到农村；从大城市到中小城市；从内地到边远地区；从科技人员富余的部门和单位，到科技力量薄弱而又急需加强的部门和单位'。我们认为，这种认识有一定的片面性。第一，从城市到农村，从大城市到中小城市，从内地到边远地区，都是从区域流向角度提出规定，并没有明确地从更好地发挥科技人员作用的角度提出要求。而区域流向最终应该服从于更好地发挥科技人员作用这个根本目的。据此，我们并不否认某些科技人员应该按照上述的地域流向流动，这有利于充分发挥他们的作用，逐步改变我国科技人员的地域分布极不合理的状况。但是，如果另一些科技人员由于种种原因按照上述的地域流向流动，到新单位以后发挥的作用反而不如过去，那就不能认为这种流向是合理的。同样，从更好地发挥作用的角度看问题，我们也并不否认某些科技人员应该从农村流向城市，从中小城市流向大城市，从边远地区流向内地。第二，所谓'从科技人员富余的部门和单位，到科技力量薄弱而又急需加强的部门和单位'，虽然就部门和单位流向而论，原则上是正确的，但落实到具体的科技人员，则又不一定正确。因为按照这种流向流动的科技人员，其作用并不一定都能得到更好地发挥。"①

我们还提出："所谓科技人员的合理流向，对于第一次参加工作的科技人员来说，应该是能够发挥其专长或主要专长的流向；对于已经工作了一段时间、要求调动工作单位的科技人员来说，则不仅要求专业对口，而且还要求能够更好地发挥作用。可见，科技人员的合理流向包括最佳流向，但不等于最佳流向。假定某科技人员在原单位发挥作用为2，到新单位发挥作用为3，那么，他的流向就属于合理流向。可是，如果在此期间还有最好的可以发挥作用为5的单位需要他，那么他只有调到这后一个单位才算是最佳流向。因此，我们认为，在有关科技人员合理流动的理论探讨中，不仅应该提出'合理流向'范畴并进一步科学界定其内涵，而且还应提出'最

---

① 郭飞、王景田、李守衡、鞠万洲：《关于科技人员最佳流向及其机制的探讨》，载于《人才研究》1987年第4期。

佳流向’这一新范畴。在实际工作中，我们不仅应该积极创造条件，支持和鼓励科技人员按照合理流向流动，而且应该更进一步，支持和鼓励他们按照最佳流向流动。只有这样，我们才能在条件允许的限度内使广大科技人员人尽其才，才尽其用，取得理想的经济效益，并充分挖掘科技人员的内在潜力，进一步调动广大科技人员建设社会主义的积极性和创造性。”①

我们对科技人员的合理流向和最佳流向提出的上述观点，被认为是对我国人才管理理论的重大突破，也被后来我国科技人员流动的基本实践所证实。我们的论文荣获吉林省人才研究会1987年优秀论文一等奖。

此外，我还参加撰写了公开出版的《马克思主义在中国的新发展》《世界政治经济与国际关系》《形势与政策基础教程》等专著和高校教材。

必须提及，东北师大研究生中浓厚的学习氛围，给我留下了极为深刻的印象。在我们同一个寝室，几名研究生之间取长补短，互相启发，你追我赶。年轻的研究生刘殿敏在《中国社会科学》杂志发表了一篇1000多字的商榷性短文。与我年龄相仿的张忠任有一次在与我交流时说："不鸣则已，一鸣惊人。"几年之后，他果真在《中国社会科学》杂志发表了一篇论文。当时，校研究生会不仅创办了《研究生学刊》，而且还经常举办专题研讨会，有时还举办运动会和舞会。转瞬30多年过去了，我仍很留恋那不负韶华的美好时光！

五是访学求职双丰收。1987年秋，按照东北师大研究生院的要求和导师的安排，我们有1～2个月的访学时间。由于我有异地求职的考虑，便将访学和求职"合二而一"。

我们4名研究生同窗"兵分两路"。我走东线，经北京、南京、上海、杭州到广州；他们3人走中线，经北京、武汉等地到广州。我们约定在广州与导师曹序教授会合。我路过北京时，到国家图书馆、中国社会科学院图书馆、劳动部劳动科学研究所等单位收集并复印了不少资料，在中国经济书店、王府井新华书店等书店买了一些图书，为撰写硕士论文做了较为充分的资料准备。到广州后，我们随曹序教授访问了华南师大著名经济学

① 郭飞、王景田、李守衡、鞠万洲：《科技人员流动若干问题新探》，载于《长白学刊》1987年第6期。

教授李华杰。在深圳，我们参观了深圳大学，并与该校经济系副主任高德荣进行了交流。我们还从蛇口乘船去海口，在海南大学参观后便返回长春。

异地求职，是我访学中的一项重要任务。行前，我已有了比较成熟的考虑：在地域上，首选北京，次选杭州；在高校类型上，首选部（委）所属财经类高校，次选对政治经济学硕士有需求的高等军事院校。

为何作出如此选择？首先，北京是我国首都和政治文化中心，能为高校教师进行科学研究提供最优的学术氛围和客观条件；父母是浙江人，我是独生子，杭州对我父母养老有利。其次，我国综合性名牌大学当时已有政治经济学专业博士学位授权点，对名牌师范大学毕业的政治经济学硕士未必有需求。最后，我的觅职单位不仅要接收我，还要接收我妻子，我是求职中的大龄“双肩挑”。1986 年暑期，曹序教授让我们 4 名研究生到中央党校参加理论培训班。我利用在京听课的机会，与某部委财经类高校人事处负责人商谈了拟进京工作事宜。当时，我没经任何人介绍，靠敲门“报名而入”。该负责人对我很看好，并表示我妻子的进京问题该校可以通过人事部的进京指标在我进京后两年内予以解决。这段往事，给我进京觅职打了强心剂。

1987 年秋，我先到了北京，又见到了那所财经类高校的人事处负责人。我递上手写的求职材料，该负责人看后很满意，当即承诺 1988 年 5 月将给我寄去该校的接收函。同年 9 月 20 日，中国金融学院成立大会在京隆重召开。《人民日报》《光明日报》《经济日报》等主流媒体对此都做了报道，《金融时报》更以《任重道远，前途无限——记中国金融学院成立和开学典礼》为标题在头版做了长篇报道。① 中国金融学院隶属中国人民银行，由中国人民银行、工商银行、建设银行、农业银行、中国银行等九大金融机构共同创办，邓小平题写了校名，陈云题词：“培养新一代银行家。”时任全国人大常委会副委员长、中国人民银行行长陈慕华兼任中国金融学院名誉院长，中国人民银行第一副行长、著名金融学家刘鸿儒兼任中国金融学院院长。当时，我对中国金融学院很感兴趣。于是，我与在京工作的一位大学同学商议后，来到中国金融学院联系工作。中国金融学院相关负责人看了我的

① 参见许其立主编：《中国金融学院院志》，中国金融出版社 2002 年版，第 16 ~ 17 页。

求职材料，当即表示欢迎我和妻子到该院工作，妻子的进京问题将通过人事部的进京指标力争尽快解决。由于在京觅职很顺利，我的心就比较踏实了。后来，有些高校相继向我递出橄榄枝，有一所地处杭州的财经类高校甚至提出可给予我三室一厅的待遇。

觅职期间，还有一段小插曲。途经上海时，有位亲戚的朋友获悉我有找工作的意向，便介绍我给某高级干部当秘书。该高级干部曾任上海市委书记和上海市市长，时任国务院上海经济区规划办公室主任，主管上海市和周边四省的经济规划工作，重点工作之一是开发浦东。我最初表示回绝，后经劝说后认为这也等于多了一个选择机会，于是便同意接受面试。一天晚上，一辆黑色的红旗牌小轿车在复旦大学招待所门前戛然而止，该高级干部身边的4名工作人员来到我下榻的房间对我进行面试。他们海阔天空地问了我许多问题，双方交流时间约一个半小时。最后，他们带走了我手写的求职材料，并询问我对就职该高级干部的秘书有无个人要求。我思索了一下，提出了两个要求：（1）解决两室一厅的住房；（2）在我入沪工作的同时（或接近同时），解决妻子上海市户籍并安排专业对口的工作。一个多月后，我在长春得到了来自上海的反馈：该高级干部同意满足我提出的基本要求，并希望我尽快赴任。韩明希教授（时任东北师大经济管理系主任，后任吉林省经济学会理事长）闻讯后，认为机会难得，劝我走仕途；东北师大党委书记牛林宗和我有些亲戚的意见也是如此。我经过反复权衡后认为：就政治品质、理论素养、文字与口头表达能力和组织能力而言，我适合走仕途；但我大学毕业后长期担任高校教师所形成的基本思维方式和行为方式，则不适合走仕途。从而，我作出了放弃的决断。

六是半年完成硕士学位论文。我从南方访学回来已是11月初，离学校要求的提交硕士学位论文的时间仅剩半年。可我的硕士学位论文还八字没有一撇儿，时间相当紧迫，内心压力不小。本着“决战决胜”的信念，我在时间上作出了初步安排：先用两个月，研读相关资料、确定论文题目和基本框架；再用四个月，撰写并提交硕士学位论文。

在研读资料过程中，给我印象最深的是中国社会科学院经济研究所徐节文研究员撰写的《论按劳分配》一书。这本专著近30万字，我全都认真看过，并在书上圈圈点点。徐节文的研究深度、严谨态度和敢讲真话的精神，

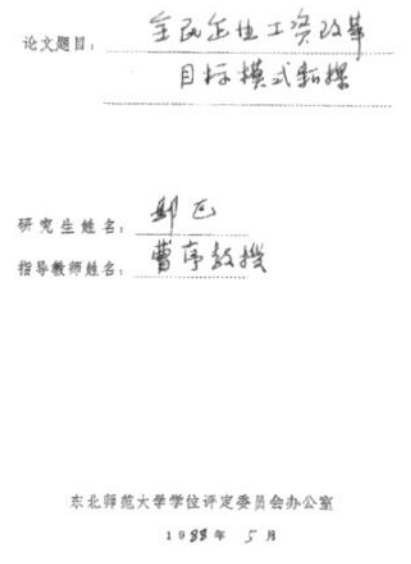
论文题目：全民企业工资改革目标模式新探

研究生姓名：郭飞
指导教师姓名：曹序教授

东北师范大学学位评定委员会办公室
1988年5月

1988 年 5 月，郭飞提交的硕士学位论文（封面等）

深深地打动了我，强烈地感染着我，促使我在研究中开拓奋进。另外，我在劳动部劳动科学研究所等单位收集的最新资料，对我进行深入研究也很有帮助。那段时间，我真是绞尽脑汁，全力以赴，日夜兼程。终于，我将硕士学位论文的研究范围确定在分配领域，将论文题目确定为“全民企业工资改革目标模式新探”，并将论文内容划分为“马克思主义经典作家的按劳分配理论和社会主义国家全民企业的工资制度实践”“确立全民企业工资改革目标模式的基本原则”“全民企业工资改革的目标模式”“实现全民企业工资改革目标模式的基本条件”四个部分。

最后四个月是攻坚期，我是一部分一部分地啃硬骨头。通常，我是先选择性地再看一遍高质量的文献资料，然后进行深入思考，咀嚼并探索出新意，在列出详细提纲后以自己的表述方式写出来。每写完一部分，重新进行审阅、推敲、梳理和修改。四部分都写完后，我审阅全稿，强化创新，严密逻辑，更新数据，减少重复，润色文字。

经过半年苦战，我写出并提交了 3 万多字的硕士学位论文。1988 年 6 月，我顺利通过了由张大简教授（时任吉林省社联副主席、中共吉林省委党校副校长）任答辩委员会主席的硕士学位论文答辩。张大简教授对我的论文质量给予较高评价。7 月初，我获得东北师大颁发的经济学硕士学位证书和硕士生毕业证书。

第二篇

北京高校喜扬帆（1988—2000）

中国金融学院的新教师

1988 年 7 月 5 日，是我 36 岁的生日。那天晚上，我没在家庆祝生日，而是乘火车前往北京。在车上，我异常兴奋。北京是伟大祖国的首都，也是全国人民非常向往的地方。1948 年春，父母已在上海参加革命。10 月，中共地下党为保护进步大学生免受国民党反动派的迫害，将父母等一部分人组织起来，冒着生命危险突破北平封锁线来到东北解放区。经中共东北局介绍，父母插入东北大学（东北师大的前身）学习并提前留校工作。父母是地道的南方人，操着南方口音兢兢业业地在东北工作了约 40 年直至离休。当年，他们没有机会和可能在北京工作。小妹妹郭志英 1979 年考入清华大学并在北京学习和生活了 5 年，我很羡慕。大妹妹郭志红大学毕业后分配到北京某部属单位后转至中国人民大学任教，我们全家人都为之骄傲。在硕士研究生毕业前夕，我将在北京高校工作作为自己追求的一个“梦”。此刻，这个“梦”就要实现了。中国金融学院虽系新建高校，但其依托中国人民银行等九大金融机构，短期内本科生（及以上）的办学规模计划在 3000 人左右，一段时间以后办学层次逐渐发展到以培养研究生为重点，兼顾对中央银行和专业银行支行行长以上干部的培训任务。此外，我小妹妹郭志英在中国科学院长春光机所攻读硕士研究生与我同期毕业，她将很快来到中国人民大学任教……我浮想联翩，彻夜难眠。

翌日上午，我怀着十分喜悦的心情，到中国金融学院人事处报到。学院人事处等单位很快为我办好了入职手续。转瞬之间，我成为中国金融学院理论部政治经济学教研室的一名教师。

理论部有近 30 名教师，分别来自北京大学、中国人民大学、南开大学等著名高校。理论部下设政治经济学、哲学、中国革命史、法学、德育 5 个教研室。我所在的政治经济学教研室有 10 名教师，室主任为林拾华（国务院发展研究中心原主任孙尚清 1952—1954 年在中国人民大学政治经济学研究生班的同学）。

理论部负责人王树棣热情地接待了我，并将我介绍给李薇、黎惠民、纪淑珍、王志民等其他教师。林拾华主任给我安排了教学任务。于是，我融入了新的集体，开始了新的工作与生活。

中国金融学院从1987年开始招收本科生。尽管学生较少，但素质较高，有些学生还是高考中的尖子。[①]看到这些青春焕发、踌躇满志的学生，我们在高兴之余也感受到肩上的责任。中国金融学院尚在起步阶段，教学和生活设施等缺口较大。然而，全院教职工都精神饱满，干劲十足。大家有一个共同的信念：要把中国改革开放大潮中诞生的这所社会主义金融大学办好。

1988年下半年，我给中国金融学院函授大专班的学员授课。当时，学院在全国金融系统招收了许多函授学员，我先后到洛阳、南宁、平果、百色、沈阳等面授点集中授课，每个面授点的授课时间为32学时。我用近3个月的时间，完成了上述面授点的授课任务。在此期间，我亲身感受到广大函授学员对知识和学历的渴求。在南宁授课时学员有200多人，中国人民银行广西分行教育处的副处长与学员一起听课。在中国工商银行百色分行授课时，该行的副行长是我的学员。在广西平果县授课时，有一名女学员已经怀孕9个多月了，还在丈夫的陪同下坚持听课。广大函授学员对我寄予很大期望，我则以高质量的讲课作为回报。针对他们在职学习的特点，我尽量做到深入浅出，理论联系实际，增强讲课的准确性、生动性和吸引力。此外，我在沿途或授课之余游览了一些著名景点，如龙门石窟、嵩山少林寺、白马寺、桂林七星岩、漓江、百色起义纪念碑、沈阳故宫等，从而增加了对祖国历史文化的了解。在广西，金融系统的干部向我介绍当地贫苦农民生活的实际情况（有的农民全部家当不足5元钱），并带我参观高山地区的瑶族乡村（由于缺水等原因，有的瑶族人一辈子只洗3次澡）。我还得知此前中央领导同志视察当地时亲眼看到贫苦农民的生活状况，都流下了热泪，并调拨了一批军用大衣送给贫苦农民解决冬季御寒问题。这使

① 1991年，我受学院委派去青岛参加山东省高考录取工作。该省教育厅副厅长对我说：中国金融学院的高考录取线在山东省排名第四。

我增加了对国情的了解，并给我提供了一些讲授社会主义政治经济学的鲜活实例。

12 月，人事部签发调令，将我妻子调入中国金融学院任教。中国金融学院按照两室一厅的待遇，先将我们安排在离学院较远、条件较差的丰台区看丹路附近居住，而后又将我们调整到离学院较近、条件较好的朝阳区长城饭店附近居住。

1989 年上半年，我开始承担本科生社会主义政治经济学的教学任务。我院是财经类高校，政治经济学是经济和管理类专业的一门核心课或基础课。学院很重视政治经济学课程，该课程的授课时数为 144 学时，每周 4 学时，共开设两学期（第一学期讲授资本主义政治经济学，第二学期讲授社会主义政治经济学）。教研室安排我讲授社会主义政治经济学。讲授社会主义政治经济学，我院使用的是“北方本”教材，即谷书堂、宋则行主编的《政治经济学》（社会主义部分）。我结合国内某些高校编写的政治经济学教材和相关研究资料，认真备课，精心讲课，受到学生的好评。

在《经济研究》独立发表论文

《经济研究》是中国社会科学院经济研究所主办的综合性经济理论类期刊，是国内公认的经济理论研究最高级别的核心期刊。该刊自1955年创刊以来，立足中国现实，发表了大量具有学术性、时代性、创新性和前沿性的研究论文，在国内外经济学界具有广泛和重要的影响。特别是20世纪八九十年代，《经济研究》发表了不少理论联系实际的高质量的科研论文，给我留下了很深的印象。

长期以来，我一直订阅《经济研究》。其主要目的是追踪国内经济理论研究学术前沿，从中获取有益的新理论、新见解和新知识。此外，我也想在条件具备的情况下，力争在《经济研究》发表科研论文。

1989年9月，我将硕士学位论文《全民企业工资改革目标模式新探》向《经济研究》杂志投稿。当时，经济研究编辑部主任杨长福和另一位副编审接待了我，杨主任还给我倒了一杯茶水。我向杨主任和那位副编审介绍了本人硕士论文的基本框架和主要新意，就将论文给他们留下了。这是我第一次向《经济研究》投稿，此前与杨主任等并不认识，也没通过其他人搭桥，可以说是以文会友，“君子之交淡如水”。

两个月后，《经济研究》第11期发表了我的论文《全民企业工资改革目标模式新探》(约9000字)。论文标题与硕士论文标题一样，但内容则是从原文的四部分中采用了最具创新性的两部分，在文字上也有所压缩。我见到发表的论文，大喜过望。我原本并没有绝对的把握在《经济研究》发表这篇论文，更没想到《经济研究》竟能如此“神速”地发表我的论文。

我在该文开宗明义：

“工资改革是我国经济体制改革的重要组成部分。全民所有制企业(以下简称全民企业)的工资改革，是我国企业工资改革的核心。为了推动经济体制改革由旧体制向新体制转换，加速建设具有中国特色的社会主义，有必要深入探讨并逐步确立全民企业工资改革的目标模式。”①

随后，我针对国内围绕全民企业工资改革的目标模式提出的具有代表性的“市场型”“挂钩型”“分成制”“多元型”和“自主分配型”（或称“国家征税、自主分配型”）工资模式进行了评述。在此基础上，我提出了“上缴税利、自主分配、双紧挂钩型”工资模式的新思路：

所谓“上缴税利”，就是国家凭借社会管理者和资产所有者的二重身份，通过收缴税利对全民企业的工资分配水平进行必要而合理的宏观调控。其主要内容包括：（1）征收资源税、房产税和土地使用税等税赋。全民企业净产值的形成，既有主观的因素，也有客观的因素。资源、房产和土地使用条件，是影响企业净产值形成的重要客观因素。通过征税尽量将这些客观因素形成的级差收入加以剔除，既有利于增加国家的财政收入，也有利于促进企业合理地使用国家的经济资源，还有利于企业之间的平等竞争和在全民所有制经济内部贯彻按劳分配原则。（2）征收流转税和所得税。流转税包括产品税、增值税和营业税等。流转税和所得税都是国家凭借社会管理者的身份征收的税赋，既是我国税收和财政收入的主体，也是监督管理经济、促进国民经济协调发展的重要手段。因此，企业必须依法纳税。（3）实行所得税后部分利润上缴制度。在我国全民企业中，国家以社会的名义拥有对企业生产资料的所有权，因而应该分享企业的一部分利润。这既是生产资料全民所有权的经济实现形式，也是增加财政收入、提高资产使用效率的重要措施。要根据全民企业的不同经营方式，以不同形式适当分取企业税后利润。对实行股份制的全民企业，可采用按股分红的办法参与税后利润分配；对实行承包制的全民企业，可以按照承包合同规定以承包费的形式参与税后利润分配；对实行租赁制的全民企业，可以按照租赁合同规定以租赁费或租金的形式参与税后利润分配。（4）征收工资基金调节税和个人收入调节税。对于平均工资超过一定标准、资金积累率又低于一定标准的企业，要逐级累进征收工资基金调节税，税金从工资基金中列支。以此约束企业的短期行为，抑制消费基金膨胀，鼓励企业自我积累，增强后劲。同时，对那些收入较高、负担能力较强的人，要适当征收个人

① 郭飞：《全民企业工资改革目标模式新探》，载于《经济研究》1989年第11期。

收入调节税，以避免收入悬殊，促进社会安定和经济发展。(5) 征收社会劳动保险税。为统筹解决职工的医疗、退休和失业时的保障问题，国家应按一定比例向企业和职工征收社会劳动保险税，改变长期形成的单纯由企业“承包”职工劳动保险的局面。

所谓“自主分配”，就是企业在上缴税利和扣除积累基金以后，享有充分的工资分配自主权，其主要内容包括：(1) 有权自行确定适合本企业生产发展的收入分配原则。随着所有制改革的深入，全民企业中的非全民成分会占有一定的比重，经营方式也会趋向多样化。这种情况必然导致全民企业收入分配原则的多元化。因此，各全民企业有权在适合生产力发展的前提下实行以按劳分配为主体的多种分配原则。(2) 有权自行确定适合本企业生产情况的工资形式和工资标准。企业中不论采用哪种工资形式和工资标准，都要区分劳动者的不同岗位（生产岗位、技术岗位、经营管理岗位），区分脑力劳动和体力劳动、复杂劳动和简单劳动、熟练劳动和非熟练劳动、繁重劳动和非繁重劳动，并尽量采用复合指标对劳动者提供的有效劳动进行模拟计量，在此基础上扩大工资差距，拉开档次，使劳动者的工资上挂企业效益，下联个人劳绩。北京市革制品厂试行以岗位（职务）、技能、年功、区类、奖金、津贴6个单元组成的结构工资制和以基额、系数、常数计算各单元工资标准的定量体系，提供了企业内部工资改革的新鲜经验，其有益做法值得借鉴。(3) 有权根据《全民所有制企业工资法》自行确定本企业的工资水平和增长速度。各全民企业的经济效益和劳动者的实际贡献不会整齐划一，因而各自的工资水平及其增长速度也不应千篇一律。企业的工资水平和增长速度，从数量上看，主要取决于企业工资总额和职工人数这两个因素。从理论上讲，贯彻按劳分配原则，企业的工资总额应该与企业净产值挂钩。但是，结合社会主义商品经济的具体情况，我认为企业工资总额应该与企业上缴税利后的净产值挂钩。正确实行这种挂钩的关键是如何确定平均收入率。平均收入率即是在积累与消费的比例比较适合的正常年景下，物质生产部门的全民企业工资总额与上缴税利后净产值总额之比。《全民所有制企业工资法》中似应明确规定，各企业的工资总额原则上应等于上缴税利后净产值乘以平均收入率，不得以滥发补贴和实物等形式变相扩大企业工资总额。这样，在企业职工人数不变的情况下，企业工资水平就与上缴税利后的净产值和企业劳动生产率成正比。从而，既可以贯彻多劳多得、少劳少得的按劳分配原则，打破企业之间的“大锅饭”；又能抑制消费基金膨胀，使职工的收入增长与企业劳动生产率增长相适应。有些全民企业经营不善，甚至亏损，应设法通过多种途径确保按照《全民所有制企业工资法》的规定至少发给职工最低工资。连续半年开不出最低工资且又无法获得贷款的企业，国家应允许优势企业对其实行兼并，促进资产存量的重组和产业结构的优化。（4）有权根据《全民所有制企业法》自行确定企业中集体消费基金、工资储备基金、风险基金和补充养老保险基金各自所占的比例。我认为，工资储备基金要逐年积存，在数量上至少要相等于企业职工三年最低工资的总和。它既可以以丰补歉，也能确保在正常条件下职工平均工资逐年有所增加。风险基金主要用于补足企业亏损时不能完成的上缴税利，使企业真正做到自负盈亏。补充养老保险基金是企业通过保险公司建立的退休养老专项基金，其用途在于弥补社会统筹的职工退休基本养老保险基金和个人储蓄的养老保险基金之不足。

所谓“双紧挂钩”，是指职工工资既同企业经济效益又同个人劳动贡献紧密挂钩。这是“上缴税利、自主分配、双紧挂钩型”工资模式的核心。如前所述，国家通过收缴税利，既基本排除了影响企业净产值的级差收入，又相对满足了社会对企业的资金需要，在此基础上根据平均收入率实行企业工资总额与企业上缴税利后净产值挂钩的办法，就破除了企业之间的平均主义，使各企业联合劳动的实际贡献在分配上得到了体现；而企业通过自主分配，多劳多得，少劳少得，则破除了企业内部的平均主义，使每个职工的实际贡献在分配中也得到了体现。这样，就使职工工资同企业经济效益和个人劳动贡献紧密结合起来，即实现了“双紧挂钩”，从而较好地体现了按劳分配原则。在国内有些关于按劳分配的文章和著作中，通常不是强调“双紧挂钩”，而是泛泛谈论“两个挂钩”，我认为这是不够的。挂钩程度有松紧之分。在社会主义商品经济条件下较好地贯彻按劳分配原则，应该是“双紧挂钩”，而不是“双松挂钩”。全民企业工资改革的目标模式，无论从内容上还是从形式上，都应充分体现这一特点。否则，就既无法与传统的全民企业工资模式从根本上区分开来，也无法与目前采用的一些过渡性工资模式明显地区分开来。当然，区分“双紧挂钩”和“双松挂钩”

也还应有进一步的量的规定，这有待于我们今后继续深入进行研究。但必须指出，“上缴税利、自主分配、双紧挂钩型”工资模式只能覆盖绝大多数全民企业。对于少数由国家直接管理和控制的全民所有制公益性企业，其工资分配基本上应由国家统筹安排，但同时应给企业适当的自主权，以利于贯彻按劳分配原则。

不仅如此，“上缴税利、自主分配、双紧挂钩型”工资模式还间接体现了效率原则。这不仅表现在它通过收缴税利尽力排除级差收益从而为企业之间的平等竞争创造了条件，也不仅表现在它实行了富有活力的以按劳分配为主体的多元化分配原则，而且还表现在它有利于企业合理使用经济资源并正确处理积累与消费的关系，从而能够促进微观经济效率和宏观经济效率不断提高。

最后，我论述了实现“上缴税利、自主分配、双紧挂钩型”工资模式必须具备的四项基本条件：（1）企业拥有充分的工资分配自主权，并且形成互相制约的利益均衡机制；（2）建立社会主义市场体系，价格关系基本理顺；（3）健全和完善财政税收和经济立法等宏观经济调控机制；（4）建立新型的社会保障制度。①

在《经济研究》发表科研论文，是我在科研发表刊物级别的新突破，也是我继续向科研高峰攀登的新起点，它对我的后续发展具有重要意义。

① 参见郭飞：《全民企业工资改革目标模式新探》，载于《经济研究》1989年第11期。

破格晋升副教授

我 1975 年年初开始在高校执教，本应在 1982 年夏季评为讲师。然而，长春地质学院社会科学系主任以我当年在吉林大学脱产进修为由，没为我作任何努力和争取。系里的一些教师为我鸣不平，外系新晋升的讲师也觉得奇怪。我从吉林大学赶回来找到这位系主任询问，他笑着安慰我说："也就晚评讲师 1 年，但脱产进修有后劲儿。"

1983 年教育部规定高校暂停职称评定，直到 1985 年才"解冻"。可是，教育部又规定自 1985 年起高校实行"评聘结合"的职称改革。当时，我已申报并被东北师大录取为脱产学习的硕士研究生。系主任和院有关领导经过商量，又"设计"出一个方案：一方面，允许我推迟两个月转走人事关系；另一方面，在院学科评议组对我评定讲师任职资格全票通过后，又不将我的相关材料提交院职称评审委员会投票。他们明确地告诉我：如果我研究生毕业后回到长春地质学院工作，晋升讲师职称的时间就从 1985 年开始计算；如果我研究生毕业后不回长春地质学院工作，那么 1985 年院学科评议组的评审结果（我有复印件）在别的单位就视为无效，因为缺少院职称评审委员会的印章。为"挽留"我研究生毕业后回到学院工作，长春地质学院还在我读研期间"破例"为我颁发了兼职讲师聘书，并聘我讲了一门课。

任何事物内部矛盾的两个方面都依一定的条件相互转化。如果我 1982 年正常晋升为讲师，或许就不一定考研究生，也可能就不会离开长春地质学院；然而，长春地质学院社会科学系主任和院有关领导采取的上述做法，促使我毅然走上了报考全日制硕士研究生、毕业后离开长春地质学院的个人发展之路。

我来到中国金融学院以后，学院有关领导同情并重视妥善解决我的讲师任职资格认定时间问题。院领导本想以 1985 年的时间认定我的讲师任职资格，但北京市高教局不同意，其依据是 1985 年中国金融学院尚未成立。于是，学院职称评审委员会在无奈之下，就只能以我入职中国金融学院的时间认定我的讲师任职资格。这样，我的讲师任职时间就比同期毕业的其他教师延迟了 3 ～ 6 年，并对我晋升副教授的时间造成明显的不利影响。

从 1988 年夏到 1990 年秋，我除完成规定的教学任务之外，在科研方面继续努力。我除在《经济研究》独立发表论文之外，还在《社会科学战线》《中国高等教育（社会科学理论版）》《高校社会科学》《教学与研究》《中国劳动科学》《经济工作者学习资料》《金融科学》等学术刊物上独立发表了一些论文，并撰写中国人民银行岗位培训教材《社会主义初级阶段经济理论问题》中的两章。1990 年夏，科研处组织了庆祝中国金融学院建院三周年优秀科研成果的评奖工作。经院外专家匿名评审和院内专家投票表决，我在《经济研究》发表的论文获得优秀科研成果一等奖。

1990 年暑期，我曾专程返回长春地质学院，力求彻底解决我 1985 年评定讲师任职资格的遗留问题。当时，长春地质学院社会科学系主任也表示支持，院党委书记韩淑芝（她曾是我原教研室的同事）则全力支持，但最终还是被长春地质学院的院长给“卡”住了。实际上，这位院长也不是专门与我过不去，而是多年来采用类似办法“卡”过不少人，并不想为我网开一面。

为弥补我在晋升讲师职称方面不幸遭受的时间损失，也为以后的个人发展奠定有利基础，我决定背水一战，破格申报经济学副教授。尽管我深知在北京市高教局评定为副教授的难度高于其他省（市、自治区），也高于拥有高级职称评审权的在京许多高校；而破格晋升副教授，则要比正常晋升副教授难得多。但我别无选择，只好险上“梁山”。我得到了理论部负责人和学院领导的大力支持，学院职称评审委员会也投票同意我破格晋升。经北京市高级专业技术职务评审委员会评审，我于 1990 年 12 月破格晋升为经济学副教授。

荣膺北京高校首批（青年）学科带头人

1992年3月25日，北京市高等教育局向北京市属高校和中央在京高校下发了《关于在北京市高等学校青年教师中选拔优秀骨干教师和（青年）学科带头人的意见》（以下简称《意见》）。《意见》指出，为加强高校师资队伍建设，培养跨世纪的骨干教师和学科带头人，顺利完成5～10年后教师队伍的新老交替，拟从1992—1996年在北京市高等学校选拔一批40周岁以下的优秀青年骨干教师和（青年）学科带头人：1992年拟选拔优秀青年骨干教师500名、（青年）学科带头人50名，并规定了选拔条件、选拔程序和相关措施，在京中央和部委高校在征得主管部门同意后也可参加选拔。

中国金融学院收到北京市高等教育局的这份文件后，迅速与中国人民银行教育司联系，并决定参加评选。学院经过基层推荐、专家评议和党政领导研究，确定我和另外两名青年教师参评。按照北京市高等教育局规定的选拔条件，对（青年）学科带头人的选拔条件要求较高，名额很少。学院确定另外两名青年教师参评优秀青年骨干教师，对我拟申报的荣誉称号则尊重我的意见。我认真看了北京市高等教育局的这份文件，反复进行了权衡：若申报优秀青年骨干教师，应是十拿九稳；若申报（青年）学科带头人，竞争将会相当激烈（北京高校林立，人才济济，且文、理、工科专业在一起首次评选），则有可能落败。我当时已近40周岁，自知无路可退，只好放手一搏，决定申报（青年）学科带头人。

学院请中国人民大学卫兴华教授为我在《经济研究》发表的论文做了学术鉴定。该鉴定全文如下：

郭飞同志的《全民企业工资改革目标模式新探》（载于《经济研究》1989年第11期）一文，比较系统和深入地评价了国内当时有代表性的五种工资模式，在此基础上，首次提出和论证了“上缴税利、自主分配、双紧挂钩型”工资模式这一全民企业工资改革目标模式的新思路，具有较高的学术水平。

论文所说的“上缴税利”是指国家凭借作为社会管理者和资产所有者的二重身份，通过收缴税利对全民企业的工资水平进行必要和合理的宏观调控；“自主分配”是指绝大多数全民企业在上缴税利和扣除积累基金之后，具有独立的工资分配自主权；“双紧挂钩”是指企业职工工资既同各自企业的经济效益又同个人劳动贡献紧密挂钩。论文对这一工资改革的目标模式进行了较为全面和深入的论证，提出了一些较有价值的新见解和进一步改革的新建议。既有理论深度，又有实践意义，具有合理性和可行性。论文提出的上述工资改革目标，接近于 1991 年 3 月全国人大会议通过的十年规划和“八五”计划纲要中提出的“国家宏观调控、分级分类管理、企业自主分配”的全民企业工资改革的目标模式。

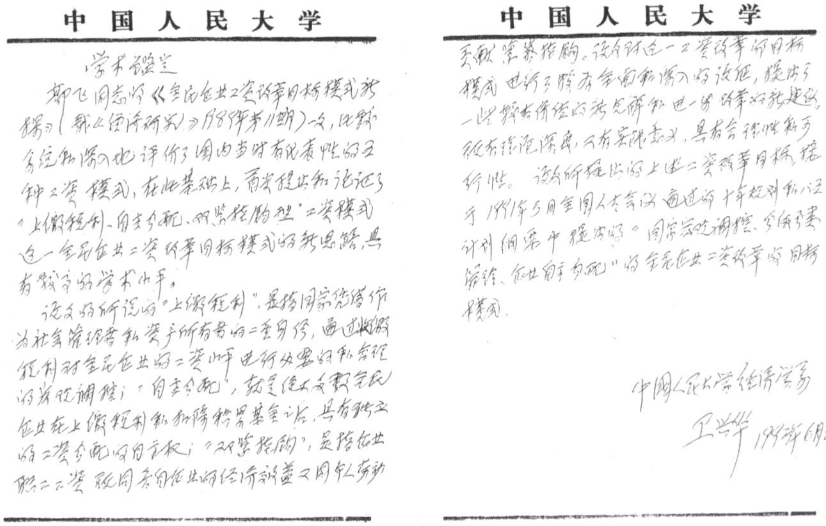
中国人民大学

学术鉴定

郭飞同志的《全民企业工资改革目标模式新探》（载《经济研究》1988年第11期）一文，比较全面和深入地评价了国内当时有代表性的五种工资模式，在此基础上，首先提出和论证了“上缴税利、自主分配、双紧挂钩型”工资模式这一全民企业工资改革目标模式的新思路，具有较高的学术水平。

论文所说的“上缴税利”，是指国家凭借作为社会管理者和资产所有者的二重身份，通过收缴税利对全民企业的工资水平进行必要的和合理的宏观调控；“自主分配”，就是绝大多数全民企业在上缴税利和扣除积累基金之后，具有独立的工资分配的自主权；“双紧挂钩”，是指企业职工工资既同各自企业的经济效益又同个人劳动贡献紧密挂钩。论文对这一工资改革的目标模式进行了较为全面和深入的论证，提出了一些较有价值的新见解和进一步改革的新建议。既有理论深度，又有实践意义，具有合理性和可行性。论文所提出的上述工资改革目标，接近于1991年3月全国人大会议通过的十年规划和八五计划纲要中提出的“国家宏观调控、分级分类管理、企业自主分配”的全民企业工资改革的目标模式。

中国人民大学经济学系

卫兴华 1992年6月[illegible]

1992 年 6 月，中国人民大学卫兴华教授对郭飞论文撰写的学术鉴定

1992 年 8 月 25 日，我被北京市高等教育局评为北京市高等学校首批（青年）学科带头人。当年参评的中央及部委在京高校和北京市属高校近 40

所，共评出（青年）学科带头人26人，其中政治经济学专业1人。我院推荐的另外两名教师被评为北京市高等学校优秀青年骨干教师。学院派专车送我和另两名青年教师去参加北京市高等教育局举行的表彰大会。表彰大会开得隆重热烈，不少新闻媒体的记者也来了，中央电视台、中央人民广播电台还作了现场报道。我和中央财政金融学院王广谦（他后来长期担任中央财经大学校长）并肩坐在（青年）学科带头人的位置上。大会主持人请（青年）学科带头人自由发言，我俩相视一笑，没有发言。在会上获悉，有些（青年）学科带头人早已是教授与博导，且成就斐然，从而使我在欣喜之余也感受到不小的压力。

评选高校（青年）学科带头人和优秀青年骨干教师，北京在全国是首开先河，继而其他省（自治区、直辖市）和有些部委也纷纷效仿。这对强化我国高校教师的竞争与激励机制，切实稳定教师队伍、不断提高教师素质，具有重大的战略意义。

根据北京市高等教育局的相关规定和我的主要研究方向，学院为我配备了为期3年的指导教师郭继严，并制订了培养计划。郭继严原为中国人民大学经济学教授，时任国家计委人力资源开发利用研究所（后更名为社会发展研究所）所长。郭所长在担任我的指导教师期间，在拓展研究思路和提高科研能力等方面对我有较大帮助。

1992年9月19日，我代表教师在中国金融学院庆祝建院五周年大会上发言，全文如下：

在中国金融学院庆祝建院五周年大会上的讲话

各位领导、同志们、同学们：

首都的金秋，金风送爽；金院的金秋，金光灿烂。今天，在举国上下全面贯彻小平同志南方谈话精神、加快改革开放步伐的大好形势下，我院在此隆重庆祝建院五周年。作为全院教师，我们的心情格外高兴。

我院是在经济体制改革和金融体制改革的热潮中诞生的高等金融学府。五年来，我们从零起步，艰苦创业，走过了一段令人难忘的光辉历程。我们初步建立起一支专、兼职教师相结合的学科比较齐全的师资队伍，遵循党的教育方针和“厚基础、宽口径、重实际”的原则，在改革教学方法、提高教学质量方面取得了明显的成绩；我们编撰并出版了一批较有分量的教材、专著和工具书，发表了一些有较大影响的学术论文，在科研工作中取得了可喜的成果；我们按照“团结、勤奋、求实、创新”的校训，在建立良好的校风方面初见成效，并且逐步拓宽了对外进行教学与学术交流的渠道。我院的党政管理和后勤工作在不断加强，教职工的居住条件显著改善，分配制度的改革也开始出台。这些成绩的取得，固然离不开中国人民银行和院党委的正确领导以及九大金融机构的大力支持，但其中也蕴含着我们全院教师的一份心血。尽管我院目前还存在许多困难和问题，但是，我们用汗水哺育的金融人才之花已经骄傲地开放，我们已经为建设一所现代化的社会主义金融大学奠定了初步的基础。在此基础上，我们可以更加满怀信心大踏步地奔向未来。

百年大计，教育为本。振兴中国的希望在教育，振兴教育的希望在教师。面对国际上激烈的经济竞争和尖锐的政治较量，面对祖国经济腾飞、金融事业蓬勃发展的大好形势，我们全院教师要进一步肩负起历史的重任。尽管社会分配不公在严重扭曲着知识的价值，尽管尊师重教的社会风尚还远未形成，尽管我院目前的办学条件还不尽如人意，但是，我们仍然要“咬定青山不放松”，继续忠于人民的教育事业，继续弘扬艰苦奋斗、无私奉献的精神。我们要像春蚕那样忘我吐丝，像蜡烛那样闪射光华，像园丁那样辛勤耕耘。我们要通过深化改革，进一步全面贯彻党的基本路线和教育方针，实行多渠道开放式办学，不断提高教学质量和科研水平，努力培养出更多更好的跨世纪的金融人才。同时，我们也衷心希望九大金融机构能够给予学院更多的支持，衷心希望中国人民银行和学院的各级领导能够更加关心和爱护教师，充分调动广大教师的积极性，为改善办学条件、提高教师待遇、稳定和扩大师资队伍，广开思路，多办实事。

我们相信，有中国人民银行和院党委的正确领导以及九大金融机构的鼎力支持，靠全院师生员工的团结奋斗和长期努力，中国金融学院的前景是光明的。中国金融学院不仅在中国未来的金融教育中将发挥更大的作用，而且必将在世界未来的金融教育中占有一席之地。

对按劳分配计量尺度的研究实现新突破

20世纪80年代中期至90年代初，我国经济体制改革方兴未艾，社会主义商品经济条件下按劳分配的特点成为我国经济学界探讨的一个热点问题。其中，商品经济条件下按劳分配的计量尺度成为经济理论研究的一个难点。围绕社会主义商品经济条件下按劳分配的计量尺度问题，当时较为流行的有两种观点：一种观点认为是社会必要劳动时间，另一种观点则认为是社会平均劳动时间与社会必要劳动时间的统一。对此，我先后在《教学与研究》《经济纵横》杂志上发表了3篇论文，阐发了自己的一些看法。后来，我看到《经济研究》1991年第10期发表了何伟撰写的《在有计划商品经济条件下实现按劳分配的两个问题》一文。他认为，马克思设想的按劳分配中的“劳”是抽象劳动，这种抽象劳动在社会主义商品经济条件下实质上是社会必要劳动。换言之，他认为社会主义商品经济条件下社会必要劳动时间是按劳分配的计量尺度。我认为何伟的观点并不妥当，有必要进行深入探讨。

我进一步查阅了不少资料，花费了不少时间进行思考。其间，我还将自己的想法与卫兴华教授交流，将论文初稿请他过目并听取他提出的宝贵意见。

《经济研究》1993年第2期发表了我的论文《刍议按劳分配中的“劳”》。我在论文中首先提出：综观马克思关于按劳分配的论述，马克思设想的按劳分配中的“劳”并不是抽象劳动。尽管马克思没有明确提出按劳分配中的“劳”是社会平均劳动，但根据马克思按劳分配的理论逻辑，按劳分配中的“劳”实质上是社会平均劳动，从而社会平均劳动时间是马克思设想的按劳分配的计量尺度。

在此基础上，我论证并阐发了关于社会主义商品经济条件下按劳分配计量尺度的新观点：

社会主义经济是公有制基础上的商品经济，而不是马克思原来设想的产品交换经济。社会主义商品经济条件下的按劳分配，必然具有商品经济的特点。这主要表现在：（1）由于社会主义联合劳动具有社会范围内的联合劳动和企业范围内的联合劳动两个最基本的层次，由于社会主义公有制企业是独立或相对独立的商品生产者和经营者，从而企业便成为按劳分配的主体。国家作为资产所有者和社会管理者，只能对全民所有制企业的按劳分配进行必要和合理的宏观调控。（2）企业范围的联合劳动并不直接等同于社会劳动，企业联合劳动能否转化以及转化为多少社会劳动要受到商品经济规律特别是价值规律的制约，从而企业通过销售商品所实现的社会劳动量还要以价值量即物化的社会必要劳动时间来衡量。（3）企业根据按劳分配原则发给生产者货币工资，生产者凭借货币工资去购买作为商品的个人消费品。其中，前一个过程是按劳分配的关键环节，后一个过程则既是按劳分配的最终完成，同时也是商品交换过程。尽管社会主义商品经济条件下的按劳分配具有上述主要特点，但我认为，应该把社会主义公有制企业外部的商品经济关系与社会主义公有制企业内部的按劳分配区分开来，前者影响分配的水平，后者决定分配的性质；应该在承认商品经济关系特别是承认价值规律对按劳分配具有重要制约作用的同时，从马克思主义经典作家关于按劳分配的基本理论和我国按劳分配的基本实践的结合上，进一步探讨社会主义商品经济条件下按劳分配中“劳”的内涵。

我认为，在社会主义商品经济条件下，全民所有制企业按劳分配中的“劳”首先是指社会平均劳动（即整个社会全民所有制企业范围内以有效劳动为基础的社会平均劳动），从而社会平均劳动时间就成为按劳分配的重要计量尺度，这是由全民所有制企业的根本性质决定的。社会主义全民所有制的性质决定了其不同企业的生产者具有生产资料的平等所有权，从而客观上要求排除各个企业由于人均占有生产资料的优劣多寡等非劳因素对生产者分配个人消费品的影响。在社会主义经济实践中，这表现为国家通过收缴税利等手段尽力排除制约社会必要劳动时间形成的种种客观生产条件的差异对各全民所有制企业净产值的影响，其主要包括：（1）尽力排除由国家通过“剥夺剥夺者”或直接投资等途径形成的企业人均占有固定资产的差异对企业净产值的影响；（2）尽力排除有利的自然资源和地理位置对企业净产值的影响；（3）尽力排除某些商品（如国有烟厂的卷烟）产销的垄断性因素和价格的政策性因素对企业净产值的影响。当然，排除客观生产条件的差异对各全民所有制企业净产值的影响也不是绝对的。这不仅由于在技术上难于精确计算，而且也由于国家有意对某些非劳因素作适当的保留（如国家对企业用自有资金进行投资带来的收益就不能全部提取，以鼓励企业自我积累和进行技术改造的积极性和主动性）。

除了社会平均劳动以外，全民所有制企业按劳分配中的“劳”还包括企业平均劳动（即以有效劳动为基础的企业平均劳动），从而企业平均劳动时间便成为全民所有制企业中按劳分配的另一重要计量尺度，这是由社会主义商品经济条件下全民所有制企业在按劳分配中的作用以及按劳分配的实现方式决定的。一方面，全民所有制企业是依法自主经营、自负盈亏、自我发展、自我约束的相对独立的商品生产者和经营者，具有充分的个人消费品分配的自主权。从而全民所有制企业便成为按劳分配的主体，企业平均劳动时间便成为全民所有制企业中按劳分配的又一重要计量尺度。采用企业平均劳动时间作为全民所有制企业按劳分配的重要计量尺度，既能排除企业内部客观生产条件的差异对生产者分配个人消费品的影响，又能体现不同企业生产经营状况和同一企业内部不同生产者劳动贡献的实际差别，从而有利于克服平均主义，更好地贯彻按劳分配原则。另一方面，国家先要以社会平均劳动时间作为计量尺度来衡量各全民所有制企业的生产者通过主观努力对社会作出的贡献并在分配方面给予相应的体现，然后各全民所有制企业再以企业平均劳动时间作为计量尺度来衡量企业内部各个生产者的实际贡献并给予相应的报酬。可见，全民所有制企业中按劳分配的“劳”并不是社会必要劳动，而是社会平均劳动与企业平均劳动的有机统一。

集体所有制企业的按劳分配与全民所有制企业的按劳分配有显著的区别。由于生产资料归集体所有，从而不同企业由于人均拥有生产资料的数量和质量的差别而形成的对企业净产值的影响是客观存在和不容排除的。它必然直接影响生产者的收入分配水平，使不同集体所有制企业之间“同工不同酬”的现象较之全民所有制企业更为触目。这种状况一方面表明集体所有制企业按劳分配中的“劳”不包括社会平均劳动，另一方面也极易使人们产生集体所有制企业按劳分配中的“劳”即社会必要劳动的错觉。但我认为，集体所有制企业按劳分配中的“劳”，同样不是社会必要劳动，而只是企业平均劳动。举例来说，假定某一集体所有制企业由于条件所限，为生产同一种产品要同时采用先进和落后两种机器。假定生产者甲使用先进机器，1 小时可以制造 5 件产品；而生产者乙使用落后机器，1 小时只能制造 2 件产品。为了分析的简便起见，假定这两种机器的折旧费和辅助材料费相同。在产品符合社会需要的情况下，生产者甲 1 小时创造的新价值是生产者乙的 2.5 倍。据此，能否断言生产者甲的劳动报酬就应是乙的 2.5 倍？显然不能。因为，生产者甲创造的新价值之所以大大超过生产者乙，不仅源于生产技艺的差别，同时也源于生产工具的差别。根据按劳分配原则，后者的差别对于分配的影响应予剔除。换言之，如果集体所有制企业中按劳分配的“劳”是社会必要劳动从而其计量尺度是社会必要劳动时间的话，那就意味着同一集体所有制企业内部，在付出同样或大体相同的劳动代价的情况下，使用先进机器的生产者获得的收入可以大大超过使用落后机器的生产者，这等于变相承认企业内部实际使用生产资料的差异对生产者收入的影响，变相承认企业内部在生产资料所有权方面存在着不平等，从而既违背集体所有制企业的性质，也不符合按劳分配原则。因此，尽管就不同的集体所有制企业而言，人均拥有生产资料状况的差异对各个企业生产者按劳分配的水平影响较大；但是，就各集体所有制企业内部的按劳分配而言，其“劳”的内涵则只能是企业平均劳动，而不是社会必要劳动。

“综上所述，我认为……社会主义商品经济条件下按劳分配中的‘劳’，在全民所有制企业中是社会平均劳动与企业平均劳动的有机统一，在集体所有制企业中则是企业平均劳动，其计量尺度分别是社会平均劳动时间与企业平均劳动时间的有机统一和企业平均劳动时间。当然，在社会主义商品经济条件下，把全民所有制企业按劳分配的计量尺度归结为社会平均劳动时间与企业平均劳动时间的有机统一，把集体所有制企业中按劳分配的计量尺度归结为企业平均劳动时间，这不过是理论上的一种抽象，在实践中它无疑具有多样化的渐趋完善的表现形式。”①

① 郭飞：《刍议按劳分配中的“劳”》，载于《经济研究》1993 年第 2 期。

我的论文发表后，未见何伟反商榷的文章，也未见其他学者与我商榷的文章。我在论文中紧密联系社会主义商品经济和社会主义市场经济的实际，对按劳分配中的“劳”及其计量尺度提出了一个马克思主义经济学的新的分析框架，具有重要的理论意义与实践意义，得到了杰出经济学家刘国光和经济理论界的普遍首肯。①我将上述观点融入新的论文《社会主义市场经济中按劳分配特点新探》。该文将社会主义市场经济中按劳分配的特点概括为六条，②并于1993年10月荣获国家体改委经济体制与管理研究所颁发的“全国中青年学者、企业家改革开放十五周年优秀论文奖”（该奖不分等级）。

① 参见刘国光：《致力于政治经济学创新发展》，载于《人民日报》2016年9月2日；郎丽华：《郭飞的学术贡献和经济思想》，载于《海派经济学》2014年第3期。

② 后来，我在《关于社会主义社会个人收入分配基本理论的若干思考》（载于《经济评论》2004年第2期）一文的相关论述中，将社会主义市场经济中按劳分配的特点概括为七条。

提出大幅提高高校教师工资等对策建议

20世纪90年代初，我国经济体制改革在农村集体经济和城市国有企业中加速推进，但在国家机关和事业单位中进展缓慢。一段时期内，体制内人员“下海”经商成为新潮，而高校教师工资仍在低位徘徊。1993年2月13日，中共中央、国务院发布了《中国教育改革和发展纲要》(以下简称《纲要》)。《纲要》提出：“要下决心，采取重大政策和措施，提高教师的社会地位，大力改善教师的工作、学习和生活条件，努力使教师成为最受人尊重的职业。”①《纲要》还提出：逐步提高国家财政性教育经费支出占国民生产总值的比例，到20世纪末达到4%。

1993年6月中旬，中国教育报理论部负责人向我约稿，希望我写一篇关于中国高校教师工资方面的文章，以推动《纲要》精神的贯彻落实。我推荐由一位著名教授撰写，该负责人稍加思索之后对我说：“还是你写吧。”于是，我便接受了这个任务。

时值盛夏，又面临学生的期末考试，我抓紧收集资料，利用业余时间进行构思和写作。教研室和家中没有空调，我额头上流着汗水，眼眶里噙着泪水，连续奋战，终于写成了《我国高校教师工资的困境与出路》一文，并于6月下旬送至中国教育报理论部。7月7日，《中国教育报》理论版头条发表了我的大块文章（标题改为《我国高校教师工资纵横谈》）②，提出了我国应大幅提高高校教师工资等对策建议。

我在文中首先提出：

“当前，我国高校教师工资严重偏低，极大地影响了高等教育事业的健

① 中共中央文献研究室编：《十四大以来重要文献选编》(上)，人民出版社1996年版，第81页。

② 郭飞：《我国高校教师工资纵横谈》，载于《中国教育报》1993年7月7日。

康发展。对此问题若不予以充分重视和妥善解决，我国将难以立足于世界强国之林。”①

然后，我列举详细数据，从横向和纵向两个角度分析了我国高校教师工资严重偏低的状况。从横向比较来看，在全民所有制单位12个分行业中，教育、文化艺术和广播电视事业单位的人均工资居于后列；我国高校教师与全民所有制企业工人的工资比例大大低于外国高校教师与企业工人的工资比例，我国高校教师当时的工资水平与全民所有制企业工人的工资水平基本持平。从纵向比较来看，高校教师与全民所有制企业工人的工资比例大大低于1956年国家颁布的工资改革方案中两者之间的工资比例；高校教师实际工资的增长速度明显低于国民收入和社会劳动生产率的增长速度。我国高校教师工资不仅严重偏低，而且还陷入了平均主义的怪圈。平均主义与严重偏低相比，严重偏低则是高校教师工资状况的主要弊端。

在此基础上，我阐述了我国高校教师工资严重偏低正在并已经导致的日趋严重的后果：

其一，教师队伍流失严重。马克思指出：人们奋斗所争取的一切，都同他们的利益有关。在工资收入与劳动贡献严重不对称和承认知识分子具有择业自主权的情况下，高校教师的大量流失就不可避免。当前，高校教师的流失具有三个特点：（1）中青年教师流失多。某些重点大学中青年教师每年的流失率竟高达10%，其中不乏卓有成就的佼佼者。（2）热门专业的教师流失多。西南某高校外语系20世纪80年代初新任教的教师已全部走光，80年代中期新任教的教师也所剩无几。北京某财经院校的专业骨干教师已走掉一半。有的年轻教师刚刚步出校门，工资收入骤增几倍，真令那些矢志不渝、坚守岗位的老教授感慨万千。（3）男教师流失多。某高校本来女教师的比重就偏大，近年来因男教师大量调离，“阴盛阳衰”现象更加突出。某些在校的年轻女教师也并非真正安心教学岗位，而是受“占房子”“养孩子”等种种因素的牵制，短期内不能脱身。面对青年教师很难留下、中年教师安心不下、老年教师纷纷退下的窘境，许多有识之士充满忧虑。

① 郭飞：《我国高校教师工资纵横谈》，载于《中国教育报》1993年7月7日。

其二，教学质量明显滑坡。由于中青年骨干教师大量“跳槽”和老教师自然“退役”，不少高校出现了急需的课程无人教、该砍掉的课程却照常开的反常情况。在社会分配不公和澎湃而来的“高消费”面前，晋升职称的“诱力”已明显减小，不少中青年教师“身在曹营心在汉”，教学上马马虎虎，科研上无所作为，而把主要精力放在公开或秘密的“经商”和“兼职”上。对此，许多高校的管理干部曾进行过“整顿”，但收效甚微。由于教学质量下降等诸多因素的影响，不少大学生的学习积极性今非昔比，无故缺课等违纪现象逐渐增多，校园中“经商”“恋爱”乃至“厌学”之风日盛。

其三，高等教育的“瓶颈”作用日益明显。实现我国社会主义现代化的宏伟目标，需要造就越来越多的高层次人才。可是，高校教师的低待遇，最终必然导致高校教师的低素质。而从总体来看低素质的高校教师队伍，能够培养出越来越多的高质量的大学生吗？而如果没有更多更好的大学生，实现中华民族的经济腾飞和我国的社会主义现代化，岂不有落空之虞？！不久前，在中国人民大学舆论研究所和《三月风》杂志进行的大规模民意测验中，教师在“最可爱的人”中“独占鳌头”。然而，在某些中学对学生的职业意向调查中，教师却不幸排在榜尾。过去，各高校的留校教师一般都是尖子学生；现在，许多高校连中等生都难以留下。社会成员对教师职业的尊敬与对教师职业的追求之间形成如此巨大的反差，已经向我们预示了某种令人不安的前景。

当前，如同人们已经普遍意识到交通、电力发展严重滞后对国民经济发展形成的“瓶颈”作用一样，许多人也逐步意识到高等教育发展相对滞后对社会主义现代化建设日益明显的“瓶颈”作用。20世纪五六十年代，我国曾在人口数量问题上犯过历史性错误，并为之付出了沉重的代价。而今，如果我国不尽快扭转高校教师工资严重偏低的局面，不尽快解决知识分子收入普遍偏低的问题，则可能在中华民族的人口质量问题上犯战略性错误。

最后，我提出解决我国高校教师工资严重偏低问题的根本途径是转变观念，深化改革，增加投入。在深化改革和增加投入部分，我提出应通过深化改革，逐步建立起适合社会主义市场经济发展要求的高等教育投资体制和高校教师工资制度，大幅度地增加高等教育投入和高校教师工资。

“为了大幅度地增加高等教育经费，必须逐步建立以国家财政拨款为主、辅之以征收用于高等教育的税费、适当收取学费、校办产业收入、社会捐资集资和设立高等教育基金等多渠道筹资的高等教育投资新体制。与此同时，必须深化高校教师工资制度改革，从根本上解决高校教师工资严重偏低和平均主义的问题。为此，应主要采取四项措施：（1）本着政事分开的原则，将高等院校教师工资制度与国家机关工资制度彻底‘脱钩’。（2）大幅度地提高高校教师的工资标准，合理确定不同职务教师的工资差距，使高校教师的工资水平与全民所有制企业同类同级人员的工资水平大体相当。对于有突出贡献的著名教授，其工资待遇应不亚于副总理的工资标准。有一种观点认为，当前不宜较大幅度地提高高校教师工资，否则会加剧国家的财政困难和物价上涨。我认为这种看法失之偏颇。首先，较大幅度地增加高校教师工资，国家财政拿的钱并不多。我国现有高校教师约40万人，即使每人每月增加工资200元，国家财政每年才多支出9.6亿元，尚不及上调银行存款利率一个百分点国家多付利息的1/10，也不及近几年来私营企业和个体经济每年偷漏税总额（200多亿元）的1/20。其次，近年来物价涨幅较大，根本原因是宏观调控不力，社会供求差率过大。最后，高校教师提高工资属于理顺高校教师的个人收入分配关系，其对经济建设和社会发展的全局和长远效应不可低估。江泽民总书记在党的十四大报告中指出：‘要下决心采取重大政策和措施，积极改善知识分子的工作、学习和生活条件。’因此，借口财政困难和物价上涨而忽略高校教师工资增长的观点未必妥当。当然，由于各个地区经济发展水平和财政状况不同，允许各省、自治区、直辖市政府和中央主管部门在不低于国家统一规定的高校教师基本工资标准的前提下确定具体工资标准，不搞‘一刀切’。广东省财政今年拿出3000万元用于大幅度提高在粤高校教师的工资标准，这种做法值得提倡和借鉴。（3）建立和健全高校教师工资的正常增长机制。一方面，应通过立法途径，合理规定高校教师工资增长速度与国内生产总值、社会劳动生产率和职工生活费用价格指数增长速度的挂钩系数，以确保高校教师的工资增长与国家经济增长和物价上涨水平相适应。另一方面，要通过全面与严格的考核，定期晋升教师的工资级别。考核成绩优秀者可以越级晋升，考核成绩不合格者不予晋升。（4）建立高校教师工资的双轨运行机制。可以考虑将国家财政拨付的高校教师基本工资‘三七开’，其中的70%相对固定地发给教师本人，作为‘死工资’；另外的30%与各高校通过创收等途径获得的一部分资金捆在一起作为教师的‘活工资’，由各高校根据教师的工作业绩进行再分配，切实拉开工资档次，体现按劳分配原则。当然，高校教师工资制度的改革应与高校其他管理体制的改革和提高办学效益协调配套。”①

我的这篇文章，中国教育报社原打算在适当缩小篇幅的情况下在该报1993年7月1日头版发表，但在征求意见时我没有同意。一方面，7月1日是中国共产党的生日，作为一名中共党员，我认为在当天报纸头版不宜发表这类尖锐剖析国内问题的文章；另一方面，我也不愿看到因减少篇幅而影响对基本观点的阐发。7月7日，正值《中国教育报》创刊10周年纪念日，该报在第一版上发表了江泽民总书记和李鹏总理亲笔题写的贺词，在第三版（即理论版）上则以显著篇幅头条发表了我的文章。《中国教育报》的这种编排绝非巧合，而是颇有深意。

我的文章发表后，在社会上特别是在高教界引起很大反响，也受到了国家有关部委领导的重视。中国教育报社对此文进行了跟踪调查，得到的反应是一致叫好。国家人事部要去了这篇文章。《新华文摘》部分转载、中国人大复印报刊资料全文转载了这篇文章。1993年8月18日，《中国教育报》理论版发表了山西省晋城市教育学院林夕撰写的1000余字的文章《“忧患意识”赞——赠郭飞》，②称我的文章“言之凿凿”“有理有据，切中时弊”“犹如一石激起浪千层……一文出而能产生如此之轰动效应，实为近年所少见”。此外，我收到了河北城乡建设学校教育改革研究室王全7月9日的一封来信，称我的文章“像一面镜子，照出了高校教师工资待遇的历史和现状”“说出了广大教师想说而说不出的话，想说而说不清的话，想说而不敢说的话”。他在信中还写道：“全国教师都会深深地感谢您的。”

① 郭飞：《我国高校教师工资纵横谈》，载于《中国教育报》1993年7月7日。

② 中国教育报理论部主任后来告诉我，林夕是《“忧患意识”赞——赠郭飞》一文作者的笔名。该文作者时任晋城市教育学院副院长，曾被评为全国教育系统劳动模范。

"忧患意识"赞

——赠郭飞

●林夕

中国金融学院郭飞的《我国高校教师工资纵横谈》（见《中国教育报》1549号3版）发表后，犹如一石激起浪千层。读后相互打电话询问"你读过没有？快找来读读"者，有之；"郭先生说出了我们的心里话！"连声慨叹者，有之；甚至阅后立即召开会议，修订期末奖金发放办法——尽量提高教师福利待遇的高校领导，亦有之。一文出而能产生如此之轰动效应，实为近年所少见。

说郭文有理有据，切中时弊，诚不为过。尤令人感动者是文中浸透了忧患意识——忧国忧民忧四化大业之心，宛然可见。郭文既分析了目前高校教师工资的偏低之现状，又指出正在产生或将要产生的严重后果，还提出了解决办法。有实事求是之意，无哗众取宠之心，并婉言批驳了"当前不宜较大幅度提高高校教师工资"等论之偏颇。文中言之凿凿，明示国人：高校教师即使每月增加200元，尚不及私营、个体经济每年偷漏税收总额的1/20。信哉，斯言！

君不见，高校教师先有"三多"，又有"三下"？先是青年教师流失多，热门专业教师流失多，男教师流失多；现在则成了青年教师很难留下、中年教师安心不下，连老年教师也纷纷退下了。长此以往，国家教育事业何以振兴、民族文化素质何以提高、四化大业又何以实现！

忆往昔，五六十年代，我国曾在人口数量问题上犯过历史性的错误，以至"错批一人，误增三亿"，为之付出了沉重的代价。看而今，倘不尽快克服知识分子收入普遍偏低的弊端，岂不又会在中华民族人口质量问题上犯战略性的错误？

这，绝不是危言耸听。昔日，唐代名相魏征曾说："求木之长者，必固其根本；欲流之远者，必浚其泉源。""源不深而望流之远，根不固而求木之长"，"臣虽愚下，知其不可"。"不念居安思危"，"斯亦伐根以求木茂，塞源而欲流长也"。当今，是否可以这样讲：求花朵鲜艳者，必固其根本；欲栋梁辈出，必安其师心。根不固而望花之艳，师不安而求栋梁材，某虽驽钝，知其不可。不提高教师待遇，此亦伐本以欲花艳，假师而求栋梁也。

故作《'忧患意识'赞》一文以赠郭飞，并希教育界同仁未睹者，不妨读读郭先生的文章。

（作者单位：山西省晋城市教育学院）

……者立论的目的，重点……史阶段提出了哪些理……策，而在于说明毛泽……那些理论观点、路线、……东浩如烟海的著作、中的人物典籍，当代社会思潮的理论纷争，深入考察了党内路线的意见分歧，人物沉浮的曲直原因。正是这种深层次的理论探索，本书达到了应有的理论深度。

……程的新探索

……历史轨迹》评介

作者站在当代中国现实生活的基础上，运用历史唯物主义的基本观点，把毛泽东思想博大精深的理论体系，置于具体的历史条件中进行具体考察，对其是非曲直，进行了客观的评价。他们既不囿于传统的历史结论，也不附和时髦的褒贬评论，而是从翔实的文献资料和具体的历史条件中，进行具体的历史的客观分析，进行严肃的冷静的历史反思。他们对毛泽东早期思想和晚期思想，坚持一分为二的观点，"是"有是的道理，"非"有非的根据，即使对毛泽东中期成熟的思想，也采取分析的态度，他们认为，无论是成功的丰富经验，还是失败的惨痛教训，都是在具体的历史条件下发生的，都是我们今天极其宝贵的殷鉴。这种科学的态度，有助于我们总结历史的经验教训，指导现实的实践。

……和他的每一历史阶……践活动中，考察了毛……，具体分析了时代条……对它的制约作用，探……、政治立场、文化修养……毛泽东思想进行了探……旁征博引了历史文化……

附件II(1)

"中国教育报"

93.8.18

1993年8月18日，《中国教育报》理论版刊登的文章《"忧患意识"赞——赠郭飞》

1993年11月15日，国务院下发了《关于机关和事业单位工作人员工资制度改革问题的通知》，决定从1993年10月1日起对机关和事业单位工作人员原工资制度进行改革。1993 年 12 月 4 日，国务院办公厅颁布了关于机关事业单位工资制度改革的三个实施办法。根据新颁布的事业单位工资制度改革方案及实施办法，我在文章中提出的关于大幅提高我国高校教师工资等对策建议已经全部变成现实。例如，我提出应大幅提高我国高校教师工资的对策建议，在新的事业单位工资制度改革方案中规定：高校副教授的起点工资，由原来的 122 元（六类地区）增至 393 元；教授的最高工资增至 957 元。又如，我提出对“有突出贡献的著名教授，其工资待遇应不亚于副总理的工资标准”的对策建议，在新的事业单位工资制度改革方案中规定：教授的最高工资与副总理工资的第二档大体相当。再如，我提出对国家财政拨付的高校教师工资实行“三七开”的对策建议，在新的事业单位工资制度改革方案中规定：对国家全额拨款的事业单位（含高等院校）专业技术人员（含教师）的工资结构，实行“三七开”（70% 是职务工资，即固定部分；30% 是津贴，即活的部分）。①

① 参见人事部工资保险福利司编：《一九九三年机关、事业单位工资制度改革工作手册》相关部分，人民出版社 1994 年版。

联袂主持国家社会科学基金项目研究

具有 69 年历史的苏联，在较长时期内曾是世界社会主义阵营的核心。苏联演变与解体，是国际共产主义运动的巨大挫折，并使世界社会主义事业陷入低潮。1991 年苏联解体后，对其演变原因的探讨成为国内外理论界研究的一个热点问题。

1993 年 2 月，中国金融学院经济研究所梁耘僮教授与我商议，拟申报一项国家社会科学基金项目，侧重研究经济改革与苏联演变之间的关系。她是从事科学社会主义研究的教授，我是从事政治经济学研究的副教授。我认为这个研究角度在当时比较新颖，很有意义，立即表示同意。我们一致认为，苏联演变是诸多因素形成的社会合力作用的结果。戈尔巴乔夫等人推行“人道的民主的社会主义”的错误路线对苏联演变和解体起到了关键性作用，但基础性原因则在于传统的僵滞的经济体制和经济改革失败所造成的经济颓势，妨碍了苏联社会主义制度优越性的充分发挥，从而失去了对各族人民的凝聚力和吸引力，并在与资本主义制度的激烈竞争中败退下来。我们共同商议并填报了国家社会科学基金项目申请书，她作为项目主要负责人，我作为项目第二负责人。我们还约请了董晓阳副研究员（后任中国社会科学院俄罗斯东欧中亚研究所副所长、研究员）、王湛（中国金融学院经济研究所副教授，后任教授）、杨承生（东北师大马列部副教授）等共同合作。

6 月 30 日，全国哲学社会科学规划办公室下发了国家社会科学基金项目通知书，批准我们申报的“苏联和平演变与经济改革”作为一般项目予以立项，批准号为 93BKS019，资助总额为 1.37 万元。在 20 世纪 90 年代初，国家社会科学基金项目每年立项数量很少，资助金额也很小。然而，国家社会科学基金项目的级别高，获批难度大。在此情况下，我们申报的项目获得立项，项目组全体成员都深受鼓舞。

项目研究开始启动。梁耘僮教授、我与其他成员共同商量，将项目研究的基本内容分为六个部分：（一）苏联经济面临的时代挑战。（二）“加速战略”和“完善社会主义”的经济改革。（三）政治体制改革与民族骚乱。（四）向资本主义市场经济的急剧过渡。（五）苏联国际经济联系体制及其调整的教训。（六）苏联演变的基本教训及苏联解体的全球影响。董晓阳承担第一部分，我承担第二、第四部分，王湛承担第五部分，第三、第六部分由杨承生、梁耘僮等承担。

不久，梁耘僮教授为解决两地分居问题，调入长春税务学院（后更名为吉林财经大学）工作。这样，我们的项目研究工作就分为两片。“北京片”的四部分由我负责，“长春片”的两部分由梁耘僮教授负责。我和梁教授经常沟通，并给长春的研究人员寄去新出版的相关书籍。后来，梁教授不幸患病，身体欠佳，我在组织和研究方面就承担了更大的责任。

项目研究工作总体顺利，但也比较艰难。对我而言，这等于开辟了一个新的研究方向。我尽可能地查找相关资料。北京大学历史系博士生导师刘祖熙教授是我国东欧史、俄国史方面造诣很高的前辈。他 1960 年在波兰华沙大学历史系获得博士学位，曾任中国苏联东欧史研究会副理事长。我有幸通过别人介绍与他结识，并从他那里复印了一些珍贵资料，这对我的研究大有裨益。我努力运用马克思主义的立场、观点和方法，主要通过对中国经济改革与苏联经济改革的横向对比和纵向对比，深入研究苏联演变与经济改革的关系。我撰写并发表了几篇相关论文。其中，最有代表性的一篇论文《论经济体制改革的基本性质与转轨方式》（约 12500 字），发表于《东欧中亚研究》1996 年第 3 期，并被中国人大复印报刊资料全文转载。

1995 年 9 月，我被学院和院党委任命为中国金融学院理论部副主任（副处级）兼党支部书记。10 月 19 日，以丁家庆副院长为团长、我和郝旭光副处长为团员的中国金融学院代表团，赴俄罗斯普列汉诺夫经济大学进行考察和交流。

普列汉诺夫经济大学是俄罗斯国立重点大学，其前身是普列汉诺夫经济学院和莫斯科国立经济学院，我国杰出经济学家刘国光、著名经济学家董辅礽于 20 世纪 50 年代曾在该校留学。我非常高兴赴俄考察，这不仅因为我从未去过俄罗斯，更重要的是我当时正在进行国家社会科学基金项目

“苏联演变与经济改革”的研究。学院派我赴俄进行考察和交流，也有这方面的考虑。尽管我们对该项目的研究已经基本结束，但我还要通过赴俄考察和交流，进一步检验和完善项目组的研究结论。

在普列汉诺夫经济大学，我们同俄罗斯科学院与通讯院院士哈斯布拉托夫等著名经济学家就经济体制改革问题进行了深入的交流。哈斯布拉托夫院士非常赞赏中国实行的“渐进式”改革，认为叶利钦搞的“休克疗法”彻底失败了。我赠给他一本个人撰写的论著《中国经济改革若干问题研究》，他很感兴趣，并回赠我他撰写的一部著作和一本世界经济教材。我们愉快地合影留念。我们还与在俄罗斯有较大影响的该校经济理论教研室主任茹拉夫廖娃·嘎列娜·别特洛夫娜教授进行了交流。她向我们详细介绍了俄罗斯经济体制改革前后的具体情况，其中有一个实例很有说服力。在叶利钦实行“休克疗法”之后，俄罗斯高校一个教授每月的实际收入，仅相当于戈尔巴乔夫推行的经济体制改革之前的约 1/5。

在俄罗斯，我们瞻仰了列宁墓，游览了红场、克里姆林宫，参观了反法西斯战争胜利纪念馆、莫斯科大学、圣彼得堡大学与阿芙乐尔号巡洋舰。我们还考察了俄罗斯一家正处于改制过程中的原国有企业。该企业负责人在向我们介绍企业改制情况时吞吞吐吐，却允许我们参观该企业的厂史馆。在该企业的厂史馆中，我们看到了列宁的大幅画像和苏联国旗。尽管该企业负责人说这是“尊重历史”，但我们还是明显感受到俄罗斯人民对苏联社会主义时期的深深怀念。

我们在俄罗斯的考察交流不到两周，于 10 月底返回北京。11 月，经北京市高级专业技术职务评审委员会评审，我晋升为经济学教授。

12 月，我专程到长春与梁耘僮教授一起对项目研究的主要标志性成果《苏联演变与经济改革研究》的书稿作统一修改并定稿。1996 年，梁耘僮和我主编的专著《苏联演变与经济改革研究》由吉林教育出版社出版。加之项目组成员的其他研究成果，我们承担的国家社会科学基金项目顺利结项。

《苏联演变与经济改革研究》一书出版后，在社会上产生了良好反响。著名经济学家、中国社会科学院俄罗斯研究中心主任陆南泉研究员在《经济学动态》1997 年第 3 期以显著的篇幅发表了书评。该书评认为：《苏联演变与经济改革研究》具有三个主要特点：（1）结构独特；（2）开掘较深；

（3）重视对苏联演变教训的总结。著名马克思主义理论家、中国人民大学许征帆教授在《高校理论战线》1997 年第 8 期发表了书评《喜读〈苏联演变与经济改革研究〉》。

与梁耘僮教授联袂主持国家社会科学基金项目研究，为我后来主持高层次项目（或课题）研究积累了初步的经验，同时也增加了我研究苏联经济体制改革的兴趣。苏联演变和解体，决不是社会主义的失败。“沉舟侧畔千帆过，病树前头万木春。”以苏联演变和解体为戒，推动中国特色社会主义伟大事业继续前进，是我们哲学社会科学理论工作者乃至全国人民的光荣使命。

深入探讨社会主义公有制经济中劳动力是否商品的问题

1992年10月，中共十四大报告明确提出："我国经济体制改革的目标是建立社会主义市场经济体制，以利于进一步解放和发展生产力。"[①]1993年11月，中共十四届三中全会通过的《中共中央关于建立社会主义市场经济体制若干问题的决定》明确提出要"逐步形成劳动力市场"。[②]与此相关，在国内理论界和实际部门中展开了一场社会主义公有制经济中劳动力是否商品的大论战。我在《高校理论战线》《中国工业经济研究》《中国劳动科学》《中国教育报》《金融科学》《经济研究参考》等报刊上发表了几篇文章，积极参加了这场大论战，并对相关问题阐明了自己的观点和看法。

我认为，社会主义公有制经济中劳动力是否商品，实质上是一个涉及基本经济制度乃至基本政治制度的重大原则问题。对此，必须在新的历史条件下坚持和发展马克思主义经济学的基本原理，并予以科学的阐释和说明。

主张社会主义公有制经济中劳动力是商品的同志认为，社会主义公有制并不等于劳动者个人所有，劳动者个人对于生产资料仍是"一无所有"；在当代资本主义社会中，有些劳动者并非"一无所有"，他们拥有某些生产资料，依然出售自己的劳动力并使之成为商品。我提出：在社会主义社会中，无论是全民所有制还是集体所有制，都在或大或小的范围内体现了劳动者对生产资料平等的所有权关系。我国目前的社会主义公有制特别是全民所

① 中共中央文献研究室编：《十四大以来重要文献选编》(上)，人民出版社1996年版，第18～19页。

② 中共中央文献研究室编：《十四大以来重要文献选编》(上)，人民出版社1996年版，第528页。

有制仍很不成熟，需要在实践中不断探索其有效的实现形式。[①]我还提出，如果全面和客观地考察当代资本主义国家工人阶级的经济状况，就会发现无论从资本主义企业内部或从整个资本主义社会来看，无论从发展中资本主义国家或从发达资本主义国家来看，工人阶级仍旧处于丧失或基本丧失生产资料的境地，马克思在19世纪中叶所揭示的劳动力成为商品的基本经济条件依然存在。[②]

主张社会主义公有制经济中劳动力是商品的同志认为，按劳动力价值分配就是按劳分配。我提出：按劳动力价值分配和按劳分配确有某些相同之处，但两者是根本不同的分配制度。且不说两者在经济前提、体现的经济关系和客观作用等方面大相径庭，即使就数量界限而言两者的区别也是相当明显的。按劳动力价值分配是受资本主义基本经济规律制约的分配方式，尽管这种分配包含历史和道德的因素，但一般说来，其上限是生产与再生产劳动力所必需的生活资料的价值和学习训练费用，其下限则是维持劳动者“身体所必不可少的生活资料的价值”。[③]而按劳分配则是受社会主义基本经济规律制约的分配方式，它不受劳动力价值的限制，“扩大到一方面为社会现有的生产力（也就是工人的劳动作为现实的社会劳动所具有的社会生产力）所许可，另一方面为个性的充分发展所必要的消费的范围”。[④]在社会主义初级阶段，我国公有制单位职工的收入普遍低于发达资本主义国家职工的收入，其根本原因在于多种因素导致的劳动生产率相差悬殊。如果是在同一时间的同一企业，按劳分配所得无疑会明显超过按劳动力价值分配所得，其根本原因在于前者排除了资产阶级的剥削。[⑤]

主张社会主义公有制经济中劳动力是商品的同志认为，劳动力商品与劳动力市场之间具有内在的必然联系。只有承认劳动力是商品，才能建立劳动力市场；而建立劳动力市场，则意味着承认劳动力具有商品的属性。我提出，劳动力市场与其他商品市场和要素市场存在显著的区别，这一点连

① 郭飞：《培育和发展劳动力市场若干问题探讨》，载于《高校理论战线》1994年第3期。
② 郭飞：《培育和发展劳动力市场若干问题探讨》，载于《高校理论战线》1994年第3期。
③ 《马克思恩格斯全集》第23卷，人民出版社1972年版，第196页。
④ 《马克思恩格斯全集》第25卷，人民出版社1974年版，第990页。
⑤ 郭飞：《社会主义公有制经济中劳动力性质问题探讨》，载于《金融科学》1994年第4期。

西方国家的某些资产阶级学者也并不否认。而对于劳动力市场范畴，则可以从一般和特殊两个角度来理解与使用。劳动力市场一般，是指商品经济条件下通过劳动力供求双方的双向选择配置劳动力资源的一种机制，或者说是指商品经济条件下配置劳动力资源的市场运行方式及其形成的社会关系。劳动力市场特殊，在此是指资本主义劳动力市场与社会主义劳动力市场。资本主义劳动力市场是资本主义基本经济制度与劳动力市场一般相结合，社会主义劳动力市场则是社会主义基本经济制度与劳动力一般相结合。社会主义劳动力市场与资本主义劳动力市场的本质区别在于劳动力不是商品。[①]

综上所述，我认为：

“社会主义公有制经济中劳动力不是商品。不仅纯粹的社会主义公有制经济中劳动力不是商品，而且社会主义公有制占主体的经济单位中劳动力本质上也不是商品。毫无疑问，我国资本主义经济中的劳动力具有商品的性质，但是，它与资本主义国家中的劳动力商品也有明显的区别。其一，这些企业的劳动者是全民资产（即国有资产）的所有者和国家的主人，可以通过多种途径分享全民资产的利益，并依法享有比较充分的政治权利。其二，这些企业的劳动者具有转入社会主义企业之后成为企业主人的可能性。因此，在社会主义市场经济体制条件下，我们既要认清社会主义经济中的劳动力与资本主义经济中的劳动力的本质区别，也不能把社会主义国家中资本主义经济中的劳动力与资本主义国家中的劳动力完全混为一谈。”[②]

此外，我还撰文提出了“社会主义劳动力市场”范畴，明确提出我国应建立和完善以社会主义劳动力市场为主体的多元化的劳动力市场。[③]

2000年4月初，国家体改委高书生处长（后任中宣部文改办副主任）给我打来电话，邀请我参加时任中共中央政治局委员的中国社会科学院李铁映院长主持召开的“关于劳动力商品问题”的专题讨论会。那段时期，李铁映院长就社会主义市场经济基本理论问题研究中的一些难点问题不断

① 郭飞：《社会主义公有制经济中劳动力性质问题探讨》，载于《金融科学》1994年第4期。
② 郭飞：《社会主义公有制经济中劳动力性质问题探讨》，载于《金融科学》1994年第4期。
③ 郭飞：《略论社会主义劳动力市场》，载于《中国劳动科学》1993年第11期。

地向有关专家学者征求意见，社会主义公有制经济中劳动力是否商品也是其中的重要问题之一。13 日，“关于劳动力商品问题”的专题讨论会在中南海国办第二会议室召开。当天上午，吴树青教授、冯兰瑞研究员、傅军胜研究员、蔡继明教授等参加了讨论会；下午，卫兴华教授、高鸿业教授和我参加了讨论会；国务院体改办副主任彭森和中国社会科学院汪同三、吕政、王振中、李扬、刘迎秋、郑秉文、林水源、邹东涛、毛立言等相关研究所（院）的领导同志和研究员全天参会。据说，在当天上午的研讨中，主张社会主义公有制经济中劳动力是商品的观点占了上风。但在当天下午的研讨中，卫兴华教授坚持以马克思主义政治经济学的基本观点先讲了 1 小时，高鸿业教授介绍了西方经济学中对劳动力商品问题的观点，我作了 40 分钟的补充发言。我们三位教授的观点高度一致，都认为在社会主义社会中可以使用劳动力市场范畴，但社会主义公有制经济中的劳动力并不是商品。李铁映院长认真倾听我们的发言，经常做些记录，与会的其他领导和研究员也简单地交流了看法。从他们的表情和话语中可以看出，我们的观点有较强的说服力。

荣膺享受国务院特殊津贴专家

为进一步营造“尊重知识，尊重人才”的良好社会环境，党中央、国务院1990年决定，给作出突出贡献的专家、学者、技术人员发放政府特殊津贴，获得者通常被称为享受国务院特殊津贴专家。

选拔国务院特殊津贴专家的条件要求较高。相关文件规定：除最基本的政治条件要求之外，在自然科学研究领域，要求学术造诣高深，对学科建设、人才培养、事业发展作出突出贡献，是学科领域的带头人，或者研究成果有开创性和重大科学价值，得到国内外同行专家公认，达到国内领先水平；在哲学社会科学研究领域，要求成绩卓著，对社会发展和学科建设作出突出贡献，是学科领域的带头人；在教育领域，要求对学科建设、人才培养、教育教学改革发挥了重大作用，具有国际领先的教育教学理念、坚实的学科教学理论基础和丰富的教育教学经验，在所从事的学科教学和教练执训领域中，能力和水平处于全国领先地位，起到带头和示范作用，为同行所公认。国务院特殊津贴专家除按规定享受一定的津贴外，还持有中华人民共和国国务院印制并盖章的政府特殊津贴证书。实际上，国务院颁发的政府特殊津贴证书是一种国家级荣誉证书。1990年以来，国务院特殊津贴专家的选拔规模有显著变化。1990年是1200名，1991年是10000名，1992—1993年每年各为50000名，1994—2000年每年为5000名，2001年至今每年为3000～5000名。①

1997年夏季，中国金融学院收到了中国人民银行转来的人事部《关于开展一九九七年享受政府特殊津贴人员选拔工作的通知》，同时规定中国金融学院最多可以申报两人。学院严格按照文件规定的选拔程序，先由各系

① 参见王珂、李侠：《国务院特殊津贴制度的缘起、现状与反思》，载于《科学管理研究》2021年第4期。

（部）推荐，然后由专家进行评选并向上推荐。理论部向学院推荐我参加评选，学院由获得国务院特殊津贴的专家进行评议并投票，根据得票多少确定两名推荐人选（我是第二名被推荐的人选）上报中国人民银行。而后，中国人民银行组织有关专家进行评议投票，并按照规定的限额上报人事部和国务院审批。

我在填写申报材料的过程中，曾有过一段小插曲。学院人事处负责办理这项工作的同志试图说服我少填写科研成果，但我没有同意。我对他说："山外青山楼外楼。我填报的在《经济研究》等报刊公开发表的 70 多篇论文并不多。人事部相关文件规定要如实申报，并没有限额申报。我若少填科研成果，无异于放弃申报。如果这样做，既不实事求是，对学院也不利。"

1998 年 4 月 16 日，中国人民银行下发了《关于 1997 年享受政府特殊津贴人员名单的通知》。经国家有关部门批准，中国人民银行享受 1997 年政府特殊津贴人员共有 9 名，即湖北省分行刘东、福建省分行黄开禧、西南财经大学丁任重、陕西财经学院高拴平和冯涛、中国金融学院郭飞、中国人民银行金融研究所谢杭生、印钞造币总公司王生龙、中国外汇交易中心柴洪峰。1998 年 7 月 23 日，《金融时报》配发编者按和照片，专版介绍了上述中国人民银行享受政府特殊津贴专家的事迹。中国金融学院对我获批政府特殊津贴专家一事很重视，专门在全校教职工大会上宣读了相关文件并代发政府特殊津贴证书。我接过政府特殊津贴证书，打开一看，内页中的几行大字映入眼帘："郭飞同志：为了表彰您为发展我国高等教育事业做出的突出贡献，特决定发给政府特殊津贴并颁发证书。国务院　一九九八年二月十八日。"在"国务院"三个大字上面，加盖了中华人民共和国国务院的红色印章。证书的左下角为："政府特殊津贴第（97）3200008 号。"

荣膺国务院特殊津贴专家，在我的事业生涯中是浓墨重彩的一笔。然而，我清醒地意识到这项荣誉背后沉甸甸的责任……

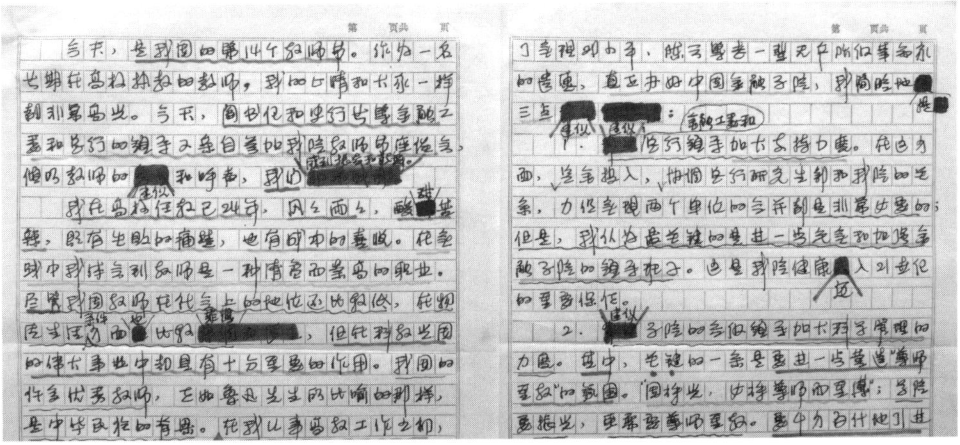

1998 年 9 月，郭飞在有中央金融工委和中国人民银行领导参加的中国金融学院教师代表座谈会上的发言稿（部分）

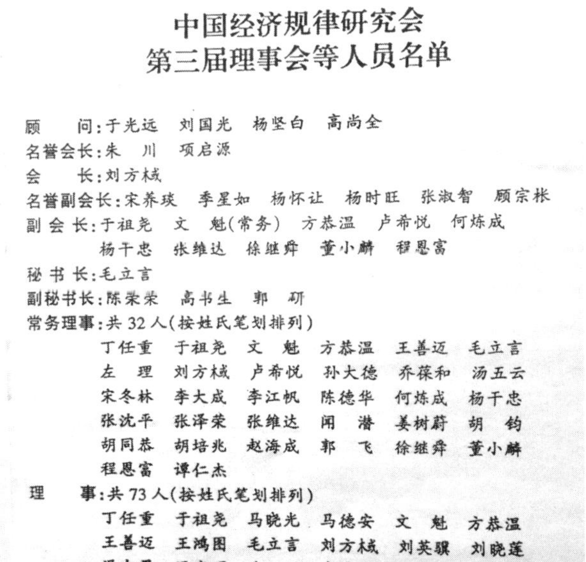

中国经济规律研究会
第三届理事会等人员名单

顾　　问：于光远　刘国光　杨坚白　高尚全

名誉会长：朱　川　项启源

会　　长：刘方棫

名誉副会长：宋养琰　季星如　杨怀让　杨时旺　张淑智　顾宗枨

副 会 长：于祖尧　文　魁(常务)　方恭温　卢希悦　何炼成

杨干忠　张维达　徐继舜　董小麟　程恩富

秘 书 长：毛立言

副秘书长：陈荣荣　高书生　郭　研

常务理事：共 32 人(按姓氏笔划排列)

丁任重　于祖尧　文　魁　方恭温　王善迈　毛立言

左　理　刘方棫　卢希悦　孙大德　乔葆和　汤五云

宋冬林　李大成　李江帆　陈德华　何炼成　杨干忠

张沈平　张泽荣　张维达　闻　潜　姜树蔚　胡　钧

胡同恭　胡培兆　赵海成　郭　飞　徐继舜　董小麟

程恩富　谭仁杰

理　　事：共 73 人(按姓氏笔划排列)

丁任重　于祖尧　马晓光　马德安　文　魁　方恭温

王善迈　王鸿图　毛立言　刘方棫　刘英骥　刘晓莲

冯大愚　冯晓明　左　理　卢希悦　田家官　白永秀

江宝全　孙大德　孙宇耀　孙耀川　乔葆和　朱永辉

朱耀人　汤五云　宋冬林　李大成　李江帆　李贺军

杜少先　陈甲优　陈荣荣　陈德华　连廷广　吴汉仁

吴忠厚　吴梦蛟　何自立　何炼成　邹东涛　张大军

— 11 —

1998 年 11 月，郭飞当选为中国经济规律研究会常务理事

深入探索搞好社会主义政治经济学教学的基本路径和教学方法

社会主义政治经济学是我在高校较长时期的主讲课程，也是我进行科学研究的主要方向。社会主义政治经济学课程与其他许多课程相比，确实不好讲。然而，不好讲并非讲不好。20世纪90年代，我下大气力、凭真功夫，紧密结合自身的教学实践，对搞好社会主义政治经济学教学的基本路径和教学方法进行了深入探索，并取得了丰硕成果。

一、探索并提出搞好社会主义政治经济学教学的基本路径[①]

其一，"底气"要足。这不仅来源于坚定的社会主义和共产主义信念，也来源于深厚宽广的理论功底和对于实际情况较好的了解，还来源于对教学内容比较熟悉。

其二，教材要好。我主张采用国家教委（后更名为教育部）推荐的高水平教材，教师在讲授中的内容应与学生使用的教材既有联系又有区别，其区别主要在于应对教材内容起到"加深"和"加宽"的作用。

其三，观点要准。社会主义政治经济学的根本力量在于它的科学性，在于它被人民群众掌握之后所焕发出来的巨大物质力量。要在讲授中充分体现社会主义政治经济学的科学性，关键是教师要切实加强理论研究，不断提高理论水平。如果遇到教材中阐述的某个正统观点与现实生活存在明显脱节的情况，应适当地介绍一些国内外在这一问题上较有说服力的新的学术观点。

---

① 参见郭飞：《社会主义政治经济学教海探珠》，载于《金融科学》1993年第4期；《搞好社会主义政治经济学教学的几点思考与尝试》，载于《中国高等教育》1993年第6期。

其四，例证要新。在社会主义政治经济学的教学中，教师举例不仅要力争做到真实、典型与生动，而且还要尽量做到新颖。伴随经济生活日益信息化，教师可以通过多条渠道获得比较准确的信息。例证新，大有益。它使社会主义政治经济学的讲授内容跳动着时代的脉搏，充满着现实生活的气息，从而大大增强了理论的说服力。

其五，语言要精。教师在讲授中不仅要语言精练，干脆利落，而且要语言优美，讲求表达艺术。在语言运用上，要力求做到刚柔相济，雅俗并赏。所谓刚柔相济，就是既要有“律师的面孔”，以显示真理的威严；又要有“姑娘的笑脸”，以体现真理的可爱。所谓雅俗共赏，就是既要有“阳春白雪”，也要有“下里巴人”。雅，不能“曲高和寡”；俗，不能语言混浊。要雅俗适度。

其六，方法要活。社会主义政治经济学的教学方法从根本上来说是理论联系实际和启发式这两种教学方法，其目的在于提高学生运用关于社会主义经济的本质、运行和发展的科学认识分析问题与解决问题的能力。这两种教学方法可以通过多种具体的教学方法来加以体现。

其七，要求从严。在社会主义政治经济学的教学过程中，应高标准地要求学生。教师应主要做好四项工作：（1）要求学生不得无故缺课；（2）要求学生认真写好讨论提纲（或“小论文”）；（3）在期末考试前既不留重点复习范围，也不进行串线辅导；（4）不给学生“人情分”。

二、探索并提出搞好社会主义政治经济学教学的八种教学方法①

（一）抛纲式教学法（即抛纲—自学—质疑答疑）

这比较适合于教材阐述较细、自学难度较小、内容不很重要或学生较为熟悉的章节。例如，对于“社会主义经济制度的建立”这一节，因教材阐述得较为具体，学生在中学时期和大学一年级中国革命史课程的学习中又

① 参见郭飞：《社会主义政治经济学教学方法探索》，载于《金融科学》1998年第4期；《研讨式与综合式教学法新探》，载于《中国教育报》1998年10月21日。

有基本的了解，我就采用了这种教学方法。从而，既避免了讲授内容与教材及学生过去所学知识的简单重复，又培养了学生的自学能力。

（二）归结式教学法（即提出教学目的和要求—自学—归纳总结）

这比较适合于具有中等难易程度且内容需要发挥的章节。例如，对于教材中“建立社会主义市场经济体制的客观必然性”这一节，我就采用了这种教学方法。我先提出学习的重点在于认清社会主义商品经济存在的原因、社会主义市场经济体制的基本特点和我国为什么要建立社会主义市场经济体制这三个问题，然后让学生在课堂上自学半小时，在此基础上由我提问并加以总结。在总结中，我不仅根据教学大纲的提法对教材的内容作了更为准确和精练的概括，而且还在重点问题上进行深入讲授。例如，为了帮助学生深入理解我国为什么要建立社会主义市场经济体制这个问题，我在教材和教学大纲的基本内容之外深入讲授了四点：（1）从资源配置方式来说，计划和市场各有长短。（2）计划经济有其特定的适用范围。（3）从迄今为止的世界经济实践和总体经济效率考察，现代市场经济与传统计划经济相比已被证明是更有成效的经济运行机制和经济体制。（4）计划经济不等于计划调节，市场经济不等于市场调节。

（三）一般讲授式教学法

这比较适合于内容较重要且需要进一步充实的章节。对于社会主义政治经济学教材中近半数的章节，我都运用了这种教学方法。在采用这种教学方法的过程中，要力求对教材内容起到“加深”和“加宽”的作用。所谓“加深”，即突出重点，加强教学力度和理论深度，尽可能地释疑解惑；所谓“加宽”，即添枝加叶，也就是要阐明理论与实践新的发展，弥补教材在内容和例证方面的不足。譬如，在讲授社会主义生产目的这一节时，我不仅阐明社会主义生产目的的客观性，还从质和量的角度讲清社会主义生产目的的内容；不仅阐明社会主义生产目的的实现形式，还列举公式从数量上揭示社会主义生产目的的实现程度；不仅联系我国在社会主义建设中偏离社会主义生产目的曾经遭受的严重挫折，而且也讲述了党的十一届三中全会以来我们逐步端正生产目的给人民在物质文化生活方面带来的巨大实惠。

（四）专题式教学法

这比较适合于社会主义政治经济学教材中的重点章节。例如，社会主义初级阶段理论既是邓小平理论的基石，也是现阶段党和国家正确制定路线、方针、政策的基本理论依据，在社会主义政治经济学中居于十分重要的地位。因此，我将社会主义初级阶段理论作为专题来讲授。不仅讲清社会主义初级阶段理论的产生及其重大意义，而且讲清社会主义初级阶段的含义和客观依据；不仅讲清社会主义初级阶段的基本经济特征，而且讲清社会主义初级阶段的主要矛盾、根本任务和党的基本路线。再如，党的十五大召开以后，针对当时我国社会的焦点问题与教学内容中的重点和难点问题，我给学生讲授了“加快推进国有大中型企业的改革与发展”这个专题。我从结构优化、制度创新、强化管理、技术进步、配套改革等五个角度进行了较为全面和深入的讲授，并以下面这段话作为该专题的结语：“加快推进国有大中型企业的改革与发展，是当代中国人民责无旁贷的历史重任，是中国经济体制改革的攻坚战。这是一个充满痛苦和希望的自我扬弃的过程，是烈火熔金的过程。只要党和国家的政策措施得当，只要广大职工群策群力、奋起自救，中国的国有大中型企业终将走出低谷，再现辉煌！”

（五）“走出去”与“请进来”

这是一种充分利用校外的有利条件，以社会为课堂，贯彻理论联系实际方针的行之有效的教学方法。我们在学校和有关单位领导的支持下，紧密结合我国改革与发展的实际，组织和安排了多次“走出去”和“请进来”的活动，学生普遍反映“开门办学好”，“在脑海里架起了一座沟通抽象的理论知识与具体的现实情况的桥梁”。在实践中我们体会到，要使“走出去”的教学活动取得预期成效，关键是要选好对象。我们选择和联系参观调查对象主要考虑两个因素，即对象的典型性和先进性。例如，为增进学生对国有大中型企业改革与发展状况的了解，我们选择北京第一机床厂作为参观调查对象，并先后组织 1995 级、1996 级、1997 级学生到该厂进行参观调查。又如，为加深学生对农业适度规模经营及中国农业改革与发展的“第二个飞跃”的认识，我们组织学生到北京顺义县（后更名为顺义区）

农村进行参观调查。北京第一机床厂在进口机床大量挤占国内机床市场的严峻形势下努力实现“两个转变”、开拓“两个市场”的骄人业绩，使学生对搞活搞好国有大中型企业增强了信心；而顺义农村在坚持集体经济的前提下实行土地规模经营的成功范例，则使学生看到了我国实现农业机械化和现代化的光辉前景，从而进一步认识到坚持社会主义基本方向和实行改革开放的必要性。在实践中我们还体会到，要真正搞好“请进来”的教学活动，不仅要选准报告题目（例如，1993 年 4 月，我们请中国社会科学院工业经济研究所的专家来校作了“社会主义市场经济与国有企业改革”的报告；1998 年 4 月，我们请劳动和社会保障部的专家来校作了“国有企业下岗职工与再就业工程”的报告），而且要选好报告人。请进来的报告人无论是专门介绍实际情况还是讲授理论专题，都不仅应有较高的包括表达能力在内的业务能力，而且应在基本的政治立场上与党和广大人民保持一致。

（六）研讨式教学法

研讨式教学法实质上是通过科学探究和平等讨论的方式进行讲授（对教师而言）和学习（对学生而言）。从一般意义上说，研讨式教学法有利于学生接受已有的知识，增强探索未知的能力。这是因为：（1）科学探究式的讲授既不是灌输“长官意志”，也不是信口雌黄，而是靠事实说话，以理服人。实践是检验真理的唯一标准，青年学生自发地崇仰真理。事实越是确凿，理论越是彻底，就越能使学生信服。（2）科学探究式的讲授不仅在传授知识，而且也传授获取知识的正确方法，而后者从某种意义上说则是开启真理之门的钥匙。（3）讨论方式以其平等争鸣的氛围既易于学生接受真理，也易于在集体智慧的碰撞中迸发出真知灼见的火花。从特殊意义上说，研讨式教学法更适合于社会主义政治经济学的教学。我国现今的社会主义政治经济学，实质上是社会主义初级阶段的政治经济学。由于社会主义制度还很年轻，也由于现今的社会主义国家都没有经过资本主义充分发展的阶段，因而无论是对于发达社会主义经济的本质、运行和发展而言，还是对于社会主义初级阶段经济的本质、运行和发展而言，在我们面前都有许多尚未认识的“必然王国”。在社会主义政治经济学的内容和体系仍很不成熟的情况下，采用研讨式教学法无疑是十分必要和有益的。

实行研讨式教学法，对于高校教师来说，就是以科学探究和平等讨论的方式进行授课，这就要求教师不仅要掌握足够的资料和信息，而且要具有相当的研究能力。我在社会主义政治经济学教学的过程中局部采用了这种教学方法。例如，在讲授社会主义市场经济条件下按劳分配的特点时，我先概略地讲述了马克思主义创始人设想的社会主义产品经济条件下按劳分配的实现模式，然后讲清楚教材的观点，在此基础上向学生介绍国内学术界相关的有科学价值的崭新见解。再如，在讲授如何对国有企业实行战略性改组时，我结合国内理论界与实际部门提出的相关见解和个人的研究，从资本重组、产业结构重组、企业组织结构重组等三个基本层次进行了较为全面和深入的阐述。社会主义政治经济学既源于实践又指导实践。在社会主义政治经济学的教学过程中采用研讨式教学法，必须使教学内容尽可能符合国情，跟上时代和理论发展的脚步，从而既利于入耳入脑入心，又能在学生未来改造客观世界的过程中发挥积极作用。因此，采用研讨式教学法不仅呼唤着教学内容的不断充实与更新，更呼唤着教师水平的提高。

实行研讨式教学法，对于开设社会主义政治经济学课程的大学低年级学生来说，主要是搞好课堂讨论。搞好课堂讨论不仅有利于学生消化和运用所学的知识，提高学生的思维和表达能力，而且还是学生之间、师生之间相互学习，促进教学相长的重要途径。我在每轮社会主义政治经济学的教学过程中一般都安排 2 ~ 3 次课堂讨论，每次两课时。为了搞好课堂讨论，我着力抓好四个环节：（1）选好讨论题。讨论题应兼有“重点”“热点”“难点”三个特征，从而才既有讨论的必要，也有搞好讨论的可能。我们曾组织学生就“中国能否实行私有化”“为什么我国经济体制改革的目标模式是社会主义市场经济体制”“对国有企业如何抓大放小”和“我国当前社会分配不公的表现、成因与对策”等问题进行课堂讨论，引起了学生的极大兴趣。（2）做好讨论准备。一方面，要力促学生查阅有关资料，独立进行思考和归纳，认真写好讨论提纲。有些学生为了写好讨论提纲，先后到我院和国家图书馆查阅资料，参考了 10 余篇论文和一些图书，最后写成 5000 ~ 6000 字的“小论文”。1995 级保险专业刘郁礼围绕国有大中型企业的改革与发展问题写了一份 5000 字左右的讨论提纲，不仅有理论分析和数据，还颇具文采。他的讨论提纲（或“小论文”）分为三个部分，即“蓦然回首，国有大中型企业好尴尬”；“极目而舒，已是悬崖百丈冰待日出”；“放眼思量，终能一日同风起”。1997 级国金专业戴加佳在讨论提纲中对国有企业实施名牌战略的重要性有一段精彩的论述：“在当今国际国内激烈的竞争中，名牌日益成为企业占领市场制高点的最锐利的武器。1995 年，在世界最有价值品牌的排行榜上，可口可乐位居榜首（约 2483 亿元人民币）。其总经理坦言，即使我们在全世界的所有工厂被烧毁，全世界找不到一瓶可口可乐，我们也可以让它在一个晚上重建。”另一方面，在每次讨论之前我都仔细看过学生的讨论提纲，切实做到“胸中有数”。不仅如此，我还与班长和课代表根据讨论提纲的水平、侧重点以及学生的口头表达能力共同商定重点发言人名单，并在讨论前 2 ~ 3 天将讨论提纲发至全体学生手中。（3）尽量由学生主持课堂讨论。除有的讨论确需由教师主持之外，在一般情况下我都充分征求班委的意见，安排班长或课代表或其他学生担当主持人的角色。主持人不仅应有一定的组织、表达和驾驭能力，而且还须预先看过重点发言人的讨论提纲。实践证明，由学生担当课堂讨论的主持人，有利于活跃气氛，各抒己见，进一步发挥学生在教学活动中的主体作用；教师只需在讨论“冷场”或“跑题”时适度“微调”。（4）教师要做好讨论总结。如同期末考试一样，讨论总结也是一根指挥棒。搞好讨论总结，既要肯定成绩，也要指出不足，还应在精心准备的基础上就讨论题从总体或难点上阐明教师的思路与见解。应该强调指出，教师在肯定成绩的时候，尤其应该鼓励学生的创造意识和创新精神。《中华人民共和国高等教育法》规定：“高等教育的任务是培养具有创新精神和实践能力的高级专门人才，发展科学技术文化，促进社会主义现代化建设。”①江泽民指出：创新是一个民族进步的灵魂，是一个国家兴旺发达的不竭动力。美国哈佛大学校长普西认为：“一个人是否具有创造力，是一流人才和三流人才的分水岭。”②尽管我授课的大学低年级学生就其创造能力而言总体上还处于萌芽状态，但对其在讨论提纲和课堂讨论中些微显露的创造意识和创新精神也要加以褒奖和扶持。有一次，我在作讨论总结时提出，学生写的讨论提纲大体上有三种情况：一种是“抄”出来的，而且几乎只是抄袭和浓缩某一篇较有影

① 《中华人民共和国高等教育法》，中国法制出版社 1998 年版，第 3 页。

② 引自《中国教育报》1998 年 3 月 26 日。

响的文章；另一种是“拼”出来的，即将若干篇论文的相关内容重新进行排列和组合；还有一种是“写”出来的，即在参阅了若干篇论文和一些图书的基础上加进自己的见解并独立成文。我不赞成第一种做法，要求学生从当时的自身条件出发普遍采用第二种做法（但要自圆其说，不能自相矛盾），提倡学生经过不断努力逐步达到第三种情况，即在博采众长和认真研究的基础上写出新意与特色。刘志丹、袁沁敔、黄凌等学生从认真写好“小论文”式的课堂讨论提纲起步，勤学苦钻，锲而不舍，本科学习期间就在省级学术刊物或大学学报上发表了有一定见地的论文，从而在专业研究领域崭露头角。

（七）电化教学法

电化教学法融当代科技于教学手段之中，具有生动直观、信息量大、视听效率高等优点，在社会主义政治经济学的教学中可以适当采用。例如，在讲述社会主义初级阶段的第一个特征即生产力不发达时，我通常都引用世界银行的年度发展报告、《中国统计年鉴》、《经济日报》和国家领导人披露的最新数据。在不用教学投影仪的情况下，我板书并讲解有关数据约需1小时；而在使用教学投影仪的情况下，我将有关数据绘制成“人均国民生产总值（GNP）的国际比较”“工农业劳动生产率的国际比较”“进出口贸易额的国际比较”“世界前48个国家和地区竞争力排名”“我国不同地区工农业总产值比较”和“我国不同地区人均国内生产总值（GDP）比较”等6张图表，仅用半个小时就讲完了，且清晰准确，一目了然，真可谓事半功倍！再如，为使学生更深刻地了解我国改革开放的历史背景，我们组织学生观看了教学录像片《太平洋的呼唤》。第二次世界大战以后亚洲“四小龙”的迅速崛起使学生们的心灵受到了强烈震撼，从而进一步增强了改革开放意识和顽强拼搏、振兴中华的历史责任感。

（八）综合式教学法

为强化某一章或某一节的教学，不是单一采用前述的某种具体的教学方法，而是综合采用多种教学方法，我称之为“综合式教学法”。例如，围绕“社会主义初级阶段的企业”这一章的教学，我先是采用一般讲授式教学法讲述社会主义初级阶段企业的基本理论与实践，然后给学生印发包括国家有关文件和国内重要理论文章在内的教学参考资料《国有企业改革专辑》，并组织学生到北京第一机床厂参观调查和听取关于该厂改革与发展情况的介绍，再后是组织学生观看我校根据中央电视台有关节目剪辑制作的录像片《国有企业改革试点追踪》(约两个半小时)，在此基础上则要求学生围绕“如何搞活搞好国有大中型企业”这个问题写出发言提纲并进行课堂讨论，最后由我作3个小时的专题讲授。这种“小课堂”与“大课堂”相结合、学习与讨论相结合、一般讲授与专题讲授相结合的教学方法，不仅贯彻了理论联系实际的方针，而且还开创了教师、学生、社会同唱社会主义政治经济学“一台戏”的新局面。对此，学生们一致反映：“兴致高、思路宽、烙印深、收获大。”

在社会主义政治经济学的教学中，我探索并采用上述八种教学方法，都是力求贯彻理论联系实际和启发式这两条基本的教学原则，更多地采用现代科学的教学方法。实践证明，只要立足于提高教师自身的素质，在不断进行教学内容改革的同时按照正确的方向积极推进教学方法的改革，则不仅有利于充分发挥教师的主导作用，也有利于充分调动广大学生的主动性和校内外的诸多积极因素，从而使社会主义政治经济学的教学出现异彩纷呈、引人入胜的新局面。

教师的天职是搞好教学。我对搞好社会主义政治经济学的基本路径和教学方法进行了不懈探索，受到学生、教学督导组专家和学院领导的好评。1998年4月，为迎接国家教委专家组对我院本科教学工作进行评价，学院领导安排我和吴革副教授（后任教授、博士生导师）在全院教师和干部大会上进行了社会主义政治经济学和会计学两门课程的示范授课。我撰写的相关教学研究论文，不仅被中国人大复印报刊资料全文转载，还荣获北京高校优秀教学成果奖。

担任中国金融学院理论部主任

1999 年 3 月中旬，中国人民银行党委调整了中国金融学院的领导班子。25 日，中国金融学院任命我担任理论部主任（正处级）。此前，理论部主任是黎惠民教授。他长期在中国人民大学任教，20 世纪 80 年代末调至我院。我和黎主任共事期间，彼此配合，相当默契，并从他身上学到了不少东西。我履新之后，同时兼任理论部党支部书记，肩上的责任更重了。有一段时间，曾任院办副主任的马陶同志担任理论部党支部书记，我们合作得很好，但不久后他被中国人民银行借调赴美国工作。于是，我又身兼二职。我曾物色并向上级推荐理论部党支部书记和副主任的人选，但都没有成功。学院党委书记许其立对我说："高校管理体制改革正在进行，学院有可能与其他高校合并，你就继续干吧！"

在我担任理论部主任兼党支部书记期间，主要抓了四项工作。

一是以教学为中心，努力提高教学质量。我不仅亲自听有些教师的课，还要求各教研室在尽量使用高质量教材的前提下，切实组织好教师集体备课和相互听课。政治经济学教研室多次组织集体听课，课后进行认真评议，相互之间取长补短。法学教研室一位副教授在北京市海淀区人民法院的支持下，实行"模拟法庭"的教学改革，效果较好。我积极鼓励和支持青年教师申报北京高校（青年）学科带头人和优秀青年骨干教师。有一位副教授基本条件具备，但又不想"冒尖儿"。经过我再三动员，他申报并被评为北京高校优秀青年骨干教师。

二是积极倡导并大力推进科研工作。理论部为每位教师建立了科研档案，鼓励教师多参加相关的学术会议，多在报刊上发表文章，积极申报各层次的科研课题和科研评奖。围绕如何搞好科研工作，理论部召开了几次经验交流会，由科研成果稍多的教师介绍经验，相互切磋，使其他教师受到较大启发和鞭策。我在理论部年度工作总结中，对科研成果较多的同志予以表扬，并对其主要科研成果有所介绍。

三是鼓励有条件的青年教师提升学位。1999 年 9 月，我作为北京市教工委组织的由北京大学、中国人民大学、北京师范大学等 12 所高校组成的北京高校社科部负责人和骨干教师考察团的成员，对上海交通大学、同济大学、苏州大学、南京师范大学和河海大学等 5 所高校的“两课”建设情况进行了考察。回京后，我写了约 5000 字的《南方五所高校“两课”建设考察报告》。学院对这份报告很重视，由院办印发各部门参考。我将这次考察的情况向理论部全体教师作了详细介绍，其中特别提到南方五校采取多种办法鼓励“两课”教师攻读博士学位，有的学校还规定了较高的量化指标。一些青年教师听后很受触动，逐渐走上了在职攻读博士学位的道路。我还积极支持有的青年教师通过申报教育部外派访问学者等途径进修提高。

四是努力搞好政治学习。理论部除法学教研室的教师之外，其他教师都是“两课”教师。对“两课”教师来说，增强政治修养、加强政治理论学习尤为重要。按照学院规定，理论部坚持每周周四下午的政治学习。除及时传达学校有关会议的精神之外，我和其他支委经常找一些报刊发表的重要文章组织大家认真学习和进行讨论，力求使大家学有兴趣，学有收获。

此外，我受学院领导委托，撰写了呈交中国人民银行的请示报告《中国金融学院关于不改变隶属关系的意见》，参加了学院安排的某些重要工作。有一次，理论部一名青年教师毫不隐讳地对我说：“郭老师，你这两年的科研成果少了。”我笑着回答说：“是的。但是，在其位就得谋其政嘛！”尽管理论部没有创收，但风气较正，同事之间关系平等，教师心情比较顺畅。在 2000 年下半年院党委根据上级部署组织的保持共产党员先进性教育活动中，党委组织部对中层干部“背靠背”地征求单位职工意见。事后，主管教学工作的副院长对我说，我是全院仅有的几名单位职工没有提出意见的中层干部之一。

提出我国高校“三年扩招两翻番”的对策建议

在改革开放以来的较长时期内，我国高等教育发展仍较为缓慢。一方面，高考生“千军万马过独木桥”；另一方面，高等教育资源有较大潜力。1998 年秋季，我应邀参加了国家经贸委综合司司长马建堂（后任国务院发展研究中心主任）主持的一次关于如何扩大内需的专家研讨会。在会上，我提出了两项建议。其中，我提出的关于高校扩招的对策建议，得到与会大多数专家特别是财政部财政研究所副所长项镜泉研究员的首肯。会后，我对此问题作了较为深入的研究，撰写了《关于我国高校扩大招生规模的思考》一文，于 1999 年 3 月向《中国教育报》投稿。中国教育报理论部同意发表，但该报总编辑不敢发表，因为没有获悉“上面的相关精神”。4 月，我将该文转投《中国改革报》。不久，该报第一版开辟了“积极扩大国内需求，教育怎样有所作为”的讨论专栏，陆续发表了一些大学校长和专家学者对高校应否扩招以及扩招规模问题的看法和建议，每篇文章 1000 字左右。

中国改革报社给我打来电话，说我的文章很好，但若在该报第一版上发表，则须将文章由原来的 3000 多字压缩到 1500 字以内。我不同意大幅压缩文字，怕“伤筋动骨”。与此同时，我又担心后续发表的文章与我的观点类似并抢占先机。中国改革报社果断采取了变通做法，将我的文章标题调整为《高校扩大招生将拉动内需》，全文发表在《中国改革报》1999 年 6 月 9 日理论版头条，并作为该报关于高校扩招问题讨论的压轴之作。为凸显这篇文章的重要性，该报还特意加了“编者按”：

“为配合本报一版‘积极扩大国内需求，教育怎样有所作为’的大讨论，从理论的深度阐述这一问题，理论周刊特发表中国金融学院理论部主任郭飞教授的文章。”①

我在这篇文章中的最大新意和亮点，是提出了我国高校“三年扩招两翻番”的对策建议。

首先，我论述了高校大幅扩招的必要性：（1）实行高校大幅扩招，是我国实施科教兴国战略的迫切需要；（2）实行高校大幅扩招，适当推迟一部分劳动者的就业时间，并将其培育成为高素质的专门人才，是我国有效缓解严峻就业形势的有效途径之一；（3）实行高校大幅扩招，能够直接或间接地明显扩大国内的有效需求。②

其次，我分析了高校大幅扩招的可能性：

1. 我国政府认真实施科教兴国战略，有可能较大幅度增加高教投入。长期以来，我国的教育投入严重不足。根据世界银行公布的数字，我国公共教育经费占国民生产总值的比例，1995 年仅为 2.3%，不仅远远低于同期高收入国家的平均水平（5.5%），也远远低于同期低收入国家的平均水平（5.5%）和世界各国的平均水平（5.2%）。党中央、国务院颁发的《中国教育改革和发展纲要》规定：到 20 世纪末，国家财政性教育经费支出占国民生产总值的比例应达到 4%。1997 年，我国财政性教育经费支出占国民生产总值的比例已达到 2.49%。从 1998 年到 2000 年，中央本级财政支出中教育经费支出所占的比例按同口径每年递增 1%，预计三年可增加教育经费近 200 亿元；与此同时，国家有关部门还要求各省、自治区、直辖市财政支出中教育经费所占的比例应根据各地实际每年提高 1% ~ 2%。教育投资是国家和社会最必需和最有效益的基础性和生产性投资。随着各级政府对教育事业的更加重视和各级财政支出中教育经费的明显增加，高校大幅扩招所需追加的财政拨款应该是不难解决的。

2. 我国高校扩招有较大的潜力。从办学规模来看，我国现有普通高校 1032 所，生均规模约为 3300 人；成人高校 962 所，生均规模约为 2900 人。除少数高校外，多数高校的学生数量还远未达到规模办学的低限要求。从师生比例来看，我国普通高校教师与学生的比例（包括把研究生、留学生、

---

① 引自 1999 年 6 月 9 日《中国改革报》理论版。

② 参见郭飞：《高校扩大招生将拉动内需》，载于《中国改革报》1999 年 6 月 9 日。

进修生和夜大、函授生等其他学生按国家规定的数值折合为本专科）虽已达到1∶10左右，但仍有余勇可贾。我国某些普通高校师生之比现已达到1∶15，可是仍有不少教师感到教学任务“吃不饱”，也有些教师甚至为达不到提职规定的教学工作量标准而大伤脑筋。与许多国家相比，我国目前高校的师生比例也并不算高。1996年，经合组织成员国高校师生比例平均为1∶16.7。其中，瑞士为1∶21.2，希腊为1∶23.9，意大利为1∶29。因此，我国高校大幅扩招非但不会导致高校人力和物力资源的“超负荷”，而且还有利于扩大办学规模、提高办学效益和改善教职工的物质待遇。

3.我国广大居民愿意为子女上大学或本人接受高等教育而进行智力投资。现在，许多高中毕业生都是独生子女，高等教育已成为广大国民热衷投资的一大领域。目前，我国城乡居民储蓄存款已高达6万多亿元。根据国家统计局的调查，“为子女上大学做准备”的储蓄动机所占的比重升至44%，明显高于为养老和购房的储蓄动机（分别为38.4%和20.3%）。尽管低收入居民对教育支出的承受能力有限，但是，中、高收入居民在银行存款中的相当一个份额则完全可以转化为对高等教育的投资。

在此基础上，我提出了高校实现“三年扩招两翻番”的量化目标与对策建议：

“笔者认为，如同一个企业在拥有充足的生产要素和广阔市场的条件下理应开足马力进行生产一样，我国高校大幅扩招也势在必行。当然，高校扩招也并非没有限度，应该量力而为。综合考虑各种因素，高校实现‘三年扩招两翻番’是完全可能的。具体说来，即从1999年至2001年，我国高校（含成人高校）的招生人数每年比上年增长约25%；到2001年，我国高校的招生规模将达到410余万人，在校生规模将达到1100万人左右，分别比1998年我国高校的招生和在校生规模增长近1倍。2002年及以后我国高校的招生规模，则可根据实际情况再作调整。”①

此外，针对高校大幅扩招后有些人可能产生的对于人才培养质量下降和增加大学毕业生就业难度的担忧，我提出：

有人担心高校大幅扩招会影响人才的培养质量。笔者认为，这种担心

① 郭飞：《高校扩大招生将拉动内需》，载于《中国改革报》1999年6月9日。

固然不无道理，但若处理得当，两者也可并行不悖。在高校大幅扩招的情况下，要保证和提高人才的培养质量，关键是要抓好两个环节。其一，要进一步健全和强化高校教育质量的宏观监控体系。近年来，中央和地方的教育行政部门组织有关专家对一些新办的本科院校进行教学工作合格评价，对办学时间较长和基础好的高校进行优秀教学工作评价，对介于二者之间的高校进行随机评价。教学评价与被评高校的荣辱兴亡挂钩，对促进高校教学质量的提高起到了巨大的推动和保证作用，应长期坚持并不断完善。其二，应由有关的教育行政部门对除国家重点大学以外的其他高校开设的核心课程尽可能地组织全国或省、自治区、直辖市范围内的统一考试，成绩不合格者不发毕业证书。与此同时，要大力推进高校的“共建、调整、合作、合并”和校内的管理体制改革，促进教学质量的不断提高。

也有人担心高校大幅扩招会增加毕业生的就业难度。笔者认为，这种担心虽然有其现实依据，但不应成为否定高校大幅扩招的理由。首先，我国是世界最大的发展中国家，相对于国民经济和社会发展需要而言，我国的高等教育从总体上看是严重滞后而不是发展过头，高层次专门人才从总体上看是相当匮乏而不是明显过剩。因此，今后若干年内我国高校大幅扩招与大学毕业生难以就业之间并没有必然的联系。其次，我国近年来确实存在极少数大学毕业生不能及时就业的现象，其基本原因或者是所学专业与社会需求脱节；或者是好高骛远，“宁要城市一张床，不要乡镇一套房”。对于前者，高校应根据国民经济和社会发展需要不断地调整办学方向、专业设置和课程内容，特别是要积极发展高等职业教育和研究生教育，以利于供需衔接和学用结合；对于后者，高校和社会各界要帮助大学毕业生树立正确的择业观，乐于到祖国需要和能够发挥个人才干的地方和单位去建功立业。最后，国家机关、事业单位和企业应加大劳动、人事和分配制度改革的力度，广泛实行公开招聘方式和“公平竞争、能上能下、能进能出、能多能少”的原则，把存量调整和增量选择结合起来，更多地吸纳大学毕业生，以利于人力资源的优化配置。

我的文章发表后，在社会上引起较大反响，也受到国家有关部门的重视。《新华文摘》全文转载了我的文章。6 月 13 日，《中共中央、国务院关于深化教育改革全面推进素质教育的决定》提出：要通过多种形式积极发展高等教育，到2010年，我国同龄人口的高等教育入学率要从当时的9%提高到15%左右。[①]2002年，教育部长陈至立撰文指出："1999—2001年高校三年扩招后，普通高校招生数和在校生数均翻了一番。"[②]

现在看来，1999年6月我在《中国改革报》撰文提出的"高校三年扩招两翻番"的对策建议，不仅完全变成了现实，也符合我国国情，具有显著的经济效益和社会效益；我提出的避免出现高校人才培养质量下降和大学毕业生就业难的对策建议，具有预见性、科学性和可操作性；《中共中央、国务院关于深化教育改革全面推进素质教育的决定》中提出的到2010年我国同龄人口的高等教育入学率要从当时的9%提高到15%左右的量化指标，可能比较符合高等教育发展规律和我国国情。我国高校自2002年以来在较长时期内持续大幅扩招，对此我持不尽相同的看法。近年来，教育部要求我国高校重在内涵发展和质量建设，对此我深表赞同。

1999年，《中国改革报》发起了"理论界庆祝中华人民共和国成立50周年征文"活动，共有20多名专家学者的文章入选。7月21日，《中国改革报》理论版发表了我的入选征文《共和国乳汁哺育我成长》。

---

① 参见中共中央文献研究室编：《十五大以来重要文献选编》（中），人民出版社2001年版，第863页。

② 陈至立：《切实落实教育优先发展战略地位》，见本书编写组编著：《十六大报告辅导读本》，人民出版社2002年版，第323页。

赴美考察并进行学术交流

2000年4月18日，包括我在内的中国金融学院代表团一行10余人，赴美国进行为期两周的考察交流。

我们在美国肯尼索州立大学接受了为期3天的金融业务培训。该校商学院玛莉·彭嘉娜博士和当·赛博瑞斯博士作了“美国联邦储备银行拯救濒危金融机构的经验”“美国金融机构的并购”“美国银行体系和法规”“美国中小银行的经营管理”4个精彩的专题报告，使我们受益匪浅。我们就金融监管等问题与两位教授进行了交流，并获得了肯尼索州立大学颁发的培训结业证书。我们参观并考察了斯坦福大学、哥伦比亚大学、华盛顿大学、加利福尼亚大学洛杉矶分校等著名高校，访问了宋氏三姐妹就读过的威斯里安女子学院。在考察中，我们感受最深的是美国高校宁静的学习环境、浓厚的学术氛围和研讨式的教学方法，这或许是美国高等教育在全球中力拔头筹的重要因素。

我们参观了可口可乐公司总部。该公司总部大厅的彩色屏幕上闪动的“热烈欢迎中国金融学院代表团”的大字格外醒目。该公司总部相关负责人向我们介绍情况并带领我们参观董事长办公室，还赠送我们每人一本该公司精美的纪念画册。我们参观了联合国大厦、国际货币基金组织、世界银行、花旗银行、世界贸易中心和纽约证券交易所，观赏了白宫、五角大楼和国会大厦。我们还参观了英特尔公司、甲骨文公司、亚特兰大联邦储备银行和货币纪念馆，并观看了印制美钞的全过程。

此次美国之行，我的收获较大。它不仅使我对当今世界唯一超级大国的历史和现状有了粗略的了解，还使我对1991年以来美国经济持续繁荣的基本成因有了新的认识：（1）科技进步是美国经济持续繁荣的“发动机”。美国科技实力之所以在世界独占鳌头，关键因素之一是美国具有完善的科技创新机制。其要素主要包括发达市场经济的竞争机制、产学研相结合的创新体系、科研经费的高投入和完善的知识产权保护制度。（2）经济全球化是美国经济持续繁荣的“助推器”。经济全球化是当代世界经济发展的一大趋势，日新月异的信息技术加速了这一进程。作为当代科技最先进、经济最发达、军事实力最强大的资本主义国家，作为世界贸易组织、国际货币基金组织、世界银行等诸多国际经济组织事实上的主宰者，作为最主要的世界货币——美元的发行者，美国无疑是经济全球化的最大受益者。在经济全球化进程中，美国实现了生产的全球化、贸易的全球化和资本的全球化。（3）宏观调控较为适当是美国经济持续繁荣的重要保障。克林顿总统执政以来，采取了一系列有别于前任政府的较为符合美国经济实际的政策措施，如将重心转向国内经济、加强政府干预，调整产业结构、货币政策与财政政策并举、积极扩大就业、促进高新技术产业化等，实现了持续稳定的经济增长。尽管上述推动美国经济保持长期繁荣的基本因素可以使美国的经济周期延长或“变形”，但主要受资本主义固有矛盾的制约，却无法使美国从根本上摆脱经济周期的羁绊。①

① 郭飞等：《中国金融学院代表团赴美培训与考察报告》，载于《金融科学》2000年第4期。

第三篇

科研教学攀高峰（2001—2011）

两校合并中的关键抉择：急流勇退

1999—2000年，在国务院副总理李岚清的主持下，全国高校进行管理体制改革，一部分高校掀起了合并潮。2000年6月21日，教育部下发文件，宣布原中国金融学院与原对外经济贸易大学（全国“211”高校）合并，成立新的对外经济贸易大学；任命原中国金融学院党委书记许其立为党委书记，原对外经济贸易大学校长陈准民为校长。原中国金融学院与原对外经济贸易大学的领导经研究后商定：2000年下半年为过渡期，人事关系冻结，各自独立运行；2001年春季，两校进行实质性合并。

两校合并，必然涉及人力资源的重新配置。我往哪里去，也同样面临新的双向选择。

两校的原中层干部共同开过几次会，新任命的校级干部开的会就更多，重点是研究如何合并的问题。按照学校领导商定的人员安排相关政策，我的去向有几种可能。其中，最有可能的去向是两个：一是去人文与行政学院当负责人，新任校党委第一副书记与我谈话时对此已有暗示；二是去国际经济贸易学院当院级干部（因该院已设政治经济学系），但有阻力。我于1993年在张家界参加国家体改委经济体制与管理研究所举办的学术会议时结识的老朋友郑宝银（原对外经济贸易大学人文系主任、经济学教授）特意从韩国给我打来电话，希望我不要另起炉灶，组建经济学院，将原对外经济贸易大学的政治经济学教师从国际经济贸易学院拉出去。其实，郑宝银教授的担心是多余的，我从未那样想过，大概是他听到别人传去了校园里的某些猜测和议论。同时，原中国金融学院理论部其他政治经济学教师也希望进入国际经济贸易学院政治经济学系。我稍作权衡，果断决策：放弃党政职务，以一名经济学教授的身份进入国际经济贸易学院政治经济学系，同时将原中国金融学院理论部的其他政治经济学教师一起带进去。

校党委第一副书记听了我的想法后，又向我提出一个要求：提供原中国金融学院理论部5名政治经济学教师的科研成果材料。我当即回复：请有关领导审阅我的科研成果材料，他表示同意。后来，他转告我：国际经济贸易学院院领导同意我们5名原中国金融学院理论部的政治经济学教师进入政治经济学系。陈准民校长也单独问过我对于工作去向的想法，我表达了同样的意见。在人员交接过程中，我与相关院（部）领导经过协商，将原中国金融学院理论部的教师和行政人员一分为三，一部分进入国际经济贸易学院，另一部分进入法学院，还有一部分进入人文与行政学院，大家都比较满意。

对于我作出的抉择，有不少亲友并不赞同或很不理解。父亲从长春打来电话，认为我的这种做法在别人看来似乎是在工作中犯了错误。原中国金融学院有的老教授对我说：你还不到50岁，正是年富力强、当“双肩挑”[①]干部的好时候，怎么就不干了？有一位对我比较了解的中央大报理论部的负责人对我说：你的工作干得这么好，又是享受国务院特殊津贴专家，这么早地辞去行政职务，真是不可思议。我听了之后，微微一笑，稍作解释，不为所动。多年来，我深知高校“行政化”较为突出，但我于1979年在《阵痛》一文中就给自己确立了力争做一名有较高学术造诣的马克思主义经济学者和高校优秀教师的奋斗目标。人的精力是有限的，学贵有恒，业精于勤。在社会分工高度专业化的条件下，就我而言，“鱼与熊掌不可兼得”。否则，我就不会在攻读硕士研究生期间放弃担任学校研究生会会长的机会，就不会在硕士研究生毕业之前求职期间放弃给上海市委原书记、上海市原市长、时任上海经济区规划办公室主任当秘书的机会，就不会在原中国金融学院选拔院级后备干部的过程中说服有些教授和副教授不要投我的票。

2001年3月初，在两校进行实质性合并和宣布新任命的中层干部之前，校党委书记许其立专门找我谈了一次话。他是我在原中国金融学院的老领导，对我的基本情况了如指掌。他见到我开口就问：“郭飞教授，我听有的

---

① 在我国高校，“双肩挑”干部是指既担任专业技术职务工作（如教授、副教授）又担任党政工作的处级（含）及以上干部。

校领导说，你不打算兼任行政工作？”我说：“是的。”他很关切地对我说：“你是一名优秀的‘双肩挑’干部，为什么不想兼任行政职务？你如果现在改变想法还来得及，我们可以给你解决。”我向许书记表示，不想改变原来的想法，主要有四点理由：（1）我从大学毕业后就搞业务工作，尽管比较清苦，但它是我的最爱和体现个人价值的基本途径；（2）在原中国金融学院，由于党的培养和群众的信任，我当过一段时期的中层干部，为理论部和学院做了一些工作，也增强了党政工作能力；（3）两校合并后，对我在业务上的要求更高了，需要在业务上投入更多的精力；（4）由于实行了住房制度改革，我的住房条件大为改善，打算把年迈的父亲从长春接过来在北京养老，尽一份孝心。所以，我必须缩短战线，保证重点，切实把教授的本职工作做好。听完我的话，许书记说：“我明白你的意思了，你认为兼任行政工作对你没有实质性意义。”我说：“是。”最后，许书记对我在原中国金融学院期间对他的工作给予的支持和配合表示感谢，我也对他的关心和爱护表示感谢。

3月中旬，原中国金融学院5名政治经济学教师来到国际经济贸易学院。在全院教职工大会上，国际经济贸易学院院长林桂军教授（后任对外经济贸易大学副校长）把我们介绍给大家，我代表原中国金融学院的5名教师作了简短的表态性发言。从此，我融入了新的集体，开始了新的工作。国际经济贸易学院为我在业务发展方面提供了更大的舞台，我也以自身的努力和业绩为国际经济贸易学院增光添彩。尔后17年的实践证明，我在两校合并中“急流勇退”是明智之举。

7月下旬，我们专程返回长春将母亲仙逝后年近八旬的父亲和他的保姆接到北京，居住在学校分配、由我购买的位于朝阳区望京花园的另一套房子里。我和父亲同住一个小区，中间有一片绿地，隔窗相望。父亲虽年事已高，身患多种疾病，但仍坚持听新闻、读书、看报、练气功和散步，保持着良好的精神状态。正如他在《郭学洁诗选》后记中所写的：“以人民之乐为乐，以人民之忧为忧，同民喜忧同民歌。”

我在繁忙工作之余，经常抽出一些时间去关心和照顾父亲，并与父亲沟通情况和交流看法。有一次，父亲来到我的书房，在写字台的白纸上挥笔写下了林则徐的名句：“海到无边天作岸，山登绝顶我为峰。”当时，我不禁为之震撼。这句名言体现的锐意进取精神不仅深深影响了他的一生，对我也是一个莫大的鞭策。父亲非常关心我在业务上的成长情况，经常嘱咐我要注意身体，谦虚谨慎，不断进步。

我大妹妹郭志红和大妹夫孙光强（曾任中国仪器进出口总公司总裁）也很关心父亲，经常来看望父亲，并给他送来一些药品、衣物和食品。有时，父亲和北京的亲属在饭店聚餐，谈笑风生，其乐融融，共同度过了难忘的美好时光。

拓展研究新领域：国际直接投资

来到对外经济贸易大学国际经济贸易学院任教以后，我面临三个转变：（1）由“双肩挑”干部向“单肩挑”教师转变；（2）由本科生教学向本科生、研究生教学转变；（3）由本科生教师向本科生教师、研究生导师转变。简言之，我面临由中国金融学院理论部教授向对外经济贸易大学国际经济贸易学院教授的转变。第一个转变相对容易，也很顺畅，难度较大的是后两个转变。为适应环境的新变化和国内的新需求，我必须在知识结构、教学内容和研究方向上作出重大调整。

作为一名坚定的马克思主义者，我认为：必须毫不动摇地坚守马克思主义经济学教学与研究的主阵地；必须解放思想，实事求是，与时俱进，求真务实，坚持和发展马克思主义经济学。同时，我还认为，必须以马克思主义经济学为指导，拓展新的研究领域，适应不断变化的客观需要。

我将拓展研究的新领域确定为国际经济贸易学院拥有的国家级重点学科国际贸易项下的一个重要研究方向——国际直接投资。为此，我购买了不少相关的高水平教材与专著，查阅了许多相关的重要文献，根据国内外相关法规、政策和实际情况，挤出几年中的部分时间进行了较大力度的知识充电和深入思考。

2003 年夏季，我校承担的国家“十五”“211 工程”重点学科建设项目开始启动，我院组织教师申报“211 工程”重点学科建设课题。我看了列出的参考题目和学院教师申报课题的汇总简表，申报了一个其他教师都没有选择的难度较大的课题“贸易自由化与投资自由化的互动关系”。我与商务部政策研究室周岚副处长和安佰生博士交流了意见，由我填写了课题申报表。为保证课题研究的高质量，有关方面请国外有影响力的同行专家进行了匿名评审。秋季，我申报的课题经评审已通过立项，国家资助经费为 47.9 万元，课题结项时间为 2006 年。

我根据课题研究的需要，在全国范围内选择合作伙伴，最终确定课题组的其他成员为我校国际经济贸易学院王飞、杨国亮，商务部政策研究室周岚，武汉大学经济与管理学院李卓和南京大学商学院方勇。我们商定了基本分工和研究进度，确定出版专著1部，撰写并公开发表若干篇高质量的研究论文。

课题组成员精诚合作，协力攻关。2005年7月和2006年7月，课题组成员先后在大连和北京召开了两次研讨会，对专著的基本框架和书稿中的重要问题进行深入研讨。人民出版社吴炤东编辑参加了第二次研讨会，并提出了一些宝贵意见。在此基础上，课题组成员对书稿做了进一步修改，最后由我统一修改定稿。2006年11月，由我领衔、课题组成员共同撰写的专著《贸易自由化与投资自由化互动关系研究》（40万字）由人民出版社出版。

在进行课题研究的过程中，我撰写了长篇论文《外商直接投资对中国经济的双重影响与对策》（载于《马克思主义研究》2006年第5～6期，中国人大复印报刊资料全文转载，《新华文摘》《光明日报》部分转载）和《马克思、列宁的资本输出理论与当代国际投资》（载于《马克思主义研究》2007年第6期）。我还撰写了论文《对“以市场换技术”方针与涉外税收超国民待遇的再思考》（载于《经济学动态》2006年第9期，《中国社会科学文摘》2007年第1期转载7000字，日本广岛经济大学《经济研究论集》2007年第29卷第4号全文译载）。在该文中，我对20世纪80年代中后期以来我国提出并从总体上（个别领域除外）实行的“以市场换技术”方针的某些积极作用给予了肯定，并着重对其内在缺陷进行了深入探讨：

其一，市场与技术并不是同一层次的范畴，技术重于市场。技术是根据生产实践经验和自然科学原理发展而成的各种工艺操作方法与技能。从广义来看，技术还包括与操作技能相应的生产工具和其他物资设备，以及生产的工艺过程或作业程序与方法。技术是生产要素，属于生产的范畴。而市场则是商品交换的场所、渠道和纽带，是商品生产者之间全部交换关系的总和。市场属于流通的范畴。尽管流通对生产有巨大的反作用，但从根本上说来则是生产决定流通。在当今世界，科学技术是第一生产力。跨国公司拓展市场并在竞争中取胜的关键因素就是凭借其拥有的先进技术。因此，以出让部分市场份额来换取跨国公司先进技术的善良愿望在很大程度上难以实现。改革开放以来，海外大型跨国公司在华直接投资，通常只是向我国转移而非转让了某些先进技术和成熟技术，而对于其拥有的关键或核心技术则是既不转让，也不转移，牢牢控制在其母公司手中。

其二，西方经济学者关于国际直接投资的相关理论和国际直接投资的基本实践，与我国实行“以市场换技术”方针的初衷大相径庭。根据日本教授小岛清（K.Kojima）的边际产业扩张理论，发达国家对外直接投资应从本国已经处于或即将处于劣势地位的边际产业依次进行。这实际是主张发达国家仅仅应该输出比较落后或即将淘汰的技术。而根据美国教授维农（R.Vernon）的产品生命周期理论，处于产品创新阶段的技术是不会转移的，处于产品成熟阶段的技术一般会转移到其他发达国家或新兴工业化国家和地区，而处于产品标准化阶段的技术则可能在发展中国家寻找机会。从国际直接投资实践来看，发达国家的技术转移主要采取内部化方式，其基本路径是：发达国家母公司—在发达国家的子公司—在发展中国家的全资子公司—在发展中国家的控股子公司—在发展中国家的其他合资或合作子公司。有的学者在研究中发现：跨国公司对外部技术转让实行严格管理。为了保障自身的利益，跨国公司对关键技术和核心技术严格控制，使买方不能获得技术的核心内容。在买方并不构成竞争威胁的情况下，跨国公司一般只会出售成熟的技术和自己不能控制的技术。从而，通过外部市场获得先进新技术越来越困难，成本也越来越高。①

其三，“以市场换技术”方针低估了外商直接投资对我国内资企业自主创新能力的抑制效应。外商直接投资与我国内资企业增强自主创新能力具有利益上的矛盾。外商直接投资的根本目的是获取长期稳定的高额利润。为此，外商要最大限度地垄断技术和市场，打败竞争对手；而决不是要培植竞争对手，增强东道国内资企业的自主创新能力。从实际情况来看，外商直接投资主要通过三条途径削弱我国内资企业的自主创新能力。一是在技术、质量、规模相差悬殊的情况下，绕过关税壁垒，在我国就地生产，低价竞销，打垮内资企业。柯达公司在较短时间内就占领了我国大部分彩

① 杨先明等著：《国际直接投资、技术转移与中国技术发展》，科学出版社2004年版，第159页。

色胶卷市场，即是一个佐证。二是遏制合资企业开发新产品或新技术。在中外合资企业，由于引进并采用外方的产品技术，只有生产许可权而没有产品设计确认权，因而无需也不能对外方的产品技术进行任何修改和创新。我国不少国有企业在与外商合资经营的过程中，原有的研发机构被大卸八块，技术力量大量流失。根据对120家中外合资企业所进行的调查，设立研发机构的企业仅占51%。[①] 三是外商直接投资企业特别是外商独资或外商控股企业，以较为优厚的薪水和待遇“挖走”我国许多优秀人才，直接为外商直接投资企业特别是为大型跨国公司服务。有关统计表明，我国最优秀人才的40%、优秀人才中的45.7%都流向了外商直接投资企业或大型跨国公司在华设立的研发机构，从而导致我国内资企业和相关单位自主研发力量的巨大损失。[②]

其四，“以市场换技术”方针实际上是将外商直接投资带来的技术引进作为我国技术进步的主要途径，忽视了自主创新在我国技术进步中的关键作用。改革开放以前，我国在遭受国外技术封锁的极端困难的条件下依靠自主创新，取得了“两弹一星”的重大成就。改革开放以来，我国同样依靠自主创新在航天、纳米和生物技术等领域取得了举世瞩目的光辉成就。实践证明，引进技术和自主创新是一个国家技术进步的两大途径；从长远和全局的观点来看，我国应把自主创新作为技术进步的基本立足点和主要途径。然而，我国长期实行的“以市场换技术”方针在很大程度上忽略或轻视自主创新，不仅造成我国许多行业对国外技术的持续依赖，还使我国在国际产业分工和收益分配中处于不利地位，并对提升企业与国家的竞争力以及国家经济安全产生明显的负面影响。胡锦涛在2006年1月召开的全国科学技术大会上强调指出：“一个国家只有拥有强大的自主创新能力，才能在激烈的国际竞争中把握先机，赢得主动。特别是在关系国民经济命脉和国家安全的关键领域，真正的核心技术、关键技术是买不来的，必须依

① 黄志勇、王玉宝：《FDI与我国产业安全的辩证分析》，载于《世界经济研究》2004年第6期。

② 董书礼：《跨国公司在华设立研发机构与我国产业技术进步》，载于《中国科技论坛》2004年第2期。

靠自主创新。”[①] 因此，我国必须对“以市场换技术”方针进行重大调整。

在此基础上，我在该文中提出：

“我国技术进步的基本路径，应该是自主创新与引进先进技术、吸收和利用外商直接投资相结合。具体说来，大体上通过五种途径：（1）以创新获技术。通过逐步确立企业技术创新的主体地位和加强国家创新体系建设，实现自主创新即原始创新、集成创新和引进消化吸收再创新。通过自主创新，着力突破关键技术和共性技术，为全面建设小康社会提供强有力的技术支撑。按照我国政府制定的《国家中长期科学和技术发展规划纲要（2006—2020年）》的要求，到2020年，我国对外技术依存度要从目前的超过50%降至30%以下，本国人发明专利年度授权量要达到世界前5位。（2）以竞争获技术。在与海外跨国公司的竞争中，通过制度创新、管理创新和增加科技投入，大力提升内资企业特别是大中型内资企业的技术水平，迫使海外跨国公司在华直接投资更多地采用先进技术，进一步发挥其技术外溢效应。（3）以引进获技术。在较长时期内，引进海外的先进和适用技术，仍是我国技术进步的重要途径。（4）以市场换技术。积极吸收和利用能够带来先进或适用技术的外商直接投资，并逐步提高其市场准入的技术门槛。（5）以优惠换技术。以一定的优惠政策吸引外商投资于我国急需发展的某些产业，提升我国产业技术水平。在上述五种途径中，自主创新从近中期来看应逐步处于主导地位，从长期来看则应逐步处于主体地位，而其他途径则处于重要地位。这种以自主创新为基点五位一体的技术进步基本路径格局，坚持了内外因关系的辩证统一，对于调整我国产业结构与转变经济增长方式具有关键意义，是实现我国由制造大国向创造大国、经济大国向经济强国转变的必然选择。”[②]

---

① 胡锦涛：《坚持走中国特色自主创新道路 为建设创新型国家而努力奋斗》，载于《人民日报》2006年1月10日。

② 郭飞：《对“以市场换技术”方针与涉外税收超国民待遇的再思考》，载于《经济学动态》2006年第9期。

高校文科教师科研之道新论

2002年2月，正值高校寒假期间。我除讲授研究生班的课程之外，深入思考，高度概括，精雕细刻，突出新意，撰写了《高校文科教师科研之道探微》一文。我将此文向《中国教育报》投稿。该报对这篇文章非常满意，几乎未作任何修改，将其发表于《中国教育报》3月13日理论版，全文如下：

高校文科教师科研之道探微

当前，高校的大多数文科教师都肩负着教学与科研工作两副重担，是繁荣和发展我国社会科学的主力军。如何在促进教学的前提下搞好科研工作，是许多高校文科教师共同面临的艰巨任务和现实问题。笔者略陈一孔之见，以抛砖引玉，与大家共同探讨。

一、面向实际

科学研究必须与客观实际（特别是社会实践）紧密结合，使之“顺乎时代之潮流，合于人群之需要”。就高校文科教师来说，这至少包括四个层面的内容和要求：一是面向不断变化的世界经济、政治、文化等实际；二是面向建设中国特色社会主义的实际；三是面向高等教育改革与发展的实际；四是面向专业理论与技能的实际。江泽民指出：“一定要以我国改革开放和现代化建设的实际问题、以我们正在做的事情为中心，着眼于马克思主义理论的运用，着眼于对实际问题的理论思考，着眼于新的实践和新的发展。”

在面向实际的大前提下，搞好选题至关重要。科研选题不仅要考虑与课题相关的客观因素（如课题本身的重要性，国内外对该课题的研究状况以及社会需求状况等），更要考虑个人或课题组驾驭课题的能力（如知识结构、学术专长、资料积累、对与课题内容相关的实际情况的了解程度及社会联系渠道等）。应选择个人或课题组具有较多有利条件或具有相对优势、社会的现实需求或潜在需求较大的课题，作为科学研究的切入点或生长点。

二、求是创新

求是，即探寻客观事物的规律性。创新，一般是指在批判或改变旧事物的过程中创造新事物。从社会科学研究的角度看，创新至少可以包括理论创新、对策创新、方法创新、体系创新等。如果说社会实践是社会科学赖以生存的土壤，那么，创新则是繁荣和发展社会科学的根本途径。

近几年来，创新一词在我国颇为“时髦”，仿佛人人可用，处处可用。然而，笔者认为，在高校文科科研工作中，创新决不是可以随便乱贴的标签。一是创新要名副其实。要广泛收集有关资料，准确把握学术界和实际部门在某一特定领域的研究进展，在此基础上提出的新观点或新对策才有可能是创新；否则，就不是创新。能否称得上创新，要以客观尺度来衡量，不能以主观感觉为依据。二是创新要以科学性为前提。创新不是胡诌，而是要在符合客观实际的基础上力辟新见。要破除教条主义，摒弃虚无主义，决不趋炎附势。陈云说得好：不唯上，不唯书，要唯实。某些与客观实际和科学不沾边的所谓“新理论”和“新提法”，非但不是创新，而且还会造成思想或理论上的混乱，误国误民。三是创新要遵守学术道德和学术规范。无数事例证明，即使是真正的理论创新，往往也不过是新理论对旧理论的扬弃，即在批判中有继承，在继承中有发展。除原始性创新之外，继承并发展已有的优秀理论成果，乃是理论创新的内在逻辑和必由之路。要承认和尊重别人在相关领域中已有的科研成果，在论文或著作中以注释、引证、参考文献等方式标示出来，决不能抄袭剽窃，欺世盗名，搞学术腐败。

三、精益求精

科学研究贵在出精品。一篇优秀的科研论文，其学术和社会价值决不亚于上千篇平庸之作。在当今某些人虚妄浮躁、片面追求所谓“科研成果”

数量的情况下，更有必要提倡和树立“精品意识”，以对读者负责，对刊物负责，对社会负责。否则，七拼八凑，粗制滥造，低水平重复，在学术研究和市场经济中则难以立足，甚至会惨遭败绩。

科研成果要精益求精，除了应具有科学性和创新性之外，还应具有透彻性和精粹性。所谓透彻性，即观点深邃，鞭辟入里，且能自圆其说；既不浅尝辄止，更不自相矛盾。理论越是透彻，说服力就越强，也就越能立得住。所谓精粹性，即要精练、通俗并富有文采。精练，即突出重点和新意，字斟句酌，干净利落；通俗，即深入浅出，除了必要的专业术语之外，尽量说“普通话”，以赢得更多的读者，发挥更大的作用；文采，即讲求表达艺术，精雕细刻，以增强科研成果的可读性和吸引力。

四、重在效益

科学研究的根本目的，在于正确地认识和能动地改造客观世界。有价值的科研成果一旦被社会所承认或采纳，就会产生效益。笔者认为，科研成果的效益至少可以相对地区分为学科效益、经济效益和社会效益。一项有价值的科研成果，如果推动了学科建设，即具有学科效益；如果推动了经济发展，即具有经济效益；如果促进了社会进步，即具有社会效益。一般说来，有价值的对策研究或教学研究的成果一旦被采纳，其效益则体现得较为直接而迅速；而有价值的理论研究成果即使得到了社会的承认，其效益也体现得较为间接而缓慢。作为一名高校文科教师，当他提供的科研成果被社会所承认或采纳并取得了一定的效益时，其兴奋之情和成就之感甚或难以言表。

衡量科研成果效益大小的根本标准是社会实践。20世纪50年代中期，著名经济学家马寅初针对我国人口迅速增长引发的种种矛盾，提出了控制人口数量、提高人口素质、“实行计划生育”的“新人口论”。尽管长期遭到误解、批判乃至迫害，但他仍坚持真理，拒不“检讨”。当我国在付出了沉痛的代价最终接受了马老的观点并将“实行计划生育”确定为一项基本国策之后，“新人口论”的巨大效益就愈益充分地显现出来。1978年5月，由南京大学胡福明等撰写的《实践是检验真理的唯一标准》的论文在《光明日报》发表后，在全国迅速掀起了一场关于真理标准的大讨论。它对于我们党拨乱反正，重新确立马克思主义的思想路线、政治路线和组织路线，起到了巨大的推动作用，其社会效益十分显著。

五、笃行不倦

高校文科教师欲在科学研究中有所建树，还须苦学深钻，锐意创新，持之以恒。

首先，要淡泊名利，志存高远。在当今世界，存在着金钱、权力、美誉等多种“诱惑”。而从事社会科学研究，则不仅异常劳累，同时也十分清苦。身为高校文科教师，必须以推动社会科学发展和利国利民为己任，不羡权贵，不慕骄奢，不图虚名，创造性地开展科研工作。要经得起“诱惑”，耐得住寂寞，“板凳要坐十年冷，文章不写一句空。”

其次，要打好基础，厚积薄发。与其临渊羡鱼，莫如退而结网。打好基础，最根本的是建立合理的知识结构和培养创新能力。有的学者把科研工作者的知识结构概括为“宝塔型”和“树干型”两种。“宝塔型”知识结构先谋广博，继求上展，渐趋狭小至某最高点便中止。具备这种知识结构出成果既快又多，然而后劲儿不足。“树干型”知识结构则一门专精，向地下深扎根须，然后伸出地面，长出树干，衍生枝叶花果，再生性强。具备这种知识结构虽耗时较长，但有后发优势。高校文科教师从事科研工作，似应扬长避短，逐步建立起“宝塔型”与“树干型”优势互补的知识结构。此外，高校文科教师应在科学研究的千锤百炼中，勇于创新，善于创新，不断提升创新能力和水平。

再次，要殚精竭虑，循序渐进。科学研究是高度复杂的重脑力劳动。除了要博读泛览、深入实际、发挥团队优势并运用正确的观点和方法之外，确实需要绞尽脑汁，搜索枯肠。“众里寻他千百度”“独上高楼望尽天涯路”“日间挥写夜间思”“衣带渐宽终不悔”，这对于从事科研工作来说都是十分必要的。此外，科研水平和科研成果档次的由低到高，科研领域的由窄到宽，科研成果的由少到多，也是一个累积和渐进的过程，不可能一蹴而就。科研工作起步时，宜拿起“轻武器”（即写有新意、小而精的论文）

作战。

上述五个方面，涉及的是高校文科教师搞好科学研究的主观条件。其中，面向实际、求是创新、精益求精是途径，发挥效益是目的，而笃行不倦则既是前提，也是保证。当然，高校文科教师要搞好科学研究，也需要有“百家争鸣”的宽松的学术环境、崇尚科学与倡导奉献的舆论氛围、多渠道的科研经费投入机制、客观公正的科研成果评价机制以及完善的高校师资、科研管理体制等客观条件与之相配套。

此文发表后，迅即被中国人大复印报刊资料全文转载。一天，我在学校博学楼前，遇到了时任全国政协委员的对外经济贸易大学原副校长王林生教授。我刚到对外经济贸易大学不久，听到过王林生教授的大名，知道他的资历和地位相当高，是我国国际贸易学的领军人物之一，但与他并不认识。王教授问我：“你是郭飞老师吗？”我说是。他又问我：“《中国教育报》发表的那篇文章是你写的吗？”我又说是。他高兴地告诉我：《中国教育报》是全国“两会”期间由主办方为与会的人大代表和政协委员提供的中央大报之一。他在参加全国政协会议期间看到了标注作者单位的我的这篇文章，有些政协委员也向他了解我的情况，并对我发表的这篇文章给予好评。他勉励我要继续努力，为学校争光。此后，我与王林生教授熟悉起来，时有交流，并得到了他的热情帮助。

担任硕士、博士研究生导师

2001年，我被校学位委员会评定为硕士研究生导师。

2004年，我被校学位委员会评定为博士研究生导师。

从2004年我的第一名硕士研究生毕业，到2017年我的最后一名硕士研究生毕业；从2007年我的第一名博士研究生毕业，到2018年我的最后一名博士研究生毕业，我先后指导并毕业的博士、硕士研究生约有70人（在多数情况下，我每年招收4人左右；但有一年则招收了12人）。在指导研究生撰写学位论文的过程中，我是欣喜、辛苦与时而产生的焦虑并存。总体而言，我的主要感受和具体做法可概括为六点：

一、受时代和学校的眷顾，我担任了硕士研究生和博士研究生的导师。这是新的高层次的教育与研究工作，显著丰富了我在大学的工作内容。教学相长，教研相长。它促使我不断提升和完善自己的知识结构与研究能力，同时也从学生中获益。[①]

二、2004年我被认定为博士研究生导师时，学校尚无政治经济学专业博士学位授权点，校学位委员会便评定我为国际贸易专业博士研究生导师。这既有对我的业务能力与发展潜力的充分肯定，也有拿下政治经济学专业博士学位授权点的长远考虑。[②]

三、无论是对硕士研究生还是对博士研究生，我的实际做法是少招。原中国金融学院与原对外经济贸易大学合并之后，我已将个人定位为科研为主型教师。我愿将更多的时间与精力投入对社会主义政治经济学和中国经

---

① 在我指导过的研究生中，魏豪、李冉、黄雅金、董敏等都给我留下了深刻的印象。他们严谨的学风、拼搏的精神、高质量的论文以及在学位论文答辩会上的出色表现，既使我非常欣慰，也成为我不断进步的一种动力。

② 2011年春，经国务院学位委员会批准，我校获得包括政治经济学专业在内的理论经济学一级学科博士学位授权点。

济体制改革重大问题的研究。此外，学院规定了必须完成的教学工作量和指导本科生学士学位论文的数量要求。在较长时期内，学院规定每名教师每年必须指导20名左右本科生（含本校生和自考生、中国学生和留学生）的学士学位毕业论文。根据这种情况，我只能确保硬指标，主动减少招收硕士、博士研究生的数量。

四、生源质量对于培养质量相当重要。实际上，研究生的生源质量参差不齐。就我接触的国际贸易专业的研究生而言，总体说来，毕业于"985""211"高校的学生的水平和能力明显高于其他高校毕业的学生，中国高校毕业的学生的水平和能力明显高于外国高校毕业的留学生，文科专业毕业的学生的水平和能力又明显高于理工科专业毕业的学生。就个别学生而言，有的硕士研究生的水平和能力甚至高于有的博士研究生。所以，决不能片面和绝对地"以学位论英雄"，应因人而异，区别对待。

五、我对指导的硕士研究生和博士研究生的要求比较严格。我按照学校和学院的相关规定要求学生，不能马马虎虎，更不能弄虚作假。有的学生一时难以接受，过后则非常感激。对于有些研究生的学位论文，我是逐句逐段地进行修改。我与研究生之间的关系较为融洽。有时请个别研究生做些辅助工作，我都是按市场价付给研究生劳务费。我从不要求在指导研究生撰写并公开发表的论文中"挂名"。我有时用学校发给教师的餐费约研究生一起吃饭，在吃饭中交流情况并作相关指导。在我指导研究生撰写学位论文的过程中，有的教授给我提供了某种帮助，对此我表示感谢。

六、近些年来，教育部和学校采取多种措施不断提高研究生的培养质量。对学位论文质量不合格者不予毕业，不发毕业文凭和学位证书。对此，我非常赞同。

对生产要素按贡献分配原则提出马克思主义的分析框架

中共十六大报告提出：在我国现阶段，要“确立劳动、资本、技术和管理等生产要素按贡献参与分配的原则，完善按劳分配为主体、多种分配方式并存的分配制度”。[①] 这是在党和国家的重要文献中首次明确提出生产要素按贡献参与分配的原则。如何理解生产要素按贡献参与分配原则，我国经济学界存在激烈争论和严重分歧。其争论和分歧实质上可以归结为两大问题：（1）按生产要素分配与按劳分配究竟是什么关系？（2）生产要素按贡献参与分配原则能否覆盖按劳分配？我在深入思考的基础上，撰写并发表了《生产要素按贡献参与分配原则新思考》一文，对生产要素按贡献参与分配原则提出了一个新的马克思主义的分析框架。

首先，我界定了按生产要素分配的内涵。我认为，我国现阶段的按生产要素分配应理解为一种综合性的个人收入分配方式。其基本内涵似可表述为：市场经济中与非公有制经济相适应的个人收入分配方式，其实质是生产要素私有权在经济上的实现形式。[②]

其次，我论证了按劳分配与按生产要素分配是根本不同的分配制度：（1）两种分配方式的所有制基础不同。前者以生产资料公有制为基础，后者以生产要素私有制为基础。（2）两种分配方式与剥削的关系有所不同。前者完全排除了剥削；后者则存在着剥削和非剥削两种情况。（3）两种分配方式与共同富裕目标的关系有所不同。（4）两种分配方式在社会主义初级阶段个人收入分配制度中所处的地位不同。前者处于主体地位，后者则

① 中共中央文献研究室编：《十六大以来重要文献选编》(上)，中央文献出版社2005年版，第21页。
② 郭飞：《生产要素按贡献参与分配原则新思考》，载于《马克思主义研究》2005年第2期。

处于辅体地位。[①]

再次，我提出对生产要素按贡献参与分配原则必须给予马克思主义的阐释。发展的马克思主义是我们党的根本指导思想。“要素价值论”与不断发展的马克思主义的劳动价值论是根本对立的，决不能用来阐释我们党提出的生产要素按贡献参与分配原则。[②]

最后，我提出生产要素按贡献参与分配原则应能覆盖按劳分配和按生产要素分配。从中共十六大报告的相关提法来看，生产要素按贡献参与分配原则是介于“效率优先、兼顾公平”原则和“完善按劳分配为主体、多种分配方式并存的分配制度”之间的一项原则，它比前者具体，又比后者抽象。也就是说，生产要素按贡献参与分配原则，既是“效率优先、兼顾公平”原则在个人收入分配领域的基本体现，又是贯穿于按劳分配为主体、多种分配方式并存的分配制度的基本原则。因此，这一原则应能覆盖按劳分配和按生产要素分配，而不是仅仅覆盖其中的一部分。[③]

在此基础上，我提出应紧密联系社会主义初级阶段市场经济的客观实际，区分不同经济领域，准确把握生产要素按贡献参与分配原则中“贡献”的内涵：

“笔者认为，在社会主义公有制经济中，生产要素按贡献参与分配原则中的‘贡献’，是指劳动者在创造价值中作出的贡献。换言之，在社会主义公有制经济中，是运用劳动价值论来阐释‘贡献’，依据劳动价值论和生产要素所有制决定论来阐释生产要素按贡献参与分配原则。这种观点，能够阐释社会主义公有制经济中的按劳分配。在社会主义公有制条件下，生产资料已经归社会或集体所有，劳动者在社会或集体的范围内拥有对生产资料的平等的所有权（就其规范形态而言）。因此，劳动者收入的高低只能取决于其向社会提供的有效劳动的数量和质量（即取决于劳动者在创造价值中作出的贡献）。在这里，作为分配依据的劳动量与价值量是相对统一的；作为分配媒介的货币形式与作为分配最终对象的使用价值（即产品和劳务）

① 参见郭飞：《生产要素按贡献参与分配原则新思考》，载于《马克思主义研究》2005年第2期。

② 参见郭飞：《生产要素按贡献参与分配原则新思考》，载于《马克思主义研究》2005年第2期。

③ 参见郭飞：《生产要素按贡献参与分配原则新思考》，载于《马克思主义研究》2005年第2期。

也是相对统一的；劳动价值论中的价值一元论与按劳分配中的分配一元化是完全对应的。因此，劳动者创造的价值量多少，可以成为衡量劳动者贡献大小的尺度。当然，社会主义公有制条件下按照劳动者在创造价值中作出的贡献进行分配（即实行按劳分配），决不是不折不扣的分配，而必须是有折有扣的分配。按照马克思在《哥达纲领批判》中阐明的观点，在实行按劳分配之前，对社会总产品还必须作出六项扣除：（1）扣除用来补偿消费掉的生产资料的部分；（2）扣除用来扩大生产的追加部分；（3）扣除用来应付不幸事故、自然灾害等的后备基金或保险基金；（4）扣除与生产没有关系的一般管理费用；（5）扣除用来满足共同需要（如学校、保健设施等）的部分；（6）扣除为丧失劳动能力的人设立的基金等。① 联系社会主义公有制经济的实际，也就是在实行按劳分配之前，还必须在劳动者创造的新价值中扣除必要的企业基金和社会基金。此外，由于商品价值量的形成不仅取决于生产的主观条件，也取决于生产的客观条件，因而在衡量劳动者在创造价值中的贡献时，还必须剔除在社会或企业范围内由于人均占有或使用的客观生产条件的差异对价值量形成的影响。②

"在非公有制经济中，生产要素按贡献参与分配原则中的'贡献'，则是指各种生产要素在社会财富（或使用价值）创造中的作用（或贡献）。换言之，在非公有制经济中，是运用'要素财富论'（或'财富共创论'）来阐释'贡献'，依据'要素财富论'和生产要素所有制决定论来阐释生产要素按贡献参与分配原则。在这里，财富多源论与分配多元化是统一的，生产要素私有权的具体形式与收入分配的具体形式也是统一的。这种观点，能够大致阐释我国现阶段的按生产要素分配。然而，在承认社会财富（或使用价值）是各种生产要素相互结合共同作用的结果（或'要素财富论'）的大前提下，甚至在对各种生产要素的基本作用达成了初步共识（例如，劳动力或活劳动是创造社会财富的最具决定性的生产要素，生产资料或某些社会中的资本是创造社会财富的基本物质条件，科学技术在创造社会财富中发挥着愈益巨大的作用，管理在协作劳动和现代化生产中发挥着举足轻

① 《马克思恩格斯选集》第3卷，人民出版社1972年版，第9～10页。
② 郭飞：《刍议按劳分配中的"劳"》，载于《经济研究》1993年第2期。

重的作用）的前提下，如何正确或相对正确地衡量各种生产要素在创造社会财富（或使用价值）中的实际贡献，仍是一个悬而未决的重大课题。国内有些学者主张借鉴并采用西方经济学中的边际生产力方法或生产函数方法，然而，这种观点恐怕难以立足。[①]也有些学者提出按照生产要素的市场价格来衡量其在创造社会财富（或使用价值）中的贡献，然而，这种观点也遭到了某些学者的质疑。[②]尽管学术界对此问题观点相左，争论激烈，但它并不妨碍我国理论界和实际部门的同志在充分吸收相关优秀成果的基础上继续进行深入探索。

“在社会主义市场经济条件下，股份制逐步成为公有制的主要实现形式，混合所有制企业占有相当大的比重。许多企业既非纯而又纯的社会主义公有制，也非纯而又纯的私有制，而是兼具公有制和私有制双重色彩。在这些企业中，按劳分配和按生产要素分配同时存在。两种分配方式在经济实践中‘同居一堂’的情形，并不影响我们在理论分析中将其相对地剥离开来。

“综上所述，按照对生产要素按贡献参与分配原则的新的阐释，这一原则不仅覆盖了按劳分配，也覆盖了按生产要素分配，从而成为贯穿于我国社会主义初级阶段市场经济中除福利收入以外的个人收入分配制度的基本原则。这一原则的基本理论依据是劳动价值论、‘要素财富论’和生产要素所有制决定论。其中，生产要素所有制决定论是按劳分配和按生产要素分配共同的最基本的理论依据，而劳动价值论和‘要素财富论’则分别是按劳分配和按生产要素分配各自重要的理论依据。据此，就不仅能够阐释我国现阶段个人收入分配制度的历史必然性，也能够阐释我国现阶段个人收入分配制度的历史过渡性，从而表明我国现阶段的个人收入分配制度也与我国现阶段的基本经济制度（社会主义公有制为主体多种所有制经济共同发展）一样，是历史必然性和历史过渡性的辩证统一。笔者认为，正确阐

① 参见吴宣恭：《关于“生产要素按贡献分配”的理论》，全国高校第十七次社会主义经济理论与实践研讨会论文，2003 年 10 月；张衔：《马克思对“斯密教条”的批评及其现实意义》，载于《教学与研究》2004 年第 2 期。

② 参见胡钧：《论按生产要素分配——阐释生产要素按贡献参与分配的原则》，全国高校第十七次社会主义经济理论与实践研讨会论文，2003 年 10 月。

释并认真贯彻生产要素按贡献参与分配原则，有利于纠正和防止在我国现阶段个人收入分配制度问题上‘左’和右的错误倾向，将中国特色社会主义伟大事业继续推向前进。”①

我的这篇论文发表后，在理论界产生了很好的反响，并被中国人大复印报刊资料全文转载。2006 年 12 月，该文荣获中共北京市委和北京市人民政府颁发的北京市第九届哲学社会科学优秀论文二等奖。

① 郭飞:《生产要素按贡献参与分配原则新思考》，载于《马克思主义研究》2005 年第 2 期。

提出并论证马克思主义政治经济学的研究对象是生产方式及其发展规律

关于马克思主义政治经济学的研究对象，长期以来存在不同观点。马克思主义政治经济学的研究对象是生产关系，是居于主导地位的传统观点。这种观点，可以从马克思主义经典作家的著作中找到许多理论根据。

改革开放以来，国内经济学界围绕这一问题的探讨进一步深入。除了占主导地位的传统观点之外，大体上还有四种观点：第一种观点是资源优化配置或“社会财富的增进”；第二种观点是生产方式；第三种观点是经济利益；第四种观点是人的全面发展和社会的全面进步。[①]

2004 年 5 月 19 日，由北京大学马克思主义学院、中国人民大学马克思主义学院、中国社会科学院经济研究所经济学动态杂志社、北京师范大学经济与工商管理学院及当代经济理论研究中心、中央民族大学经济学院及当代中国经济研究所和首都师范大学政法学院经济管理系等单位，联合发起成立“首都经济学家论坛”，论坛主席由北京师范大学白暴力教授担任。7 月 1 日，首都经济学家论坛在北京师范大学召开成立大会暨首次理论研讨会，研讨的主题为“纪念中国共产党建立 83 周年和繁荣发展马克思主义经济科学”。我应邀与会并作了大会发言。在大会发言中，我提出：无论是中国共产党的根本宗旨，还是繁荣发展马克思主义经济科学的目的，或是成立首都经济学家论坛的初衷，都是为了最大限度地实现和维护最广大人民的根本利益。为此，应努力实现马克思主义政治经济学的研究对象创新、研究方法创新和理论体系创新。

2005 年 4 月，我应邀在复旦大学参加了中央马克思主义理论研究和建

① 逄锦聚主编：《政治经济学热点难点争鸣》，高等教育出版社 2004 年版，第 5 ~ 6 页。

设工程主办的“马克思主义政治经济学述评”研讨会。在大会发言中，我明确提出应坚持解放思想、实事求是、与时俱进的思想路线，将马克思主义政治经济学的研究对象拓展和界定为“生产方式及其发展规律”，并进行了初步的理论阐述，受到与会代表的重视。会后，我在大会发言稿的基础上进行修改，撰写并在《人民日报》理论版发表了《政治经济学研究对象创新刍议》一文。[①]

我提出，将马克思主义政治经济学的研究对象界定为“生产方式及其发展规律”这一观点最基本的理论依据就是恩格斯的一段话：“政治经济学，从最广的意义上说，是研究人类社会中支配物质生活资料的生产和交换的规律的科学。”[②]显然，恩格斯在这里所说的物质生活资料的生产，应理解为物质生活资料生产所包含的两个方面，即生产力与生产关系的统一（或生产方式）。换言之，我是从广义上来理解马克思主义政治经济学研究对象的内涵。[③]

我还提出：

与传统观点相比，将生产力纳入马克思主义政治经济学的研究对象，极大地拓展了马克思主义政治经济学的研究领域。这对于繁荣和发展马克思主义政治经济学，充分发挥马克思主义政治经济学的战斗力，是完全必要和十分有利的。

其一，有利于更为科学地探索和阐释社会主义制度取代资本主义制度的历史必然性和客观规律。马克思在《资本论》中揭示了“资本主义生产方式和它所产生的资产阶级社会的特殊的运动规律”，对社会主义制度必然取代资本主义制度的客观规律进行了深刻和精辟的论证。马克思逝世已经120多年了，整个世界发生了翻天覆地的巨大变化。就社会制度而言，一方面，发达资本主义国家的生产关系发生了深刻的变化。自由竞争资本主义转变为垄断资本主义，垄断资本主义则由私人垄断资本主义向国家垄断资本主义并进一步向国际垄断资本主义发展。与此同时，发达资本主义国家中的

① 郭飞：《政治经济学研究对象创新刍议》，载于《人民日报》2005年7月8日。
② 恩格斯：《反杜林论》，见《马克思恩格斯选集》第3卷，人民出版社1972年版，第186页。
③ 参见郭飞：《政治经济学研究对象创新刍议》，载于《人民日报》2005年7月8日。

合作制经济、一定范围内的职工持股和民主管理等“新社会因素”有了明显的增长。另一方面，世界上先后诞生了十几个社会主义国家，尽管出现了苏联演变和东欧剧变，但社会主义制度和社会主义运动仍在曲折中前进。只有坚持辩证唯物主义和历史唯物主义的基本立场、观点和方法，充分吸收人类社会特别是发达国家经济理论研究的优秀成果，结合新的历史实际深入研究生产方式及其发展规律，才能对当今世界社会主义的“两个试验场”及其未来走向作出进一步的科学阐释，才能丰富和发展马克思主义关于人类社会发展规律的理论，增强马克思主义政治经济学的科学性和说服力。

其二，有利于在生产力与生产关系的辩证统一中深入研究并积极促进我国现阶段所有制结构调整和经济体制改革。长期以来，社会主义国家在生产资料所有制改造和经济体制改革中普遍存在“左”的倾向，这与忽视对生产力状况的研究、忽视生产力对生产关系和经济体制的决定作用直接相关。我们甚至在较长时间内不能正视生产力水平低下的基本国情，没有找准我国所处历史阶段的正确方位。在政治经济学的研究中，我们往往以理论上的对社会主义社会生产关系（特别是社会主义生产关系）的研究来取代对实践中的社会主义初级阶段生产关系的研究，其结果是导致不同程度的理论与实际的脱节。只有深入研究生产力的实际状况及其发展规律，深入研究生产关系的实际状况及其发展规律，深入研究生产力与生产关系相互作用的客观规律，才能为我国所有制结构调整和经济体制改革提供坚实有力的经济理论支撑，从而避免犯“左”或右的错误。

其三，有利于发展社会主义社会的生产力。生产力既是生产关系发展变化的最终决定力量，也是决定人类社会物质生活状况并制约人类社会政治和精神生活的基础。马克思主义政治经济学研究生产关系，归根结底也是要通过变革或完善生产关系来促进生产力的迅速发展。我国正处于并将长期处于社会主义初级阶段。社会主义初级阶段最根本的任务是发展生产力。将生产力纳入马克思主义政治经济学的研究对象，有利于我们更好地向发达资本主义国家学习先进的科学技术，更好地吸收和借鉴发达资本主义国家一切反映社会化大生产和商品经济一般规律的先进经营方式和管理方法，更好地吸收和借鉴西方经济学中关于优化资源配置的有价值的研究成果；

同时，也有利于我们紧密结合本国实际，不断探索发展生产力的具体路径。党中央近年来反复强调：繁荣发展哲学社会科学，应以我国改革开放和现代化建设的实际问题、以我们正在做的事情为中心。因此，适当拓宽马克思主义政治经济学的研究对象，并将其研究对象与社会主义初级阶段的根本任务直接挂钩，不仅会极大地丰富和发展马克思主义政治经济学的理论内容，而且还将使马克思主义政治经济学的针对性和实用性显著增强。

此外，我提出：

将生产力纳入马克思主义政治经济学的研究对象，并不否定而是继续保留了马克思主义政治经济学的原有特色。资产阶级政治经济学回避生产关系（特别是回避或掩盖生产关系中的矛盾和对立），片面地研究物与物的关系或人与物的关系，其根本目的在于维护和发展资本主义制度。而马克思主义政治经济学则公然申明研究生产关系及其发展规律，其根本目的在于为无产阶级和广大劳动人民推翻旧世界、建设新世界服务。因此，马克思主义政治经济学与资产阶级政治经济学在研究对象方面的区别是显而易见的。当然，将生产力纳入马克思主义政治经济学的研究对象，并不表明马克思主义政治经济学应研究生产的工艺，并不影响我们在研究和阐释生产力规律的过程中可以偏重于基本或主要规律，也并不妨碍我们在对资本主义政治经济学的研究和阐释中可以偏重于生产关系及其发展规律。

总之，在马克思主义政治经济学的研究对象方面，资产阶级政治经济学研究对象中所包含的科学或合理的成分，我们要有；资产阶级政治经济学研究对象中所没有包含的科学或合理的成分，我们也要有。这样，马克思主义政治经济学才能超越资产阶级政治经济学的局限性。从而，马克思主义政治经济学的研究路子，才能越走越宽，而不是越走越窄；马克思主义政治经济学的战斗力，才能越来越强，而不是越来越弱。当然，如果对马克思主义政治经济学的研究对象作这样的界定，其研究任务无疑是更加艰巨和更为繁重了。此外，马克思主义政治经济学的创新还包括研究方法创新和理论体系创新，还有赖于社会实践的发展和社会诸多有利条件的支撑。因此，马克思主义政治经济学的发展决不能一蹴而就。

近些年来，特别是习近平总书记于2015年11月23日在十八届中央政治局集体学习时所作的《不断开拓当代中国马克思主义政治经济学的新境界》的重要讲话发表以来，我国经济学界对马克思主义政治经济学研究对象的认识有了非常显著的变化。将生产力纳入马克思主义政治经济学的研究对象特别是纳入中国特色社会主义政治经济学的研究对象，已成为越来越多的马克思主义经济学者的共识。洪银兴指出："经济发展理论要成为中国特色社会主义政治经济学的重要组成部分，需要明确地将生产力纳入政治经济学的研究对象……实践证明，面对社会主义经济建设这一中心任务，只以生产关系为研究对象，不以生产力为研究对象，马克思主义政治经济学就难以科学地指导中国的经济发展，最终还会使自己被边缘化。"①杨新铭指出："中国特色社会主义政治经济学不仅要系统深入地研究中国特色社会主义生产关系，而且要研究怎样更好地发展社会生产力。"②

理论是实践的指南，但理论的源泉和发展动力是实践，理论应随着实践的发展而发展。对于马克思主义政治经济学的研究对象是生产方式及其发展规律这一观点，尚需继续进行理论探讨并经受实践检验。

① 洪银兴：《发展当代中国的马克思主义政治经济学》，载于《中国社会科学》2016年第11期。
② 杨新铭：《中国特色社会主义政治经济学研究的新进展》，载于《人民日报》2018年11月19日。

提出我国应实施以人为本的“适度就业”的对策建议

21世纪初，随着科技进步和经济体制转轨的步伐不断加快，我国就业形势较为严峻。在一段时期内，我将中国就业问题作为重要研究方向之一，并先后在《经济学动态》《中国教育报》《中国改革报》等报刊上发表过几篇文章，①《中国改革报》还发表过对我的专访。2005年8月23日，我在《光明日报》理论版头条发表了《以人为本与适度就业》一文，提出了我国应实施以人为本的“适度就业”的对策建议。

在这篇文章中，我先描述了在我国城镇中经常可以看到两种极端的现象。有一部分职工属于“过累族”。他们起早贪黑，加班加点，严重超负荷，个别人甚至过度劳累而死。另有一部分失业、“早退”和“内退”人员则属于“过闲族”。他们苦于有劳动能力却无用武之地，失意烦躁，有些人抑郁生病，有些人则以打扑克和搓麻将来消磨时光。“过累族”与“过闲族”的人数在我国城镇劳动力总数中占有不容忽视的比重，且有持续上升的势头。我认为，过度使用劳动力与过度闲置劳动力不仅对劳动者无益，而且还对构建社会主义和谐社会形成重大威胁。②

在此基础上，我界定了以人为本的“适度就业”的概念。它不仅包含适度的就业率（或就业率意义上的充分就业），同时也包含适度的劳动年龄和劳动时间等，是一个全方位衡量或反映劳动者就业状况的概念。我提出，应从三个角度来进一步理解以人为本的“适度就业”。③

---

① 详见郭飞：《我国失业的五大特征与对策》，载于《经济学动态》2003年第11期；《实施经济发展和扩大就业并举的新战略》，载于《中国教育报》2003年9月8日；《我国当前失业六大特征》，载于《中国改革报》2005年1月31日等。

② 郭飞：《以人为本与适度就业》，载于《光明日报》2005年8月23日。

③ 参见郭飞：《以人为本与适度就业》，载于《光明日报》2005年8月23日。

一是从理念角度理解适度就业。适度就业作为理念，其基点是以人为本，尊重劳动，共建和谐。具体来说，就是既要较为充分合理地利用劳动力资源，又要考虑劳动者的收入状况和承受能力，还要兼顾劳动者的休息、学习、娱乐和健康状况，也要维护社会的安定与和谐，从而体现出人民群众局部利益与整体利益、当前利益与长远利益在市场经济条件下的正确结合以及效率与公平的辩证统一。

二是从原则角度理解适度就业。将适度就业的理念用于指导宏观、微观经济管理和经济体制改革的实践，适度就业即成为一项原则。它不仅要求将失业率控制在较低水平，同时也对劳动年龄、劳动时间、家庭就业人员数量等设有相应的限制（有的方面设有上限和下限，有的方面则只设下限）。其上限不得突破国家或部门（行业）的相关规定（如根据当时施行的《中华人民共和国劳动法》和国务院的相关规定，我国在业职工每周工作时间应控制在 40 小时之内，经协商同意后延长劳动时间每月不得超过 36 小时），其下限除国家法律法规相关规定（如劳动年龄最低不得小于 16 周岁）以外，应不低于劳动者及其赡养的家庭成员的经济承受能力（如在一个由两人或两人以上组成的家庭中，应至少确保一个有劳动能力的家庭成员就业）。当然，适度就业原则的内容不是一成不变的。就劳动时间来说，随着生产力的迅速发展和人类本身的不断进步以及劳动制度的演变，劳动者每周工作时间有逐渐缩短的趋势。同时，适度就业原则的适用范围也具有相对性。就我国而言，它主要适用于国家机关、社会团体、企事业单位中的广大劳动者，而这些单位中的个别人员在某些方面（如劳动年龄的上限）则可以例外。

三是从结果角度来理解适度就业。它可视为多侧面体现劳动者良好就业的一种状态。

最后，我提出在我国今后较长时期内，应积极倡导与大力促进以人为本的“适度就业”，并从政府、企业（单位）、劳动者个人三个层面采取以下基本举措：

就政府而言，主要是做好两方面的工作。一方面，应正确实施经济发展和扩大就业并举的新战略，实行更为积极的就业政策，千方百计地降低失业率。其中，除了要大力发展第三产业、积极发展非公有制经济和中小企业、努力保持较高的经济增长速度和大力发展教育事业之外，重要途径之一就是大力发展灵活就业。灵活就业包括非全日制就业、临时就业和派遣就业三种基本类型，在我国有广阔的发展空间。2004年，我国城镇灵活就业人员已达5000万人。笔者认为，适应某些求职者的实际情况和客观需要，在我国某些制造业和服务业中，也可以在一定范围内实行半天工作制。半天工作制是非全日制就业的一种重要形式，原来一个人的工作岗位改由两个人分担，工资成本并未增加，就业机会却净增100%。当然，对于局部实行职工半天工作制、为缓解社会就业压力作出“额外”贡献的企业，政府应通过税收优惠等措施加以扶持。此外，政府应通过购买公益性就业岗位等方式，帮助夫妻双失业且难以自谋职业的家庭至少解决一个就业岗位。另一方面，政府应在立法机关抓紧修订《中华人民共和国劳动法》和尽快出台《中华人民共和国促进就业法》等法律法规的基础上，加大执法力度，切实维护劳动者的劳动权、休息权等合法权益。

就企业（单位）而言，应挖掘潜力，遵纪守法，多管齐下。首先，除濒临或已关闭破产的国有企业之外，国有单位应尽可能通过转岗分流或企业实行主辅分离、辅业改制等途径安排富余人员。应规范并尽量减少“早退”或“内退”人员，尽量少用买断工龄的方式裁减员工，尽量避免将失业人员推向社会。其次，应切实杜绝某些企业违规延长职工劳动时间和非法使用童工的现象。可将某些企业的“两班制”调整为“三班制”，不仅遵守了国家关于职工劳动时间的规定，还有利于吸纳更多的劳动者就业。目前，我国仅在私营企业、外资企业和乡镇企业工作的职工人数约为1.9亿人。在这些企业中，如能通过严格执行国家关于职工劳动时间的规定净增10%的就业机会，那就可以增加1900万个就业岗位，大体相当于我国城镇两年中新增就业岗位之和。

就劳动者个人而言，应根据不同情况区别对待。如果排除体制和管理性因素，属于“过累族”的劳动者大体有两种情况。一种情况是事业心极强、克己奉公的“工作狂”。对于这些先进人物，单位和社会应在褒扬其高尚精神的同时，吁请他们珍视生命，劳逸结合，以防未老先衰，英年早逝。另一种情况是为追求个人目标或为维持家庭基本生计而透支生命的“拼命三郎”。对于这些劳动者，社会应吁请他们克服短视行为，爱惜和保重身体，并对其中的生活特殊困难者提供必要的救助。而对于“过闲族”来说，社会则应创造条件，通过多种途径帮助他们转变观念，增长技能，找准在市场经济中实现个人价值的正确方位，努力实现再就业、自谋职业或自主创业。

我于17年前提出的我国应实施以人为本的“适度就业”的对策建议，具有长远的重大意义。我国灵活就业的劳动者已达到两亿人，我国政府已在一定范围内推行了购买公益性岗位制度，我国政府和企业（单位）在持续规范职工“早退”和“内退”制度。尤其值得一提的是，我提出的规范劳动者工作时间以维护劳动者合法权益并增加就业人数的对策建议，在近些年来则更凸显其毋庸置疑的针对性和重要性。现行《中华人民共和国劳动法》规定：国家实行劳动者每日工作时间不超过8小时，平均每周工作时间不超过44小时的工时制度；用人单位因生产经营需要和特殊需要，经与工会和劳动者协商后，在保障劳动者身心健康的条件下可以延长工作时间，每月不得超过36小时（即劳动者每周工作时间最长不得超过49小时）。然而十几年来，我国许多非公有制企业中劳动者被迫违法超时劳动的现象并未减少，有的国有企业和高等院校、三甲医院等国有事业单位中的一部分劳动者也存在被迫违规超时工作的情况。更有甚者，有的行业还存在所谓“996”“007”“886”“715”等工作模式。[①] 我认为，上述做法是严重违犯现行《中华人民共和国劳动法》的行为，与人类社会中劳动者工作时间逐渐缩短的大趋势相悖，与中国特色社会主义的根本目标背道而驰。对此，相关企业（单位）应遵纪守法，多在科技进步、强化管理、提高劳动生产率方面挖潜力；国家有关部门则应严格监督、违法必究，切实维护劳动者的合法权益和身心健康。

---

① “996”指工作时间从早9点到晚9点，一周工作6天；“007”指工作时间从0点到0点，一周弹性工作7天；“886”指工作时间从早8点到晚8点，一周工作6天；“715”指一周工作7天，每天工作15个小时。

撰写一份重要的请示报告

马克思主义是我们立党立国、兴党强国的根本指导思想。马克思主义政治经济学是马克思主义的重要组成部分，是马克思的理论“最深刻、最全面、最详尽的证明和运用”。[①] 恩格斯指出：无产阶级政党的“全部理论内容来自对政治经济学的研究”。[②] 马克思主义政治经济学不仅是我国高校经济类、管理类专业的一门核心课或专业基础课，在较长时期内也是我国高校的一门马克思主义理论必修课。马克思主义政治经济学对于高校培养社会主义建设者和接班人，具有不可替代的重要作用。

2005 年 3 月，中共中央宣传部、教育部下发了《〈关于进一步加强和改进高等学校思想政治理论课的意见〉实施方案》，将高校“两课”设置调整为四门必修课：（1）马克思主义基本原理；（2）毛泽东思想、邓小平理论和“三个代表”重要思想概论；（3）中国近现代史纲要；（4）思想道德修养与法律基础（即“05 方案”）。尽管马克思主义基本原理、毛泽东思想、邓小平理论和“三个代表”重要思想概论中包含马克思主义政治经济学的部分内容，但与 1998 年中共中央宣传部、教育部规定并下发的高校“两课”设置改革方案（即“98 方案”）相比，马克思主义政治经济学作为独立开设的必修课已不复存在。对此，高校许多马克思主义政治经济学教师感到困惑，有些教师改教其他课程，有些教师则转行搞行政工作。我曾专门给中国人民大学卫兴华教授打过电话，他说没有征求过他的意见，他也难以理解。

我校是著名的高等财经院校。与国内某些著名的高等财经院校相比，我校有明显的特殊性。当时，学校有关部门拟将马克思主义政治经济学由原

① 《列宁选集》第 2 卷，人民出版社 1995 年第 3 版，第 428 页。

② 《马克思恩格斯选集》第 2 卷，人民出版社 1995 年第 2 版，第 37 页。

来的必修课（周 2 课时，共 36 课时）全部变为选修课，学院也有人主张将政治经济学系划归人文与行政学院。我系教师受到很大震动，纷纷发表意见，并委托我起草了一份上交学校和学院有关领导的请示报告。该请示报告全文如下：

关于加强我校政治经济学课程建设、调整政治经济学课时安排的请示报告

学校及学院有关领导：

政治经济学是马克思主义三个重要组成部分之一，是党和国家指导思想的重要内容。用发展的马克思主义政治经济学的基本原理和方法武装学生的头脑，是坚持社会主义大学的办学方向、培养建设中国特色社会主义的高质量专门人才的客观需要。

政治经济学作为一门必修课，在我国高等财经院校通常开设三种课型：（1）在政治经济学专业或经济学专业，作为一门专业课开设；（2）在经管类其他专业（如国际贸易、工商管理、金融、保险等专业），作为一门专业基础课开设；（3）在非经管类专业（如理工科专业和中文、外语等专业），则作为一门思想政治理论课开设。我校属于高等财经院校，迄今未设政治经济学专业，因而长期以来政治经济学仅开设专业基础课和思想政治理论课两种课型。我校作为专业基础课的政治经济学的授课时数，1979 年以后一度曾高达 216 课时（周 6 课时，全年开设）；1986 年以后，调整为 144 课时（周 4 课时，全年开设）；1996 年以后，又调整为 108 课时（周 3 课时，全年开设）。我校作为思想政治理论课的政治经济学的授课时数，一般都是遵照中宣部、教育部关于“两课”课时的有关规定。然而，自 2003 年以来，我校无论是经管类专业还是其他专业，作为必修课的政治经济学课程的课时都减至周 2 课时（总计 36 课时）。实际上，这是把我校作为必修课的政治经济学，由原来的专业基础课和思想政治理论课两种课型，一律改为思想政治理论课一种课型。

目前，作为必修课的政治经济学在我国著名的高等财经院校仍然开设三种或两种课型，其作为专业基础课的政治经济学的授课时数明显高于我校

（详见下表）。在下表列举的部分著名高等财经院校中，作为专业基础课的政治经济学，一般都安排周4课时（总计72课时）至周6课时（总计108课时）；而作为思想政治理论课的政治经济学，一般都安排周2课时（总计36课时）至周3课时（总计54课时）。将本该作为经管类专业基础课的政治经济学等同于作为思想政治理论课的政治经济学，将本该作为专业基础课的政治经济学的课时降为周2课时（总计36课时），不利于增强作为我校主体专业的经管类专业学生的马克思主义政治经济学的理论素养，不利于体现马克思主义政治经济学在社会主义大学经济学教学中的主导地位，不利于提高经管类专业学生运用正确的立场、观点和方法分析问题和解决问题的能力，不利于我校经管类学生提高考取研究生的通过率，也特别不利于顺利通过教育部专家组即将对我校进行的本科教学优秀评估（这是有经验教训可资借鉴的）。

我国目前部分著名高等财经院校政治经济学课型与课时安排

学校名称	政治经济学课型Ⅰ（专业课）授课时数	政治经济学课型Ⅱ（专业基础课）授课时数	政治经济学课型Ⅲ（思想政治理论课）授课时数
上海财经大学*	102（周6课时）	85（周5课时）	51（周3课时）
西南财经大学*	108（周6课时）	108（周6课时）	54（周3课时）
中南财经政法大学	90（周5课时）	72（周4课时）	36（周2课时）
中央财经大学	72（周4课时）	72（周4课时）	36（周2课时）
首都经贸大学	108（周6课时）	108（周6课时）	108（周6课时）
对外经济贸易大学	—	—	36（周2课时）

* 上海财经大学和西南财经大学已通过教育部专家组进行的本科教学优秀评估。

资料来源：根据对相关学校的实际调查得到。

搞好学科建设是我校工作的重中之重。而加强政治经济学的课程建设，则是加强我校学科建设的重要内容。借鉴我国著名高等财经院校的基本做法，我们除提高自身素质、进一步改革或改进政治经济学的教学内容和教学方法之外，特提出加强我校政治经济学课程建设、调整政治经济学课时安排的三点建议：

一、对于经管类专业，恢复政治经济学作为专业基础课的地位。从2006年秋季开始，政治经济学在我校经管类专业按必修的专业基础课对待，周课时为4（总计72课时）或5（总计90课时）。政治经济学课程开设资本主义经济学部分和社会主义经济学两部分内容。

二、对于我校非经管类专业，作为思想政治理论课的政治经济学的教学内容和课时一律按照中宣部、教育部今年春季下发的《〈关于进一步加强和改进高等学校思想政治理论课的意见〉实施方案》的有关规定安排。从2006年秋季开始，将非经管类专业原来开设的政治经济学和马克思主义哲学两门课合并为马克思主义基本原理一门课（周课时3，总计54课时）。其中，政治经济学部分（或称《马克思主义基本原理Ⅱ》）的讲授，应由我系教师承担。

三、我系并入国际经贸学院已经五年了。五年来，我系教师承担了国际经贸学院和我校的多门本科生、研究生的经济类课程，同时也承担了国际经贸学院部分本科生、硕士生和博士生学位论文的指导工作，且在科研等诸多方面与国际经贸学院紧密融合并形成不可分割的整体。这既有利于加强我校学科建设，也有利于充分发挥我系教师的作用。因此，现行的组织机构和人事关系不应受此轮“两课”改革的影响，可以继续保持不变。

以上建议，敬请各位领导认真研究，妥善处理。

国际经贸学院政治经济学系

2005年12月1日

对于我们的请示报告，学校有关领导和学院领导的态度有所不同。学校有关领导没有吸收我们的意见，对全校各专业本科生是否开设马克思主义政治经济学采取了放任自流的态度。从而，全校只有极少数专业将马克思主义政治经济学作为必修课，并明显削减了课时；其他大多数专业都将马克思主义政治经济学作为选修课。学院领导则主动与政治经济学系的全体教师在一起开会，认真倾听教师提出的意见和建议。他们表示：尽力使我院各系将马克思主义政治经济学作为本科生的必修课来安排，决不会将我系从国际经济贸易学院分离出去。他们还希望我系教师为保证完成教学工作量的基本要求尽可能采取小班上课的形式，并努力承担其他一些课程。

作为多年从事马克思主义政治经济学教学的教师，我不仅对这门课程有很深的感情，而且对马克思主义政治经济学的科学性和巨大威力深信不疑。“咬定青山不放松，立根原在破岩中。千磨万击还坚劲，任尔东西南北风。”我以对社会主义和共产主义的坚定信念激励自己，以郑板桥的著名诗句鼓舞自己。除承担本科生的马克思主义政治经济学和研究生的中国经济体制改革专题这两门课程之外，我腾出更多的时间和精力，加强对社会主义政治经济学和中国经济体制改革重大问题的研究。此外，我还通过会议发言和发表论文等途径，呼吁尽快恢复马克思主义政治经济学在我国高校的应有地位。①

2015 年 11 月 23 日，习近平总书记在十八届中央政治局第二十八次集体学习时发表了《不断开拓当代中国马克思主义政治经济学新境界》的重要讲话。习近平总书记指出：“马克思主义政治经济学是马克思主义的重要组成部分，也是我们坚持和发展马克思主义的必修课。”②“学习马克思主义政治经济学，是为了更好指导我国经济发展实践，既要坚持其基本原理和方法论，更要同我国经济发展实际相结合，不断形成新的理论成果。”③他还指出：“我们坚持马克思主义政治经济学基本原理和方法论，并不排斥国外经济理论的合理成分……在我们的经济学教学中，不能食洋不化，还是要讲马克思主义政治经济学，当代中国社会主义政治经济学要大讲特讲，不能被边缘化。”④习近平总书记的重要讲话，使全国从事马克思主义政治经济学教学与研究的同仁深受鼓舞，⑤推动我国不断开拓坚持和发展马克思主义政治经济学的新局面。

---

① 我在公开发表的一篇论文中建议：应将马克思主义政治经济学恢复为高校学生一门公共的马克思主义理论必修课，使广大学生真正认识和掌握社会主义制度必然取代资本主义制度这一人类社会发展的客观规律，真正成为社会主义建设者和接班人，而不是成为“精致的个人主义者”，更不能成为社会主义制度的掘墓人（参见郭飞：《中国居民财产差距悬殊的基本成因与对策》，载于《马克思主义研究》2015 年第 12 期）。

② 中共中央党史和文献研究院编：《十八大以来重要文献选编》（下），中央文献出版社 2018 年版，第 1 页。

③ 中共中央党史和文献研究院编：《十八大以来重要文献选编》（下），中央文献出版社 2018 年版，第 3 ~ 4 页。

④ 中共中央党史和文献研究院编：《十八大以来重要文献选编》（下），中央文献出版社 2018 年版，第 6 ~ 7 页。

⑤ 获悉习近平总书记在中央政治局集体学习时发表重要讲话的基本精神后，我的激动喜悦之情溢于言表。我抓紧时间撰写了《社会主义公有制理论的创新发展》一文，于 2015 年 12 月 6 日在《人民日报》理论版发表。

九次独立获得北京高校政治经济学优秀论文一等奖

到北京高校工作以后，我除完成教学任务和必要的党政工作任务之外，一直很重视科研工作。在丰台宿舍居住期间，交通很不方便，每次上、下班差不多都是“披星戴月”。早晨 6 点 20 分排队等班车，6 点 40 分发班车，7 点 45 分到校；下午 4 点 40 分发班车，6 点左右到家。中午在教研室没地方休息，我就在资料室里查阅资料。每逢寒、暑假，我从不外出旅游，专心利用好高校教师科研的“黄金期”。我周末很少休息，有时除夕下午还在撰写或修改论文。1992 年我被评为北京高校首批（青年）学科带头人以后，在科研方面更是策马扬鞭。尽管经常是孤军奋战，但我有的年份一年就发表十多篇文章。1993 年 12 月 8 日，《中国教育报》在理论版的同一版面发表了我的两篇文章（另一篇系第一作者，署我的笔名）。我经历过插队知青和国企工人的淬炼，尽管在高校长期处于“紧运行”状态，但好像不觉得累，干起工作来浑身是劲儿。

北京高校政治经济学中国社会主义建设研究会（原名为北京高校政治经济学研究会）是北京高校政治经济学教师组成的学术团体，北京师范大学经济系原主任程树礼教授等先后担任会长。1991 年，中国金融学院收到了该学会发来的论文评奖通知，我便向该学会寄去了一篇在《中国劳动科学》杂志发表的论文。这篇论文于当年 12 月被该学会评为政治经济学优秀论文二等奖，我参加了该学会组织的颁奖仪式。从那时起，我就成为该学会活动的积极分子。该学会每隔 1 ~ 2 年召开一次大型年会，除对学会工作进行总结和颁发政治经济学优秀论文获奖证书之外，还经常聘请一些著名的经济学教授作专题报告，或请参加该学会组织的社会实践活动的教师介绍相关情况。1993—2007 年，除一次之外，我每次参加学会年会都获得政治经济学优秀论文一等奖。据我所知，该学会的评奖程序比较严格，每次评出的政治经济学优秀论文一等奖只有 2 ~ 3 项。我不是该学会的理事，从未参与过该学会组织的匿名评审和评奖投票，更未有过托人拉关系等情况。许多高校的政治经济学同仁都对我刮目相看，时任该学会副会长的一名清华大学教授在作学会工作总结时直接称我为该学会的学科带头人。

我先后九次作为论文的独立作者获得该学会颁发的政治经济学优秀论文一等奖。这九篇论文分别是：（1）《我国高校教师工资纵横谈》（载于《中国教育报》1993 年 7 月 7 日）；（2）《论经济体制改革的基本性质与转轨方式》（载于《东欧中亚研究》1996 年第 3 期）；（3）《我国当前个人收入差距与对策》（载于《高校理论战线》1998 年第 9 期）；（4）《正确认识和把握"三个有利于"的根本标准》（载于《中国教育报》1999 年 1 月 13 日）；（5）《按生产要素分配若干观点辨析》（载于《经济学动态》2001 年第 11 期）；（6）《社会主义公有制与股份制若干问题探讨》（载于《经济学动态》2004 年第 7 期）；（7）《生产要素按贡献参与分配原则新思考》（载于《马克思主义研究》2005 年第 2 期）；（8）《外商直接投资对中国经济的双重影响与对策》（载于《马克思主义研究》2006 年第 5 ~ 6 期）；（9）《马克思、列宁的资本输出理论与当代国际投资》（载于《马克思主义研究》2007 年第 6 期）。

在参加北京高校政治经济学中国社会主义建设研究会的学会活动期间，很重要的收获是信息传递和思想交流。高校同行们聚在一起，敞开心扉，无话不谈。从 20 世纪末到 21 世纪初的较长时期内，大家相互交流的内容主要围绕两个问题。

一是如何克服教学内容与社会实际的脱节（即"两张皮"）问题。有一位女教授直言不讳地说："教育部统编教材的不少提法与实际情况不对号，学生不相信。"这种情况使她很苦闷，"精神磨损"相当严重。有一次，她与该校宣传部长通过电话沟通了近两个小时，负面情绪才有所缓解。我曾深入地思考过这个问题，认为其原因是相当复杂的。从理论阐述的角度看，这包括如何正确处理马克思主义经典作家的观点与当代现实之间的关系，如何正确处理世界马克思主义与中国马克思主义的关系，如何正确处理马克思主义的“源”与“流”的关系，如何正确处理坚持与发展马克思主义的关系。从联系实际的角度看，除正面的实际之外，苏联演变、东欧剧变对世界社会主义运动的巨大负面影响不容小觑，西方资本主义国家实行“和平演变”战略对于青年学生造成的种种思想渗透和影响不容小觑。因此，要真正解决教学内容与社会实际“两张皮”的问题，真正使学生树立起正确的世界观、人生观和价值观，真正成为全面发展的社会主义建设者和接班人，是一项非常艰巨繁重的任务。另外，在同样的社会条件和教学时数情况下，有的教师教学效果相对好些，有的教师教学效果相对差些，这就涉及教师本人的教学能力和教学水平问题。我在给本科生讲授社会主义政治经济学和给在职研究生班讲授社会主义经济理论的过程中，尽量做到既要讲清理论，又要联系实际。我力求把社会主义政治经济学的基本理论讲深讲透，以理论的科学性和逻辑性征服学生。同时，我对社会中存在的错误思潮和负面现象也毫不回避，义正词严地予以批判、揭露和抨击。我尖锐地指出：当今中国存在的许多问题，决不是坚持马克思主义和社会主义的过错，而是根本违背或严重偏离马克思主义和社会主义的恶果。从而，我的授课得到了本学生和在职研究生的一致好评。①

二是政治经济学课时减少和政治经济学教师“转岗”问题。改革开放以来，我国高校公共马克思主义理论课的课程建设至少经历了四次重大调整。② 在后来的重大调整中，尽管与时俱进地增加了毛泽东思想与中国特色社会主义理论体系概论等课程，但原本作为高校公共马克思主义理论课之一的马克思主义政治经济学却被撤并了。这不仅改变了高校公共马克思思主义理论课的课程设置，也影响到高等财经院校和综合性大学经济与管理

① 有一次，我在学校阶梯教室给200人一个大班的在职研究生讲授社会主义经济理论课程的首课。我刚讲完上午4学时的课程，其他学生还没有离开教室，有一名仪态优雅的女学生站起来大声对我说：“郭教授，谢谢您高水平的授课。”我立即回答：“这是我应尽的责任。”

② 2011年夏，有关部门安排一位从事马克思主义政治经济学教学与研究的美国教授对我进行专访，由我校国际经济贸易学院“海归”博士何茵副教授（现为教授）做翻译。美国教授向我重点了解改革开放以来我国高校马克思主义政治经济学课程教学沿革和社会主义经济理论探索中的某些问题，我在有充分准备的基础上做了认真的介绍，并坦率地阐明了自己的观点。最后，这位美国教授问我：能否同意将我的谈话内容在整理出来之后公开发表？我表示同意，并说：“我可以对我的谈话内容负完全责任。”

类专业政治经济学的课程设置和课时安排。许多高等财经院校和综合性大学纷纷大幅削减作为经济与管理类专业核心课或基础课的政治经济学的教学课时，有的高校则将作为管理类专业基础课的政治经济学课程一刀砍掉。那段时期，许多高校原有的政治经济学教师人心不稳，流失严重（如在南方某著名大学中，从事政治经济学教学工作的只有 1 人），政治经济学专业本科和研究生的招生规模也大幅削减。这是导致近些年来我国马克思主义政治经济学教学与科研人员青黄不接、严重匮乏的一个直接原因。目睹这种状况，我们深感痛心。高校马克思主义政治经济学教师是马克思主义理论和党的路线、方针、政策的宣讲者，社会主义意识形态和精神文明的传播者，大学生健康成长的指导者和引路人。我和北京高校政治经济学中国社会主义建设研究会的教师是一个战壕的战友，经常交流，互相勉励，坚守阵地。我们坚信：马克思主义是颠扑不破的真理，照亮了人类探索历史规律和寻求自身解放的道路。只要我国还是社会主义国家，还以马克思主义为指导，作为马克思主义三个重要组成部分之一的政治经济学，就必然存在它应有的地位。现在，我在该学会中认识的教师，有的已经逝世，有的已经退休，有的则还在马克思主义政治经济学的教师岗位上继续工作。怀念战友，更添壮志豪情！

习近平担任中共中央总书记之后，强调要学习、发展和运用马克思主义政治经济学。2019 年 3 月 18 日，习近平总书记在学校思想政治理论课教师座谈会上明确指出："思政课是落实立德树人根本任务的关键课程"。① 习近平总书记还提出：思想政治理论课教师政治要强，情怀要深，思维要新，视野要广，自律要严，人格要正；推动思想政治理论课的改革创新，要坚持政治性和学理性相统一，价值性和知识性相统一，建设性和批判性相统一，理论性和实践性相统一，统一性和多样性相统一，主导性和主体性相统一，灌输性和启发性相统一，显性教育和隐性教育相统一，不断增强思想政治理论课的思想性、理论性和亲和力、针对性。② 习近平总书记的重要讲话，将包括马克思主义政治经济学在内的思想政治理论课在学校各门课

① 习近平：《思政课是落实立德树人根本任务的关键课程》，载于《求是》2020 年第 17 期。
② 参见习近平：《思政课是落实立德树人根本任务的关键课程》，载于《求是》2020 年第 17 期。

程中的地位提到我们党和政府相关文件中前所未有的高度，并对思想政治理论课教师提出了更高的要求，为思想政治理论课教学的改革创新指明了方向。

2008 年，北京高校政治经济学中国社会主义建设研究会并入新组建的北京高校中国化马克思主义教学研究会。至此，我在北京高校政治经济学中国社会主义建设研究会的活动彻底结束，没有参加北京高校中国化马克思主义教学研究会组织的任何活动。

在《中国社会科学》独立发表论文

在长期的科研实践中，通过向理论界前辈和经济学同行学习，我逐渐悟出了三点认识：（1）发表科研论文关键靠质量。高质量的科研论文，既要观点正确，更要有所创新。（2）同一篇论文发表的报刊级别越高，影响力就越大；发表的时间越早，就越有可能占领创新高地。（3）作为一名中国高校教师和理论工作者，不仅要力争在国内外的学术刊物上发声，还要力争在国内的中央大报上发声；不仅要影响学术圈，还要影响社会，以利于在改造客观世界的实践中发挥更大作用。

《中国社会科学》是中国社会科学院主办的综合性哲学社会科学杂志，是公认的中国文科最高级别学术刊物。该刊自1980年创刊以来，不少皓首穷经或年富力强的文科学者都将论文在《中国社会科学》发表作为自己在国内学术刊物发表论文的最高目标。我1989年、1993年先后在《经济研究》独立发表两篇论文之后，就希望有生之年能在《中国社会科学》发表论文。然而，主要由于自己的学术积淀不足，加之在较长时期中某些高级别学术刊物对马克思主义经济学论文持排斥态度，我一直未向该刊投稿。

2007年9月15—16日，我在中国人民大学参加由该校主办的第一届中国政治经济学年会，巧遇东北师大的研究生同学张忠任。张忠任过去曾在《中国社会科学》发表过论文，后来从长春调到北京并赴日本深造获得经济学博士学位，时任日本岛根县国立大学经济学教授。张忠任教授虽在日本任教，但与中国马克思主义经济学界的联系很紧密，经常在中国学术刊物上发表有影响力的论文，并在中国某些高校讲学或进行学术交流，对我的情况也基本了解。我们难得相聚，交谈甚欢。他提醒我：《中国社会科学》近期发表了程恩富、何干强等马克思主义经济学教授的论文，你为什么不抓紧向《中国社会科学》投稿？当时，恰好中国社会科学杂志社经济编辑室主任许建康研究员也参加了会议。许主任是坚定的“海归”马克思主义经济学者，对我在国内发表的某些文章有所了解。我利用会议间隙与许主任进行了交谈，并提出拟就中国所有制结构改革问题撰写一篇论文向该刊投稿。他对我的研究内容很感兴趣，表示欢迎投稿。他还介绍了该刊非常严格的审稿程序，并且特别强调了该刊发表论文的质量标准：第一，选题的意义重大；第二，论证严密，观点正确；第三，文中的各部分内容“都是新的”。

许主任的支持态度使我深受鼓舞，但他强调的发稿标准也使我倍感压力。当时，《中国社会科学》是双月刊，每期只发两篇左右的经济学论文，平均每月发表一篇经济学论文；《中国社会科学》每年经济学论文的发稿量仅相当于《经济研究》的十几分之一。经济学界和经济部门向该刊投稿的优秀经济学论文很多，发稿率大约相当于稿源量的1/50。

长期以来，中国所有制结构改革问题是我的一个重要研究方向，当时手头还有一篇不到1万字的相关论文准备投稿。按照《中国社会科学》的质量标准和字数要求，我以发展的马克思主义经济学为指导，在进一步收集和研究相关文献的基础上，深入思考，提炼新意，反复修改，全力以赴，用了约3个月的时间，写出了论文的送审稿。论文的题目是《深化中国所有制结构改革的若干思考》。论文分为三个部分：第一部分，深入探讨了中国现阶段所有制结构的理论与实践依据（特别是提出并论证了邓小平提出的“三个有利于”的根本标准，是我国现阶段确立和完善公有制为主体多种所有制经济共同发展的所有制结构的基本理论依据），提出应妥善处理所有制结构中主体与辅体的相互关系，坚持和完善公有制为主体多种所有制经济共同发展的基本经济制度。第二部分，围绕公有制为主体特别是对我国一段时期以来公有资产在社会总资产中是否具有量的优势这一理论界与实际部门长期存在激烈争论的重大问题进行了深入探讨，明确提出我国当时公有经营性净资产在社会经营性净资产中仍具有一定的量的优势，强调公有经营性净资产在社会经营性净资产中不仅要有量的优势，也要有质的优势。第三部分，围绕国有经济为主导特别是对社会主义市场经济条件下国有经济布局的特点进行了深入探讨，并对优化我国国有经济布局、进一步发挥国有经济主导作用提出新的对策建议。

2007年12月中旬，我将约25000字的论文提交中国社会科学杂志社。

该杂志社非常重视这篇论文，迅速将该文转交匿名专家评审。匿名专家对我的论文给予了充分肯定，同时也提出了一些修改意见。[①] 我根据匿名专家和该杂志社的意见又作了两次修改。鉴于我的论文内容所具有的高度重要性和敏感性，该杂志社将我的论文报送时任全国政协副主席、中国社会科学院院长、《中国社会科学》杂志编委会主任陈奎元审阅。经陈奎元院长审阅并同意，《中国社会科学》于 2008 年第 3 期发表了我的论文。

论文发表后，《中国社会科学（英文版、季刊）》（2008 年第 4 期）、《中国社会科学文摘》（2008 年第 11 期）、《新华文摘》（2008 年第 16 期）、中国人大复印报刊资料《社会主义经济理论与实践》（2008 年第 7 期）、《人民日报》（2008 年 7 月 8 日理论版）、《光明日报》（2008 年 9 月 23 日理论版）、《中国教育报》（2008 年 8 月 9 日理论版）、《中国改革报》（2008 年 7 月 9 日理论版）等重要报刊分别对其进行了全文或部分的转载，在社会上特别是在经济学界产生了很大影响。这是 21 世纪我校在《中国社会科学》发表的第三篇文章（另两篇均为合撰的调查报告），也是 21 世纪我校以独立作者名义在《中国社会科学》发表的第一篇论文。

2008 年，我被学校评定并报教育部备案，成为改革开放以来我国高校首批文科二级教授（即 2006 年国家机关事业单位工资改革后我国高校文科最高级别教授）。当年，我校评定的国家二级教授（在岗），占我校在岗教授人数近 1/15。

① 若干年后，我才获悉杰出经济学家刘国光学部委员是评审我的论文的匿名专家之一。

连续三届荣获北京市哲学社会科学优秀成果二等奖

迄今，我国对理工科和文科的优秀科研成果在科研奖励最高级别方面有明显差别。对理工科的优秀科研成果，最高奖励级别是国家级。1999 年 4 月 28 日国务院第 16 次常务会议通过的《国家科学技术奖励条例》规定，国家级科学技术奖包括：国家最高科学技术奖、国家自然科学奖、国家技术发明奖、国家科学技术进步奖和中华人民共和国国际科学技术合作奖。而对文科的优秀科研成果，最高奖励级别则是省部级。自 20 世纪末以来，北京市哲学社会科学优秀成果奖是由中共北京市委、北京市人民政府每两年颁发一次的省部级科研成果奖励。孙冶方经济科学奖、吴玉章人文社会科学奖、安子介国际贸易研究奖等科研奖励，被教育部视同省部级科研成果奖励。由于北京市文科科研成果质量在全国独占鳌头（特别是北京市哲学社会科学优秀成果奖的评奖范围涵盖北京大学、中国人民大学等教育部和其他部委在京高校），使北京市哲学社会科学优秀成果奖的分量更重，也更难获得。尽管衡量文科科研成果水平高低的根本标准是社会实践，但是，在京各高等院校和高校文科教师都趋之若鹜，将获得北京市哲学社会科学优秀成果奖作为努力方向和重要目标。

2006 年以前，我虽获得 1997 年度国务院颁发的政府特殊津贴证书（属于国家级奖励，但不属于纯粹的科研成果奖励），也获得过其他一些科研成果奖励，但从未参加过北京市哲学社会科学优秀成果奖的评选。2006 年 5 月，我决定申报北京市第九届哲学社会科学优秀成果奖。[①] 该奖从申报到获

① 这中间还有一段小插曲。在原中国金融学院与原对外经济贸易大学合并后的较长时期内，我对国际经济贸易学院许多教师的科研实力并不了解。在校科研处下发了北京市第九届哲学社会科学优秀成果奖评选的通知后，我并没有立即决定申报评奖。我等待了一段时间，在获悉我院其他教师均未申报评奖的情况下，我在与学院主管副院长商量并获得他的大力支持后，才决定申报评奖。

奖，必须在限额条件下通过校内两关（学院学术委员会和学校学术委员会的投票表决）、校外四关（北京市哲学社会科学优秀成果奖评奖机构组织的专家遴选投票表决、学科评议组投票表决、大评委投票表决和拟获奖科研成果公示）。

我申报评奖的论文是《生产要素按贡献参与分配原则新思考》[①]。该文对按生产要素分配与按劳分配之间的联系与区别进行了深入论述，以生产要素所有制决定论、劳动价值论和“要素财富论”为理论依据，为中共十六大报告中提出的生产要素按贡献参与分配原则提供了一个新的马克思主义的分析框架。按照当年的申报评奖规定，我除了认真如实地填写申报评奖材料之外，还提交了同一研究领域专家项启源研究员（中国社会科学院经济研究所）和陈德华教授（北京大学经济学院）分别撰写的两封推荐信。我的申报先是在学校获得通过，又经过几个月在北京市评奖机构中也获得通过。直到北京市第九届哲学社会科学优秀成果获奖名单正式公布，我才获悉整个经济学科（包括理论经济学和应用经济学）的获奖项目共有 32 项（其中，获奖的经济学论文仅有 5 篇，只有 1 篇论文获得一等奖，我的论文获得二等奖）。在北京参评单位两年发表的上万篇经济学论文中，我的论文能够获奖，既不容易，也很庆幸。10 月，我独撰的论文《外商直接投资对中国经济的双重影响与对策》[②]，也获得了另一项省部级奖励——第十四届安子介国际贸易研究优秀论文二等奖（该届评奖中优秀论文一等奖空缺）。

2008 年 5 月，我再次申报北京市哲学社会科学优秀成果奖。我申报评奖的专著是《贸易自由化与投资自由化互动关系研究》（人民出版社 2006 年版）。这部专著是我主持的国家“十五”“211 工程”重点学科建设课题的研究成果，是研究团队集体智慧的结晶。我是课题负责人和专著的第一作者，我校国际经济贸易学院王飞、杨国亮，武汉大学经济与管理学院世界经济系李卓、南京大学商学院国际经济贸易系方勇和商务部政策研究室周岚是课题组成员。课题组全体成员团结协作，深入研究，奋战 3 年，数易其稿，

① 郭飞：《生产要素按贡献参与分配原则新思考》，载于《马克思主义研究》2005 年第 2 期。

② 郭飞：《外商直接投资对中国经济的双重影响与对策》，载于《马克思主义研究》2006年第5～6 期。

终于撰写并出版了这部专著。该专著分为上、中、下三篇，共九章。上篇为“贸易自由化研究”，着重研究贸易自由化的理论与实践、贸易自由化对世界经济的影响及其在中国的实践与对策；中篇为“投资自由化研究”，着重研究投资自由化的理论与实践、投资自由化对世界经济的影响及其在中国的实践与对策；下篇为“贸易自由化与投资自由化互动关系的理论与实证研究”，通过梳理国际贸易与国际投资互动发展的理论脉络，进一步界定贸易自由化与投资自由化的互动关系，并通过计量经济模型加以分析与验证。该书首次以专著形式构筑了贸易自由化与投资自由化互动关系研究的基本理论框架；首次构建了一个发展中国家跨国公司最优国际化战略选择的内生性模型；首次应用先进的CGE模型深入分析了贸易自由化与投资自由化的互动关系；并就外商直接投资对中国经济的消极影响进行了全面、深刻、新颖的分析与概括，提出了一些具有全局性、前瞻性、创新性和可行性的对策。该专著出版后，在学术界和社会上引起较大反响。杨圣明、陈继勇、卢进勇等著名专家或知名学者分别在《经济学动态》《世界经济》《国际贸易问题》等权威或著名学术期刊上发表书评，对该专著给予较高评价。2008年12月，该专著获得北京市第十届哲学社会科学优秀成果二等奖。

2010年5月，我连续第三次申报北京市哲学社会科学优秀成果奖。我申报评奖的论文是《深化中国所有制结构改革的若干思考》①。本来，同一申报人在同一奖项连续两次获奖的基础上第三次申报评奖，其成功的可能性很小，我不应申报。然而，既由于那篇论文的质量和社会影响具有极大的获奖可能性，也由于学院和学校领导的积极鼓励和大力支持，我决定再披战袍。10月，我获得北京市第十一届哲学社会科学优秀论文二等奖。后来，我听说经济学论文的获奖争夺非常激烈。在北京市评奖的第一个环节中，除《中国社会科学》和《经济研究》发表的经济学论文之外，在其他刊物发表的经济学论文一律被淘汰；在第二个环节中，从4篇在《中国社会科学》发表的经济学论文（其中，中国人民大学就占了3篇）中评出1篇论文为一等奖，从两篇在《经济研究》发表的经济学论文中评出1篇论文为一等奖，我的经济学论文仅以1票之差与一等奖擦肩而过。对此，有

① 郭飞：《深化中国所有制结构改革的若干思考》，载于《中国社会科学》2008年第3期。

的同行为我鸣不平，认为我的论文从质量上不亚于获得一等奖的另一篇论文。我微笑着说：能够连续三届获得北京市哲学社会科学优秀成果二等奖，我已经很知足了。与获得一等奖的票数要求只差1票，已经证明学科评议组十多名专家对我的论文高度认可。在北京市进行的省部级优秀论文评奖，决不仅仅是论文之间的水平竞争，同时也是单位之间科研实力的竞争；中国人民大学、北京大学发表的经济学论文在我国经济研究中的贡献度大大超过对外经济贸易大学，如果我是评委，很可能也会那样投票。

2006—2010年，我申报并荣获4项省部级科研成果奖（在获奖成果中，包括我独撰并公开发表的3篇论文，1部我作为课题负责人和第一作者撰写并公开出版的专著）。这已从科研获奖上证明了我的科研实力，并为学校作出了应有的贡献。同时，我以同一申报人的名义连续三届荣获北京市哲学社会科学优秀成果奖，这在此前北京市哲学社会科学优秀成果奖经济学学科的获奖者中，或者是没有先例的，或者是极为罕见的。此后，我直接向校科研处的同志表示：不再申报北京市哲学社会科学优秀成果奖，将申报评奖名额和获奖机会留给其他教师（特别是中青年教师）。2010年以来，我又发表或出版了新的论文或著作。其中，有的论文或著作具有申报并获得省部级科研成果奖的可能性，但我并未申报评奖。古今论争，尤在名实。我认为，作为一名高校教师和经济理论工作者，在社会上获得科研奖励和荣誉称号并非易事，也比较重要；然而，为实现中华民族伟大复兴在立德树人、理论创新和对策创新方面作出切切实实的较大贡献，才是最根本和最重要的。

探索并提出中国经济体制改革专题课程研讨型教学模式

我在对外经济贸易大学给全日制研究生开设的课程中，中国经济体制改革专题既是我长期开设的课程，也是校研究生院作为教学改革项目先后两次立项并予以资助的课程，还是校外专家在结项评审中两次评为优秀的课程。在这门课程的教学改革中，我锐意进取，深入探索，倾注了许多心血。

中国经济体制改革专题是对外经济贸易大学为研究生开设的一门公共选修课。该门课程难度较大，国内尚无教材和统一的教学大纲，绝大多数高校长期没能开设。我和金燕共同开设这门课程，在教学改革方面进行了多年的艰辛探索。2009 年 12 月，《中国高等教育》发表了我和金燕合作并由我撰写的《中国经济体制改革专题课程研讨型教学模式探索》一文，提出了在中国经济体制改革专题课程中探索并实行的研讨型教学模式，[①] 全文如下：

中国经济体制改革专题课程研讨型教学模式探索

实施素质教育是当代中国教育改革的主流。作为教育改革的有益探索和发展趋势，研讨式教学法在国内外高等教育特别是研究生教育中日益受到重视并被采用。中国经济体制改革专题课程是我校为研究生开设的一门公共选修课。几年来，我们从课程、教师和学生的实际出发，将研究与讨论尽可能地贯穿于课程教与学的全过程或基本环节，探索并采用研讨式的教

① 郭飞、金燕：《中国经济体制改革专题课程研讨型教学模式探索》，载于《中国高等教育》2009 年第 23 期。

学内容、教学方法和考核方式，从而使研讨式教学法拓展和上升为研讨型教学模式，显著增强了学生的问题意识、创新精神、研究水平与表达能力。

一、研讨式的教学内容

实现研讨型教学模式的目标，关键是提炼和展现研讨式的教学内容。中国经济体制改革已经走过30多年的风雨历程，取得了举世公认的巨大成就。中国经济体制改革具有实践性、复杂性、探索性和创新性等特点。如何在有限的36课时内选择和确定好该门课程研讨式的教学内容？我们主要把握好三条：（1）凸显中国经济体制改革的核心、重点、难点和热点问题，以增强该课程对学生的吸引力；（2）与社会主义政治经济学、中国经济概论等本科生课程和中国经济专题等研究生课程在内容或深度上有明显区别，以避免简单重复或基本雷同；（3）能充分展示国内外的主要研究成果和教师的研究专长，以拓宽与深化学生的研究思路，提升学生的研究能力。据此，我们在该门课程设置了经济体制改革的基本性质与转轨方式、中国企业体制改革、中国金融体制改革、中国劳动就业体制改革和中国个人收入分配体制改革等六个专题，并编写出在国内具有先进性、创新性和适用性的含有四级标题的授课大纲。

我们以发展的马克思主义经济学为指导，紧密围绕中国经济体制改革的实践，充分吸收国内外相关研究的优秀成果和最新数据，采取历史分析与现实分析相结合、理论分析与对策分析相结合、纵向比较与横向比较相结合等方法，编写出一套较高水平的讲义或讲稿。例如，在讲授激进式改革与渐进式改革这一节时，任课教师首先阐明了两种经济体制转轨方式的区别与联系，然后介绍了国内外几种主要的评价经济体制转轨绩效的方法与相关数据，并对两种经济体制转轨方式的绩效进行了深入的分析，在此基础上结合转轨国家的实际情况对两种经济体制转轨方式的利弊及其适用性概括出三条基本结论：（1）选择何种经济体制转轨方式，如同选择何种经济体制改革的目标模式一样，从根本上来说取决于各国的国情，取决于经济体制转轨成本与经济体制转轨收益的比较，没有统一的固定不变的模式；（2）激进式改革（或“休克疗法”）并非是包医百病的“灵丹妙药”；（3）对于以建立社会主义市场经济体制为目标的国家来说，渐进式改革可能是较为适宜的经济体制转轨方式。再如，在讲授中国劳动就业体制改革专题时，任课教师结合个人的最新研究成果，将中国当前失业的基本特征概括为六条：（1）城镇失业人员达到较大规模；（2）总量矛盾、结构矛盾与素质矛盾并存；（3）“需求瓶颈”与“体制瓶颈”并存；（4）非自愿失业与选择性失业并存；（5）隐性失业与隐性就业并存；（6）经济高增长与城镇高失业并存。学生们普遍反映：“这样讲课的理论性、现实感、说服力都很强，深受启迪。”

二、研讨式的教学方法

我们在对中国经济体制改革专题课程进行教学改革的实践中，实行以教师为主导、学生为主体、研讨为主轴的开放、互动式教学方法。具体说来，我们主要采用四种研讨式教学方法：

一是，课内讲授与课外自学相结合。课内讲授是基本方法。任课教师精心设计每一堂课，以科学探索和平等讨论的方式进行授课。课外自学是主导方法。我们要求学生原则上至少要用与教师授课时数相同的时间进行自学。为切实增强学生的自学能力，我们不仅在发给学生的授课大纲中列出各专题的主要参考文献和思考题，还给每个学生免费发放一本由任课教师选编且在内容上逐年有所更新的10万字左右的教学参考资料，并具体指导学生迅速便捷地查阅高质量的相关文献。例如，我们根据多年积累的经验，指导学生在查阅某一内容的参考论文时，注重查阅新论文、名刊或名家的论文，并通过文中所列的参考文献“顺藤摸瓜”，进一步拓展查阅范围。

二是，“请进来”与“走出去”相结合。为配合中国金融体制改革专题和中国企业体制改革专题的教学，我们曾聘请一位著名经济学家和一位著名企业家来校作了“中国期货市场的历史、现状与未来”和“全面建设小康社会与民营企业发展”两个专题报告。两位专家置身于中国经济体制改革的最前沿，从理论与实践的结合上为学生作了深入的分析和精彩的演讲。我们还组织学生到北京一家知名企业进行参观调查，并请该企业总裁给学生作了“企业家的诚信”的专题报告。丰富多彩的开门办学实践，不仅弥补了任课教师的某些不足，也极大地激发了学生的学习热情，拉近了学生与现实之间的距离，从而使该门课程的吸引力和影响力显著增强。

三是，专题讨论与随机讨论相结合。我们在该门课程的每轮教学中，都安排学生进行两次共4课时的专题讨论。为使讨论取得实效，我们着力抓好四个环节：（1）选好讨论题目。近年来，我们根据中国经济体制改革的进展和社会热点问题的变化，先后确定了“我国收入分配体制改革存在的主要问题与对策”和“如何看待大学毕业生就业难”等作为专题讨论的大题目，学生则可以在大题目的范围内自选切入点或自定题目。（2）做好讨论准备。我们要求每名学生都须独立撰写2000～3000字的讨论提纲，每组推荐1名学生在专题讨论中做重点发言。有些学生不仅撰写了讨论提纲，还精心制作了相关的数据图表和PPT。（3）认真组织讨论。专题讨论由任课教师或课代表主持。为活跃讨论气氛，引导讨论深入，主持人还经常穿插提出问题，并留出时间安排学生自由发言。通过不同内容、不同角度、不同观点的阐发、交锋和融合，学生之间相互学习、启发和促进，思辨与表达能力明显提升。（4）做好讨论总结。这既包括教师对学生讨论情况作一分为二的点评，也包括教师对讨论主题的要点提示。例如，任课教师在对“如何看待大学毕业生就业难”的专题讨论作要点提示时，紧密结合国内外的崭新数据和鲜活实例，深入阐明了大学毕业生就业难的基本含义、大学毕业生就业难是一个世界性的难题以及缓解我国大学毕业生就业难的基本途径。任课教师的精辟点拨，使学生对讨论主题的认识上升到一个新的高度。除专题讨论之外，我们还针对授课中的某些重点内容，随机引导学生进行有一定深度的讨论。

四是，教师提问学生与学生提问或质疑教师相结合。在课堂教学中，我们不仅把经常提问学生作为促进学生思考和活跃课堂气氛的手段，而且也提倡和鼓励学生就授课内容及相关问题向教师提问或质疑，教师则尽己所能给予回答。例如，任课教师在讲授中国个人收入分配体制改革专题时，有学生针对讲授中涉及的2006年我国事业单位工资改革提出一个问题：新工资制度中的绩效工资是否属于奖金？对此，任课教师作了四点阐释：（1）我国事业单位新实行的岗位绩效工资制度包括岗位工资、薪级工资、绩效工资和津贴补贴四个组成部分，绩效工资相对于其他三部分工资而言，属于活工资范畴；（2）奖金的经济学本义是劳动者提供的超额劳动的报酬形式；（3）我国事业单位实行绩效工资，根本目的是进一步贯彻按劳分配原则，充分调动事业单位工作人员的积极性、主动性和创造性；（4）绩效工资因人而异，其是否属于奖金须作具体分析。只有因超过标准工作的数量与质量规定而获得的那部分绩效工资，才属于真正意义上的奖金。实践证明，双向提问有利于促进师生互动和教学相长。

三、研讨式的考核方式

与传统的“上课记笔记、下课背笔记、考试考笔记”的填鸭式教学模式迥然不同，我们在实行研讨型教学模式的过程中，根据中国经济体制改革专题课程的特点和学生的实际情况，采取了以撰写小论文为主、以课堂讨论发言和案例分析为辅的灵活多样的考核方式。

我们在中国经济体制改革专题课程的每轮教学中，都要求学生必须提交两篇独立撰写的与课程内容密切相关的3000字左右的小论文，其成绩占课程总成绩的70%。为确保小论文的质量，我们要求学生尽可能地查阅相关的重要文献，尽可能地采用最新公布的相关数据，不得抄袭别人的论文，摘要、引证、注释、参考文献、文字表达都必须规范化，同时要有个人的独立见解。中国社会科学院经济研究所副所长朱玲在《经济研究》杂志上发表了《实地调查基础之上的研究报告写作》一文，深入探讨了经济类专业研究生提高调研与写作能力的基本路径。我们将该文印发学生人手一份，作为其撰写小论文和其他经济类论文的重要参考。在任课教师的严格要求和热情指导下，学生们博读泛览，深入思考，认真撰写小论文。有的学生根据1994年我国税制改革以来多次较大幅度地调整出口退税率的实效，对我国当前提高出口退税率的做法提出质疑，并提出了变出口退税为研发投入、变刺激外需为扩大内需等颇有见地的政策建议。有的学生从高校人才培养模式、高校毕业生人数持续大幅增加、高校毕业生的择业观念和就业去向与社会需求脱节等角度全面分析我国大学毕业生就业难的基本成因；从政府、企业、高校、学生或从产、学、研相结合的角度深入探讨缓解我国大学毕业生就业难的基本途径。日本籍博士研究生西村友作在2007年撰写的小论文中，不仅对日本和中国大学毕业生的就业问题进行了多角度的比较分析，还附有日本大学毕业生就业的产业结构占比（2006年）、日本大学毕业生时序就业率（1996—2006 年）和日本大学毕业生首月工资增长率（1997—2006 年）3 个图表。学生们通过撰写小论文，经历了独立进行研究与探索的实践过程，不仅为尔后撰写硕士、博士学位论文或在报刊上公开发表论文等奠定了一定的基础，也明显提升了理论素养、创新精神、科研水平与表达能力。

深入探讨我国个人收入分配领域六大问题

长期以来，个人收入分配问题是我的一个重要研究方向，我先后在《经济研究》《经济学动态》《高校理论战线》《中国劳动科学》《当代经济研究》《人民日报》《光明日报》《中国财经报》等报刊上发表过一些论文。2009年，我申报的“十一五”“211 工程”重点学科建设课题“开放型经济下中国个人收入分配问题研究”获得批准，国家资助金额 30 万元，课题结项时间为 2011 年。于是，我在一段时期内将研究重心转入中国个人收入分配问题。

20 世纪 90 年代中期以来，我国个人收入分配状况发生了巨大而深刻的变化。一方面，传统经济体制下的平均主义分配被逐步破除，广大居民的收入水平和生活状况得到显著改善；另一方面，权力寻租、部分垄断性行业不合理的高收入、利润侵蚀工资、贫富差距拉大等问题日益突出，引起广大群众不满和整个社会的高度关注。作为我主持承担的“十一五”“211工程”重点学科建设课题的阶段性成果之一，我和王飞合作、由我撰写了《中国个人收入分配改革：成就、问题与对策》（约23000字）一文，[①]在充分肯定改革开放以来我国个人收入分配取得重大成就的基础上，对我国个人收入分配领域存在的六大问题进行了深入剖析。

一、权力寻租较为突出，非法收入屡有发生

寻租的经济学本义是指为维护既得经济利益，设法取得或维持垄断经

① 郭飞、王飞：《中国个人收入分配改革：成就、问题与对策》，载于《马克思主义研究》2010年第3期。

济利益，或是对既得经济利益进行再分配的非生产性活动。[①] 权力寻租在此是指握有行政、经济等权力的官员或工作人员通过非法或不正当途径获取经济利益的行为。尽管我国不断出台新的法律法规进行治理，但权力寻租行为有增无减，并呈现出四个特点：（1）权力寻租者的范围越来越广；（2）权力寻租者中官员的行政级别越来越高；（3）权力寻租的租金规模越来越大；（4）权力寻租的方式越来越隐蔽。[②]

权力寻租者攫取的非法收入，是我国社会中黑色收入的主体。此外，我国还有"黄"（经营色情行业）、"蓝"（海上走私）、"白"（贩卖毒品）、"黑"（组织生产假冒伪劣商品与制造、贩卖假币、开设赌场及偷骗税）等几种人，通过种种非法途径攫取了黑色收入。

二、部分垄断性行业不合理的高收入问题突出

部分垄断性行业，是指我国广播电视、烟草、军工等某些带有浓厚行政垄断色彩的高收入行业和金融、铁路、邮政、水电、电信等某些兼具自然垄断与行政垄断性质的高收入行业。这些垄断性行业的高收入在较大程度上不是取决于其自身的贡献或绩效，而是取决于其对资源、市场的垄断与国家的政策保护。这些垄断性行业不合理的高收入，既是导致我国行业之间收入差距不断扩大的主要因素，也是我国当前收入分配不公的重要方面。其主要表现有二：

1. 行业平均收入差距较大。2008 年，我国证券、银行和保险业职工年平均工资分别为 172123 元、62254 元和 41190 元，是当年全国各行业职工年平均工资 29229 元的 5.89 倍、2.13 倍和 1.41 倍。有学者根据调查数据撰文指出，2005 年，我国电力、电信、石油、金融、烟草等垄断性行业的职工约为 833 万人，不到全国职工总数的 8%，但其行业工资和工资外收入总

---

① 邹薇：《寻租与腐败：理论分析与对策》，载于《武汉大学学报（哲学社会科学版）》2007 年第 2 期。

② 详见郭飞、王飞：《中国个人收入分配改革：成就、问题与对策》，载于《马克思主义研究》2010 年第 3 期。

额则估算为1.07万亿元，相当于当年全国职工工资总额的55%。[①]与此同时，部分垄断性行业企业之间及企业内部的收入差距也在扩大。在银行业，收入高的单位职工年均工资超过100万元，收入低的单位职工年均工资则在4万元以下。[②]

2. 行业内企业高管收入较高。部分垄断性行业中的大中型企业大多是国有（或国有控股）企业。有些国企高管滥用工资分配自主权，利用国家有关法规与企业约束机制不健全等空隙，自定高额薪酬，与企业职工的收入差距越拉越大。2008年，中国银行信贷风险总监詹伟坚的薪酬为1181万元。[③]而作为非国企的中国平安保险公司董事长兼CEO马明哲，在2007年则领取了总计为6621.1万元的薪酬。[④]必须指出，企业高管薪酬，通常只是其实际收入的一部分；企业高管掌控的金额较大的职务消费，通常也有相当数量通过各种形式转化为其实际收入。

三、利润侵蚀工资，劳动报酬在国民收入初次分配中占比过低

利润侵蚀工资主要有两种表现：（1）压低职工（特别是农民工）工资，克扣和拖欠工资。压低职工工资在非国有企业特别是在非公有企业中较为常见，而工资被压得最低的乃是农民工工资。农民工工资普遍偏低的主要表现是：工资标准较低；“同工不同酬”的现象比较普遍；工资增长缓慢；不少企业不给农民工缴纳“三险一金”（即基本养老、医疗、失业保险金和住房公基金）；农民工劳动时间普遍超过《中华人民共和国劳动法》的相关规定，并且得不到相应补偿。（2）最低工资标准偏低。我国实行最低工资制度已有十几年的历史，但存在的最大问题仍是标准偏低。首先，我国制定的最低工资标准没有涵盖“三险一金”。其次，我国最低工资标准与社会

① 王小鲁：《灰色收入与居民收入差距》，载于《中国税务》2007年第10期。

② 麻健：《采取新措施调控垄断行业工资收入》，载于《中国人力资源开发》2007年第11期。

③ 参见《银行高管“限薪令”引发怪现象：中层薪酬高过总行行长》，载于《羊城晚报》2009年4月11日。

④ 王博：《马明哲天价年薪风波》，载于《新财经》2008年第5期。

平均工资的比例低于世界平均水平。最后，最低工资标准在实践中往往成为不少企业特别是某些私营企业对一般员工工资的执行标准。此外，有些私营企业以实行计件工资为由拒绝执行最低工资标准，将职工工资水平压低到最低工资标准之下。

“利润侵蚀工资的直接后果就是劳动报酬在国民收入初次分配中的占比偏低。2000—2007年，我国劳动者报酬在国民收入初次分配中的比重从51.4%降至39.7%。① 在市场经济成熟的国家，劳动报酬总额占国内生产总值的比重是比较高的（美国占70%左右，其他国家占54%～65%）。②1990—2007年，我国职工工资总额在国内生产总值中的比重也从15.32%降至10.78%。③ 从全局和长远来看，劳动报酬在国民收入初次分配中占比过低对我国经济与社会发展很不利。一是，它表明劳动者的经济地位相对下降，从而弱化了按劳分配方式的主体地位，这与我国社会主义制度的基本性质是相悖的；二是，它会引起居民消费占GDP比重的下降，从而导致消费与投资的比例失调，不利于扩大国内消费需求和优化产业结构；三是，它不利于国民经济持续平稳较快发展与构建社会主义和谐社会。”④

四、城镇住房制度改革中低价出售公有住房，助推城镇居民财产和收入分配差距明显扩大

我国20世纪90年代末至21世纪初的城镇住房制度改革虽有明显的积极作用，但其在实施过程中也存在不少弊端。就与城镇居民经济利益相关的角度而言，其主要问题是：（1）出售公有住房的受益面较窄。经济效益差或过去没有自建公有住房的国有企业的职工，集体所有制企业和非公有

---

① 俞肖云、肖炎舜：《我国收入分配的现状、问题、成因与对策》，载于《经济学动态》2009年第8期。

② 白暴力主编：《让城乡居民收入稳步增长》，人民出版社2008年版，第48页。

③ 余桂兰、宋冬林：《我国劳动力价值实现程度与劳动争议关系的实证研究》，载于《马克思主义研究》2009年第6期。

④ 郭飞、王飞：《中国个人收入分配改革：成就、问题与对策》，载于《马克思主义研究》2010年第3期。

制企业的职工，根本就没份儿。（2）公有住房售价偏低，普遍忽略了地理位置优劣这一房价形成的重要因素，基本上忽略了住宅质量高低这一房价形成的另一重要因素。（3）违规提高购房面积标准，重复购房、骗购房等乱象屡见不鲜。不少单位出售公有住房实际上变成了按效益购房和按骗术购房。我国城镇住房制度改革中向部分职工出售公有住房，使其以较少价值量的金融资产转化为较大价值量的房产。房产已成为我国城镇居民财产构成中的最主要部分，城镇房产特别是大中城市房产的增值速度惊人。房产与个人收入是存量与流量的关系。房产可以转化为个人收入，个人收入也可以转化为房产。向部分城镇职工低价出售公有住房，不仅导致了国有资产的惊人流失，也明显扩大了城镇居民内部及城乡居民之间的财产差距与收入差距。①

五、国家机关事业单位新工资制度和退休人员基本养老金待遇存在某些缺陷

2006年出台的国家机关事业单位新的工资制度存在某些缺陷。就事业单位的非基本工资——绩效工资、津贴、补贴而言，主要存在三个问题：（1）绩效工资的依据难以准确量化；（2）绩效工资的主要来源即事业单位的创收项目和创收渠道尚欠规范；（3）不同事业单位（转企改制的事业单位除外）的津贴、补贴名目繁多，差距越来越大。此外，国家机关与事业单位之间、事业单位与企业之间退休人员的基本养老金差别较大。一方面，国家机关和事业单位退休人员之间的基本养老金差别明显；另一方面，事业单位退休人员的基本养老金又显著高于企业退休人员的基本养老金。我国国家机关事业单位和企业实行不同的养老保险制度，相同级别（或职务）退休人员的基本养老金，国家机关事业单位显著高于企业。

① 参见郭飞、王飞：《中国个人收入分配改革：成就、问题与对策》，载于《马克思主义研究》2010年第3期。

六、个人收入差距持续扩大，全国的基尼系数逼近（或进入）危险区

20 世纪 90 年代中期以来，我国个人收入差距总体上呈现扩大的态势。一是不同所有制单位职工工资差距明显扩大；二是不同行业职工工资差距显著扩大；三是不同地区个人收入差距持续扩大；四是不同群体个人收入差距不断扩大。从微观来看，不少非公有制经济中私营企业和三资企业中的雇主和雇工的收入差距过大。从宏观来看，高收入群体与贫困群体的收入差距非常悬殊。① 要深入考察我国个人收入差距的实际状况，仅仅根据国家统计局公布的有关数据是远远不够的，必须进一步考察统计外收入，即考察统计外的货币收入、实物收入（含显性实物收入和隐性实物收入）与福利收入。②

国际上通常以基尼系数作为衡量个人收入分配差距是否适当的基本指标。采用基尼系数来衡量我国个人收入差距，国内外学者普遍认为我国基尼系数不断攀升。赵人伟指出：对于全国的基尼系数，概括起来可以分为三种不同的估计，即低估为 0.4 左右，中估为 0.45 左右，高估为 0.5 左右。第一种估计主要考虑货币收入，而较少考虑实物收入特别是补贴收入；第二种估计则是较多地考虑了货币收入和实物收入；第三种估计则不仅考虑了货币收入和实物收入，也考虑了非法收入和非正常收入。③ 我们认为，尽管我国在建立农村最低生活保障制度、提高低收入者工资和健全公共福利等方面采取了一些新举措，使我国最低收入群体的收入水平有所提高，但我国最高收入群体的收入则主要由于财产性收入和经营性收入的双重叠加而增速更快。因此，赵人伟的上述观点仍较符合我国个人收入分配差距的实际状况。换言之，我国的基尼系数，若不考虑非法非正常收入，则是逼

① 详见郭飞、王飞：《中国个人收入分配改革：成就、问题与对策》，载于《马克思主义研究》2010 年第 3 期。

② 郭飞：《我国当前个人收入差距实证考察》，载于《经济学动态》1998 年第 5 期。

③ 赵人伟：《对我国收入分配制度改革的若干思考》，载于《经济学动态》2002 年第 9 期。

近了危险区（0.5）；若考虑非法非正常收入，则已经进入了危险区。[①]

“笔者有必要强调四点：第一，我国在经济体制转轨过程中个人收入差距持续显著扩大，既有合法和合理的因素在发生作用，也有非法和不合理的因素在发生作用，并不能一概否定，否则就可能导致退回到平均主义分配的传统经济体制。第二，我国自20世纪90年代以来个人收入差距扩大的速度较快，主要源于多种违法行为和经济体制转轨中的缝隙、漏洞与摩擦。第三，横向比较，对我国当前个人收入分配差距必须高度重视。根据世界银行《2005年世界发展报告》提供的数据，我国的基尼系数2001年为0.447，在其所列的134个国家或地区的基尼系数中高居第35位。我国的基尼系数不仅高于所有发达资本主义国家的基尼系数（例如，美国2000年为0.408，英国1999年为0.360，日本1993年为0.249，德国2000年为0.283，法国1995年为0.327），也高于印度（1999—2000年为0.325）、越南（1998年为0.361）等发展中国家的基尼系数。[②]第四，我国正处于社会主义初级阶段，力争在21世纪中叶将本国建设成为富强民主文明和谐的社会主义现代化强国。如果不从根本上理顺个人收入分配关系，扭转或遏制个人收入差距持续扩大的势头，则必然会对我国经济与社会的全面、协调和可持续发展与第三步宏伟战略目标的实现产生显著的不利影响。”[③]

针对我国个人收入分配领域存在的上述六大问题，我们提出了四项基本对策：（1）以科学发展观为指导，又好又快地发展中国经济；（2）深化与完善个人收入分配及相关领域的经济体制改革；（3）加强法制和党风廉政建设，强化管理与监督，坚决取缔非法收入；（4）不断巩固和发展社会主义公有制经济，大力弘扬社会主义意识形态。[④]

这篇论文在社会上引起了较大反响。《人民日报》理论版摘发了此文的

---

① 郭飞、王飞：《中国个人收入分配改革：成就、问题与对策》，载于《马克思主义研究》2010年第3期。

② 世界银行：《2005年世界发展报告》，清华大学出版社2005年版，第258～259页。2006—2009年，世界银行各年发表的世界发展报告中均未发布世界不同国家基尼系数的新数据。

③ 郭飞、王飞：《中国个人收入分配改革：成就、问题与对策》，载于《马克思主义研究》2010年第3期。

④ 参见郭飞、王飞：《中国个人收入分配改革：成就、问题与对策》，载于《马克思主义研究》2010年第3期。

部分要点。有朋友建议我将此文送交国家有关部委的相关人员参阅，以利发挥更大的作用。于是，我将此文寄给国家发展和改革委员会就业和收入分配司司长。该司长阅后高度重视并立即作出批示，要求我国收入分配改革方案起草组成员认真研究参考。此前该司长与我并不认识，他主动打电话约我见面并与我交了朋友。他对我说，你是对外经济贸易大学的教授，真没想到你对我国个人收入分配问题研究得如此深入。他希望我日后能将撰写的有关我国个人收入分配的论文及时给他寄去以便他们研究参考。我提出聘请他兼任由我担纲的我校中国经济发展研究中心的一名学术指导，他欣然同意。2010 年 7 月 1 日，他拨冗参加了我校中国经济发展研究中心成立大会，并接受了由施建军校长颁发的聘书。

多次参加高层次理论研讨会并作大会发言

20 世纪 90 年代初以来，我参加了多次高层次的理论研讨会。高层次的理论研讨会，既是本专业领域最新的高水平科研成果的集中展示，又是经济、政治、教育等各种信息相互交流的重要平台，还是与同行交往、向同行学习的良好时机。除重点参加我所在的学会——中国经济规律研究会（2018 年经民政部批准更名为中国政治经济学学会）的学术年会之外，我参加的某些高层次的理论研讨会在脑海中留下了深刻印象。

1993 年 10 月，我在湖南省张家界市参加了由国家体改委经济体制与管理研究所主办的“全国中青年学者、企业家改革开放 15 年理论与实践研讨会”。我向会议提交了两篇论文，一篇是《社会主义市场经济中按劳分配特点新探》，另一篇是《略论社会主义劳动力市场》。会议议程中原本没有安排我作大会发言。然而，开会第二天早餐后，会议组织者突然找到我，要我在当天上午的大会上第一个发言。我虽感意外，但也爽快地答应了。在大会发言中，我没拿稿子，也没有介绍提交给大会的两篇论文的内容，而是阐发了不久前在《中国教育报》发表文章的基本内容，特别是介绍了我提出的应大幅提高我国高校教师工资的对策建议。我的发言刚结束，北京市某重点高校的一位经济学副教授立即站起来提出质疑。他说：“我认真听了你发言中的每一个字。但是，大幅提高我国高校教师工资，财政支出方面有可行性吗？如果财政支出有困难，超量发行货币，不会引起通货膨胀吗？”我从国家财政支出的可能性、近年来物价上涨较大的根本原因和大幅提高高校教师工资的经济与社会效应三个方面进行了阐释，他和与会的其他代表听后没有提出任何异议。

在此次研讨会上，由国家体改委经济体制与管理研究所牵头，成立了中国中青年社会经济系统工程学会，我当选为学会理事。会议组织者还委托以我为主、由我和中国人民大学经济学院韩小明副教授撰写了会议综述，并在《光明日报》《中国教育报》理论版发表。参加此次会议，我除荣获两项由会议主办方颁发的优秀论文奖（获奖论文不分等级）之外，还认识了一些经济学界的同仁和企业界的朋友，如国家体改委经济体制与管理研究所副所长曹远征、杨瑞龙（后任中国人民大学经济学院院长）和赖德胜（后任北京师范大学经济与工商管理学院院长）等。[①]

1993 年前后，教育部社会科学发展研究中心在中国人民大学组织了多次理论研讨会（有时在会议室，有时在报告厅），针对当时国内一些重大的理论热点和难点问题进行深入研讨，我经常应邀参会。当时，被邀请参会的青年经济学者很少，中国人民大学马列主义发展史研究所负责人顾海良和我经常在参会时相遇。教育部社会科学发展研究中心聘请国家有关部委、北京大学、中国人民大学等单位高水平的专家学者所作的专题报告及与参会学者的相互交流，使我收获颇大。在一次研讨会上，已是 90 多岁高龄的经济学泰斗、北京大学陈岱孙教授一针见血地指出：通货膨胀是向人民征税，"休克疗法"可以休克！他的这番话字字珠玑，给我留下了非常深刻的印象。在另一次研讨会上，中国人民大学吴易风教授就产权理论问题作了专题报告。他学贯中西，治学严谨，提出了不少新见解，使与会学者深受启发。还有一次研讨会是专门讨论劳动力市场与劳动力商品问题。卫兴华教授、项启源研究员先后阐述了他们各自的基本观点。随后，卫兴华教授

---

① 在此次研讨会期间，有两件趣事。一是我们去"秀色天下绝，山高人未识"的天子山游览时，我差点儿坠入"万丈深渊"。当时我从北京带去的胶卷已经用完，在山腰上花高价买了当地人卖的两个胶卷。为保险起见，我既让与会代表用我的相机给我拍照，又花钱让当地的摄像师给我拍照。我站在天子山顶端最边角的一块约 40 平方厘米的平石上，石旁仅有一棵树，没有保护栏杆。我先用一只手把着树保持身体平衡，后来突然撒手，独立于山之巅、巅之边，背着手照相。秋风吹来，我岿然不动。与会代表对我那时的勇敢和气魄非常佩服。晚上吃饭时，会务组负责人史炜对我说："你吃豹子胆了，我们当时看见这种情景都趴在地上，不敢抬头瞅。"我听了也稍有后怕，好在安然无恙。然而，与会代表用我的相机给我拍的相片冲洗出来竟是一片空白，原来我在山上买的胶卷是假的；而我花钱让摄像师给我拍的相片，竟没有给我寄来，我又无法查找。万没料到，我冒着生命危险拍的"绝照"，竟这样遗憾地绝迹了。二是我在舞会中遭遇的"尴尬"。一天晚上，会务组举办了一场舞会，我应邀前去助兴。在优雅的乐曲中，不少与会代表翩翩起舞。突然，国家体改委的一个女干部径直向我走来，邀我与她共舞。我向她解释我不会跳舞，她很不悦。随后，一位中国人民大学的年轻女博士邀我跳舞，又被我婉拒。于是，在场的其他会议代表恍然大悟：郭飞真是舞盲，不是失礼。后来，中国金融学院的一位副院长获悉我不会跳舞，便对我说："郭教授，以后我找女学生教你跳舞，好吗？"我说："不用了，谢谢！以后我若有时间，会自己去学。"

对我说："郭飞同志，你对这个问题有研究，可以谈谈自己的想法。"于是，我就补充谈了一些看法。过去，我对项启源研究员虽久闻大名，但从未谋面，在这次会议上我们才真正认识。会后，项启源研究员与我合撰了《劳动力市场与"劳动力商品论"》一文，发表于《中国劳动科学》1994 年第 11 期。此文被选入李铁映主编的中国社会科学院优秀论文集，并报送中共中央政治局委员阅读。

1997 年 7 月 25 日，我应邀参加国家教委（后更名为教育部）隆重召开的学习江泽民"5・29"重要讲话座谈会，迎接中共十五大胜利召开。会议大厅上方悬挂着"高举伟大旗帜　推进伟大事业"的红色条幅。座谈会由国家教委党组成员朱新均主持，国家教委主任朱开轩、副主任柳斌和来自北京大学、清华大学、中国人民大学等部分在京高校的领导和专家学者及国家教委机关和事业单位的领导干部等 60 余人参加了座谈会。国家教委主任、副主任和卫兴华、刘方棫、钟哲明教授等坐在主席台上，高校领导和专家学者坐在主席台对面，国家教委机关和事业单位的司局长及新闻媒体的负责人和记者坐在会议大厅两侧。我原来的座位是在主席台对面第三排，后因临近开会时北京师范大学党委书记袁贵仁（后任教育部部长）尚未赶到，便被会议组织者安排在第一排原定袁书记的位置就座。会议座次的这种安排，我过去从未见过，给人留下尊重教师、尊重专家学者的强烈感觉和深刻印象。

会期原定一天，后改为半天。按照会议安排，国家教委副主任柳斌作了重点发言，卫兴华、刘方棫、钟哲明等教授和中国人大、清华大学等高校的党委书记作了发言，我也畅谈了自己的学习体会。[①] 非常巧合的是，与会的 3 位经济学教授——卫兴华、刘方棫和我，发言内容都是围绕社会主义初级阶段这一重要的理论问题，但各自发言的侧重点有所不同。我主要谈了三点认识：

一、社会主义初级阶段理论的创立，是对马克思列宁主义、毛泽东思想的重大发展。我国是在经济文化比较落后的基础上经由新民主主义进入社会主义社会的。如何正确把握我国当前所处的历史阶段，在马克思主义经

---

① 郭飞：《十五大召开前的一次重要会议》，《中国经济时报》2019 年 11 月 29 日。

典作家的著作中没有现成的答案。列宁晚年处在从资本主义向社会主义过渡的时期，虽然提出过“初级形式的社会主义”“发达的社会主义”等概念，但没有也不可能创立社会主义初级阶段的理论。毛泽东在20世纪50年代末60年代初曾有过社会主义可以区分为“不发达”和“比较发达”两个阶段的提法，但他在较长时期内却陷入了“大过渡论”和“无产阶级专政下继续革命”的误区。邓小平在党的十一届三中全会以后多次论及社会主义初级阶段问题。党的十三大报告较为系统地阐述了社会主义初级阶段的理论，科学揭示了社会主义初级阶段的含义、性质、基本特征、主要矛盾和根本任务。社会主义初级阶段理论的创立，解决了经济文化比较落后的国家进入社会主义社会之后的历史定位和历史任务等全局性问题，这既是对马克思列宁主义、毛泽东思想的重大发展，也是对国际共产主义运动的重大贡献。

二、我国处于社会主义初级阶段的科学论断，是我们党正确制定路线、方针、政策的根本出发点。我国处于社会主义初级阶段这一科学论断包括两层含义：第一，我国社会已经是社会主义社会，我们必须坚持而不能离开社会主义；第二，我国社会主义社会还处在初级阶段，我们必须从这个实际出发而不能超越这个阶段。这一科学论断，从质和量两个方面揭示出我国现今的社会是社会主义初级阶段的有机统一体，即初级阶段是社会主义的初级阶段，社会主义是初级阶段的社会主义，从而正确地把握住当代中国的国情，与“左”和右的错误倾向划清了界限。实践证明，我国处于社会主义初级阶段这一论断是完全正确的。

三、社会主义初级阶段，是理论工作者要深入研究并努力发挥积极作用的当代中国最大的实际。在我国哲学社会科学的研究中，存在着两种理论脱离实际的错误倾向，有待于进一步加以克服与纠正。一种倾向是教条主义地对待马克思主义。离开本国实际和时代发展来空谈马克思主义，用马克思主义书本里的只言片语来剪裁现实，这种倾向不是在坚持马克思主义，而是在践踏和窒息马克思主义。另一种倾向则是教条主义地对待西方理论和西方模式。盲目崇拜西方理论和西方模式，脱离我国国情全盘照搬照套，否定马克思主义基本原理和社会主义制度，这种倾向在理论和实践两个方面都是极为有害的。我们要继承前人又突破陈规，借鉴世界经验又不照搬外国模式，把当代中国的马克思主义与当代中国的客观实际更好地结合起来，将中国特色社会主义的伟大事业推向前进。

当天中午，与会的高校领导和专家学者被安排在国家教委大楼中最好的餐厅就餐，国家教委副主任柳斌与我在同一个餐桌上吃饭。他在餐桌上与大家无拘无束地交流，丝毫没有官架子。餐后，国家教委办公厅主任亲自坐专车将包括我在内的几位专家学者送至各自家中。那时我住在北京市东三环长城饭店附近，而国家教委大楼则在北京市西单商场附近，相距较远。我对国家教委办公厅主任说："不用送，太麻烦了。我们各自打出租车回去，很方便。"他很诚恳地说："这是教委领导的安排，你们不用客气。"此事虽小，但小中见大，令人难忘。

7 月 26 日，《中国教育报》头版头条对该座谈会作了大篇幅的报道。8 月 1 日，《中国教育报》理论版刊发了该座谈会的 6 篇发言摘要，我的发言摘要也在其中。

2001 年 8 月，中国社会科学院在中南海国办会议室召开了关于劳动价值论的专题讨论会，会期 1 天。中国社会科学院"社会主义市场经济基本经济理论问题研究"课题组的部分专家和在京中央高校的部分专家参加了研讨会，我也应邀与会。这是一次高规格、小范围的研讨会。王振中、傅军胜、左大培、毛立言、赖德胜等专家分别作了发言。我带去了刚刚写就的两篇论文，即《劳动价值论若干问题探讨》[①]和《按生产要素分配若干问题辨析——兼谈"要素财富论"》[②]，并在会上作了发言。我在发言中强调指出：马克思劳动价值论的基本原理必须坚持，马克思的劳动价值理论必须发展，但决不能离经叛道；"要素财富论"可以作为我国现阶段按生产要素分配的一个重要理论依据，但运用马克思主义经济学基本观点提出的"要素财富论"，与资产阶级庸俗经济学家萨伊等鼓吹的"生产三要素论"存在根本区别。此次研讨会不同于我以往参加的许多研讨会，在学术交流方面非常坦率和充分。与会专家一边听发言，一边看稿子，一边提问题，一边作解释，

① 郭飞：《劳动价值论若干问题探讨》，载于《当代经济研究》2001 年第 9 期。

② 郭飞：《按生产要素分配若干问题辨析——兼谈"要素财富论"》，载于《经济学动态》2001 年第 11 期。

相互切磋，收获较大。左大培研究员的理论功底相当深厚，学贯中西，他对我提交论文的观点表示首肯，我也向他就个别问题征求了意见。

“全国高校社会主义经济理论与实践研讨会”于1985年在国家教委的倡导和支持下创办，由中国人民大学、北京大学、南开大学、复旦大学、吉林大学、武汉大学、厦门大学、西南财经大学等高校的著名经济学家组成领导小组。该研讨会经过30余年的洗礼，已成为中国马克思主义政治经济学和社会主义经济理论领域内规模最大、水平最高、影响最广的学术会议之一。该研讨会虽不属于国家一级学会，但由于其组织机构严密、遴选论文严格以及改革开放以来全国高校哲学社会科学的人才资源和科研成果迅速并显著地超过全国社会科学院系统和党校系统，因而成为全国各高校（特别是著名高校）展示其在此研究领域学术实力的一个理论交流平台。我于1996年寄去了1篇送审论文，并收到了该研讨会的邀请函。然而，我所在的中国金融学院面临国家教委的本科教学评估，院领导不允许中层干部在此期间离开学校，因而我没能参加那次研讨会。2003—2008年，我先后四次参加全国高校社会主义经济理论与实践研讨会，都获得了在大会发言的宝贵机会。

2003年，我撰写并提交了《重塑社会主义社会个人收入分配理论》一文，首次参加在厦门大学举行的全国高校第17次社会主义经济理论与实践研讨会。在大组讨论中，我被分配在收入分配组。该组有近40名代表，不少都是研究分配问题的名家。代表们畅所欲言，相互交流真知灼见，我也作了发言。全组有两个大会发言名额，经推选由中国人民大学胡钧教授和我作大会发言。在第二天的大会上，我用了近半个小时作了大会发言。

2004年，我撰写并提交了《生产要素按贡献参与分配原则新思考》一文，在四川大学参加了全国高校第18次社会主义经济理论与实践研讨会。在大组讨论中，我作了发言。全组有两个大会发言名额，其中1个名额已被担任组长的南京大学经济学院的一位知名教授内部“锁定”，只剩下1个可以竞争的名额。全组几十名教授意见不一，最后只好请在我组参会的经济学泰斗、中国人民大学宋涛教授“一锤定音”。宋涛教授思索了一下，非常明确地推荐我，其他教授对此没有意见。于是，我获得了第二次在大会发言的机会。

全国高校第 20 次社会主义经济
理论与实践研讨会送审论文

对 “以市场换技术”方针与涉外税收超国民待遇的再思考*

郭 飞

【内容提要】改革开放以来，我国吸收和利用外商直接投资所取得的显著成就与存在的主要问题，都与我国长期实行的“以市场换技术”方针和涉外税收超国民待遇密切相关。“以市场换技术”方针虽然取得了某些成效，但其低估了外商直接投资对我国内资企业自主创新能力的抑制效应，忽视了自主创新在我国技术进步中的关键作用。涉外税收超国民待遇固然有利于吸收和扩大外商直接投资，加快我国经济发展和体制转轨的进程，但其妨碍了公平竞争，明显削弱了内资企业特别是国有企业的竞争力，并造成大量的税源流失。我国对外开放已进入新的发展阶段，大力实施以自主创新为基点的科技发展战略，在涉外税收中逐步对外商直接投资企业实行国民待遇，就成为历史的必然。

【关键词】外商直接投资；技术；市场；涉外税收；超国民待遇

改革开放以来，我国吸收和利用外商直接投资所取得的显著成就与存在的主要问题，都与我国长期实行的“以市场换技术”方针和涉外税收超国民待遇密切相关。国内对此早已存在不同观点的争论，近年来这种争论则更有扩大和强化的态势。在我国对外开放进入新阶段的历史条件下，重新审视与客观评价“以市场换技术”方针和涉外税收超国民待遇，对于我国进一步调整科技发展战略和外资政策，不断完善社会主义市场经济体制，促进国民经济持续快速协调健康发展，具有重大的现实意义。

一

20 世纪 80 年代中后期，我国提出并开始实施“以市场换技术”吸引外商直接投资的方针。尽管我国理论界和实际部门对“以市场换技术”方针的含义并没有统一的界定，但其实质则是通过吸收和利用外商直接投资，向外商直接投资企业生产的海外品牌的产品出让国内（确切表述应为境内）市场的一定份额，来获取海外先进技术水平以提高国内技术水平。我

*本文系国家“211 工程”重大课题《WTO 框架下的中国经济持续增长问题》的子课题《贸易自由化与投资自由化的互动关系》（项目编号：e12001）的研究成果之一。

1

2006 年，郭飞拟参加全国高校第 20 次社会主义经济理论与实践研讨会的送审论文（首页）

2006 年，我撰写并提交了《对“以市场换技术”方针与涉外税收超国民待遇的再思考》一文，在西北大学参加了全国高校第 20 次社会主义经济

理论与实践研讨会。我所在的大组名家云集，连北大经济学院院长刘伟教授（后任北京大学常务副校长、中国人民大学校长）也在其中。在大组交流后，我再次被推荐在大会发言。当时，我有些不好意思，主动提议由某“985”高校经济学院的一位副院长作大会发言。时任大组组长的南京大学范从来教授对我说，你的论文写得好，就别推让了。我推荐的那位经济学院副院长是大组的副组长，他说将代表大组在大会上汇报讨论情况。我在大会发言之后，研讨会领导小组负责人、南京大学党委书记洪银兴教授对我说：你的发言真好，你的观点我会写入会议综述。洪教授与我年龄接近，不少经历相仿，我们在大会主席台前愉快地合影留念。

2008 年，时值中国改革开放 30 周年，我撰写并提交了《关于公有资产在我国社会总资产中是否具有数量优势的探讨》一文，在复旦大学参加了全国高校第 22 次社会主义经济理论与实践研讨会。在那次会议上，研讨会领导小组改变了做法，大会发言人都是指定的。我被研讨会领导小组指定并作了大会发言。

经过四次参加全国高校社会主义经济理论与实践研讨会，我逐渐认识到对于著名财经类高校的经济学教授来说，获得该研讨会的参会资格就难，获得该研讨会的大组发言机会更难，获得该研讨会的大会发言机会则难乎其难！该研讨会的大会发言人，几乎都被著名综合性大学的“大牌”教授“包圆儿”了，著名财经类高校的教授很难获得大会发言的机会。有些著名财经类高校的教授多次参加该研讨会，有的著名高校一次参会的教授就有 5 ~ 6个，但也没能争取到在大会发言的机会。当然，只要能参加该研讨会，即使没有获得在大组发言或在大会发言的机会，也会在学术交流和结识同仁等方面获益匪浅。现在回想起来，我参加四次全国高校社会主义经济理论与实践研讨会均获得了在大会发言的机会，不仅非常幸运，也颇有“四渡赤水”之感！

2005 年 10 月 26 日，中央“马克思主义理论研究与建设工程”举办的国际价值理论学术研讨会在厦门大学举行。会议前夕，林桂军副校长找我，说他收到了该研讨会的邀请函。由于工作太忙，他不能与会，但也不想失去我校参加这一高规格国际研讨会的机会。他考虑再三，决定派我参加这次会议，力争发出对外经济贸易大学的声音。我当时教学与科研任务较重，身体欠佳，心率不够稳定，但考虑到学校的利益，只好临危受命，勇毅前行。实际上，我过去对马克思国际价值理论缺乏研究，于是便匆匆忙忙找了些书和资料来“临阵磨枪”。直到开会的前两天，我还没有形成一个发言思路，内心压力很大。为防止发生意外，我行前留下了遗嘱，亲笔签字并按上手印，然后装入信封并密封，将其郑重地交给我父亲。我父亲年逾八旬，深感不安，想打开看看，或让我口述遗嘱的主要内容。我说不必了，一旦出事儿你再打开看。这份遗嘱的大体内容是：我无儿无女，终生奋斗。倘有意外，愿将家中的一套大房子和全部存款留归妻子所有，将另一套小房子变卖作为父亲养老和外甥女黄京菁上大学的一部分费用；将我的全部图书和获奖证书捐给对外经济贸易大学图书馆和档案馆；将我的骨灰撒在神州大地上……

当天傍晚，我乘机到达厦门并入住厦门大学宾馆。晚饭后，我在校园散步后即回到房间起草大会发言稿至深夜。翌日上午大会开始，来自国内外的几十名专家学者（其中包括来自马克思故乡的特里尔大学的经济学教授）与会，德国、日本等外国专家学者相继发言，我一边倾听他们的发言并阅读会议论文，一边修改我的发言稿。下午开会之前，会议组织者突然通知我作为中国专家学者第一个发言，我只好披挂上阵。我在发言中首先向与会代表推荐了我校姚曾荫教授主编的《国际贸易概论》一书（该书曾于1992年荣获国家教委颁发的高校优秀教材特等奖），然后就国际价值量的决定因素和当代国际贸易中是否存在剥削这两大问题阐述了基本观点。[①]我提出：

一、关于国际价值量的决定因素问题

对此，国内外有些学者根据马克思的某些论述和历史发展实际作了不尽相同的概括。有的学者强调劳动强度和劳动生产率这两个因素。[②]有的学者则认为包括四个因素：（1）所有进入世界市场的同类商品直接耗费的

① 参见郭飞著：《新世纪中国经济重大问题研究》，经济科学出版社2010年版，第103～105页；郭飞著：《经邦济民治学创新——我与马克思主义经济学》，经济科学出版社2019年版，第190页。

② 姚曾荫主编：《国际贸易概论》，人民出版社1987年版，第234页。

国内社会必要劳动量的加权平均数；（2）国际市场对该商品的有支付能力的需求程度；（3）相应于现代科学技术发展的国际上生产该商品的一般生产力水平；（4）他种商品替代该种商品的可能性。[①]也有的学者将其归结为劳动力、科学技术、供求关系和自然条件四个主要因素。[②]这些提法尽管各有理据，但都普遍忽略或没有明确提到劳动复杂程度这个极为重要的因素。

过去，我们在理解马克思关于社会必要劳动时间的第一种定义时，就忽略了劳动复杂程度这一因素。马克思指出："社会必要劳动时间是在现有的社会正常的生产条件下，在社会平均的劳动熟练程度和劳动强度下制造某种使用价值所需要的劳动时间。"[③]我认为，马克思在这里所说的社会正常的生产条件，实质上是指社会正常生产条件中的客观方面，主要是指社会正常的生产资料条件（其中也包含了社会正常的科学技术条件，因为科学技术与生产资料特别是与生产工具存在不可分割的紧密联系）；而"社会平均的劳动熟练程度和劳动强度"，实质上是指社会正常生产条件中的主观方面（即劳动力方面）。然而，纵观马克思关于价值量决定因素的论述，社会正常生产条件中的主观方面即劳动力方面，则不仅应包括平均的劳动熟练程度和劳动强度，还应包括平均的劳动复杂程度。因为，在价值量的决定或形成方面，复杂劳动等于多倍的简单劳动。马克思对此多有论述，在实际经济生活中更是比比皆是。与此相关，在国际价值量的决定和形成上，亦同样如此。马克思曾指出："一个国家的三个工作日也可能同另一个国家的一个工作日交换。价值规律在这里有了重大的变化。或者说，不同国家的工作日相互间的比例，可能像一个国家内熟练的、复杂的劳动同不熟练的、简单的劳动的比例一样。"[④]马克思的这段话，也可作为我上述观点的一个佐证。

---

① 陈琦伟著：《国际竞争论》，学林出版社1986年版，第143～144页。

② 林叶环、崔庆玮、徐黑妹：《全球化背景下对马克思国际价值论的再认识》，厦门大学经济学院编：《国际价值理论研讨会论文集》，2005年10月，第52～53页。

③《马克思恩格斯全集》第23卷，人民出版社1972年版，第52页。

④《马克思恩格斯全集》第26卷Ⅲ，人民出版社1974年版，第112页。

二、关于当代国际贸易中是否存在剥削的问题

在经济全球化的进程中，国际贸易不断扩大和深化。在当代国际贸易中，以垄断价格为主要形态的不等价交换严重存在。例如，芭比娃娃在美国的零售价为9.99美元，从中国进口的价格则仅为2美元。而在这区区2美元中，1美元是运输与管理费，65美分用于进口原材料，中国只得35美分的劳务费。以垄断低价收购中国商品，之后以垄断高价在美国市场销售，这是典型的不等价交换，其体现的剥削性质是毫无疑问的。然而，在当代国际贸易中，倘若是等价交换，是否就没有剥削？我认为，这至少包括四种情况，需要进行具体分析。

第一种情况，发达资本主义国家与欠发达资本主义国家之间的国际贸易关系。我认为，这其中必然体现或存在资本主义的剥削关系。一方面，流通或交换领域中的关系是由生产领域中的关系决定的。资本主义企业中雇佣工人创造的剩余价值要通过流通或交换领域（也包括国际贸易）来实现。另一方面，流通或交换领域中的资本家也要攫取或瓜分商业职工创造或实现的剩余价值。资本主义剥削的基本特征之一是实行等价交换。马克思正是基于对可变资本与劳动力商品相交换符合等价交换规律的科学分析，揭示了商品生产所有权规律转变为资本主义占有规律。与一国内部资产阶级对无产阶级的剥削不同，发达资本主义国家对欠发达资本主义国家在实行等价交换的国际贸易中的剥削从一个侧面体现了国际资产阶级对国际无产阶级的剥削。有人认为，发达资本主义国家剥削欠发达资本主义国家。实际上，这种提法有些笼统和肤浅。欠发达资本主义国家中的资本家和达官显贵，谈不上受剥削的问题，而只是各自瓜分剩余价值多与少的问题；真正受剥削的则是这些国家的无产阶级和劳苦大众，且往往是遭受国际国内资产阶级的双重剥削。发达资本主义国家的无产阶级，尽管在名义工资和实际工资方面明显高于欠发达资本主义国家的无产阶级，但他们依然受着至少是本国资产阶级的剥削和压迫。如果否认发达资本主义国家对欠发达资本主义国家在实行等价交换的国际贸易中存在剥削，实质上就是否认这些国家的资本主义生产关系，否认当代资本主义世界的基本经济体系和基本剥削关系。在本次研讨会上，日本福冈大学中岛章子等外国教授利用

投入—产出模型证明了当代国际贸易中存在剥削，进而也支持了我的上述观点。

第二种情况，发达资本主义国家相互之间的国际贸易关系。我认为，在发达资本主义国家相互之间的国际贸易中实行等价交换的条件下，仍然存在着剥削。其基本道理与上述第一种情况相同。简言之，只要是资本主义性质的国际贸易，无论是否等价交换，本质上都必然与剥削紧密地联系在一起。

第三种情况，不同国度社会主义生产方式条件下提供的商品和服务之间的国际贸易关系。如果双方实行了等价交换，就不存在剥削关系。

第四种情况，社会主义生产方式条件下提供的商品和服务与资本主义生产方式条件下提供的商品和服务之间的国际贸易关系。对此，应做具体分析，不能一概而论。

总之，在当代国际贸易中，既存在大量的触目惊心的不等价交换，也存在等价交换。无论是否属于等价交换，都既有交换双方都能获得利益的一面，也往往存在国际资产阶级剥削各国无产阶级和劳苦大众的一面。我们不能只见其一，不见其二。

在我发言之后，厦门大学经济研究所所长在发言中质疑我在发言中采用的“剥削”一词，其他专家学者则在发言中赞成我采用的这一提法和对此问题的基本观点。日本广岛大学片冈幸雄教授是知名的国际贸易专家，曾将我的一篇论文译成日文并在日本的学术刊物上发表，他认为我的上述观点有较大新意。

首都经济学家论坛尽管不是学会组织，却是首都马克思主义经济学家的坚强阵地。该论坛自 2003 年成立后，召开理论研讨会的地域逐渐由北京推向全国，其学术影响越来越大。该论坛的主席和副主席与我都是老朋友，论坛主席白暴力教授后来还成为我所在的中国经济规律研究会的副会长。该论坛经常邀请我参加他们组织的研讨会，但我受多种因素制约参会很少。

2016 年 4 月 16 日，我应邀在中国人民大学参加了由首都经济学家论坛主办的“当代中国马克思主义政治经济学发展与创新”理论研讨会，并作了“略论改革开放以来我国对社会主义公有制理论的新发展”的大会发言。[①]我在发言中提出：改革开放以来，我国对马克思主义的社会主义公有制理论的创新与发展主要表现在四个方面：（1）提出社会主义基本经济制度的观点；（2）提出社会主义公有制可以与市场经济相结合从而实行社会主义市场经济的观点；（3）提出与市场经济相结合的社会主义公有制有效实现形式的观点；（4）提出正确处理社会主义初级阶段公有制经济与非公有制经济相互关系的观点。对于第三个方面的创新与发展，我在发言中提出：

在人口众多的社会主义大国，从传统计划经济体制转变为社会主义市场经济体制，是人类社会前所未有的深刻变革。其成败的关键，在于能否探索并实行与市场经济相结合的社会主义公有制的有效实现形式。从理论和实践的角度分析，我国对此实现了四个重大突破。

一是，对社会主义公有制及其实现形式进行了细分，明确提出应探索并实行公有制的有效实现形式。中共十五大报告提出："公有制实现形式可以而且应当多样化。一切反映社会化生产规律的经营方式和组织形式都可以大胆利用。要努力寻找能够极大促进生产力发展的公有制实现形式。"[②]这表明我们党已将社会主义公有制及其实现形式相对地区分为社会主义公有制一般、社会主义公有制特殊（或社会主义公有制基本类型，即全民所有制和集体所有制）、经营方式和组织形式，四者之间既有联系也有区别。前两者是所有制范畴；后两者不是所有制范畴。社会主义公有制及其基本类型，应实行能够极大促进生产力发展的经营方式和组织形式。

二是，明确提出国有企业应建立和完善与市场经济相结合的社会主义现代企业制度。我国提出国有企业所有权和经营权可以适当分离，是自主经营、自负盈亏、自担风险、自我约束、自我发展的商品生产者和经营者；国有企业改革的方向，是建立和完善社会主义现代企业制度。在社会主义现代企业制度中，不仅要体现市场经济国家现代企业制度中"产权清晰、权责明确、政企分开、管理科学"的共性，而且要体现国有企业中社会主

① 郭飞等：《略论改革开放以来我国对社会主义公有制理论的新发展》，载于《毛泽东邓小平理论研究》2016年第1期。

② 中共中央文献研究室编：《十五大以来重要文献选编》（上），人民出版社2000年版，第21～22页。

义公有制、党的领导、工人阶级主人翁地位的个性。[①]

三是，明确提出应使股份制成为公有制的主要有效实现形式。中共十五大报告提出："股份制是现代企业的一种资本组织形式，有利于所有权和经营权的分离，有利于提高企业和资本的运作效率，资本主义可以用，社会主义也可以用。不能笼统地说股份制是公有还是私有，关键看控股权掌握在谁手中。国家和集体控股，具有明显的公有性，有利于扩大公有资本的支配范围，增强公有制的主体作用。"[②]党的十六届三中全会通过的《中共中央关于完善社会主义市场经济体制若干问题的决定》进一步提出：要适应经济市场化不断发展的趋势，进一步增强公有制经济的活力，"使股份制成为公有制的主要实现形式。"[③]这表明我们党已经突破了股份制与资本主义私有制相联系的历史和理论的局限，在探索市场经济中社会主义公有制的主要有效实现形式方面从认识上达到了新的高度。在经济体制改革的实践中，我国国有企业建立现代企业制度采取了国有独资、国有资本控股等公司制股份制形式，城镇和农村集体所有制则采取了股份制、股份合作制、合作社等形式。

四是，明确提出与市场经济相结合的国有资产管理体制改革的基本框架。在深入探索和借鉴国际有益经验的基础上，我国提出：应科学划分所有者和经营者的边界，在国家所有、分级代表的前提下，努力构建政企分开、政资分开的国有资本所有者管理层、国有资本投资运营层、企业经营层三个层次的经营性国有资产（通常称为国有资产）授权经营体制。上述重大突破，为我国实行社会主义公有制与市场经济的有效结合，找到了符合国情并具有重大国际意义的现实路径。

2013年12月22日上午，由中国经济社会发展智库理事会、中国社会

---

① 对于我国国有企业建立的现代企业制度，时任国务院副总理的吴邦国曾在中央企业工委工作会议上明确提出：我国国有企业要建立的现代企业制度，不是一般意义上的市场经济国家的现代企业制度，而是有中国特色的现代企业制度。一要坚持公有制与市场经济的有机结合，二要坚持党对国有企业的领导，三要坚持工人阶级的主人翁地位（《中央企业工委工作会议在京召开　朱镕基作重要批语》，《人民日报》2000年2月28日）。笔者认为，这种阐释明确了我国国有企业通过改革要建立和完善的现代企业制度是社会主义现代企业制度。

② 中共中央文献研究室编：《十五大以来重要文献选编》（上），人民出版社2000年版，第22页。

③ 中共中央文献研究室编：《十六大以来重要文献选编》（上），中央文献出版社2005年版，第466页。

科学院经济社会发展研究中心等主办的中国经济社会发展智库第七届论坛在北京大学科学报告厅隆重举行。该论坛研讨的主题为“财富和收入分配的理论与政策”。我国杰出经济学家、中国社会科学院特邀顾问、中国经济规律研究会顾问刘国光学部委员，中国经济规律研究会顾问、中国人民大学荣誉一级教授卫兴华，世界政治经济学学会会长、中国经济规律研究会会长、中国社会科学院学部委员程恩富，北京大学常务副校长刘伟教授等近百名国内科研机构和著名高校的专家学者莅会。刘国光学部委员、卫兴华教授在会上发表了精彩演讲。我也应邀发表了“关于我国个人收入分配改革的若干思考和建议”的主旨演讲。我演讲的内容分为三个部分：（1）关于改革开放以来我国个人收入分配状况的总体评价；（2）关于我国城乡居民人均收入十年翻一番的结构特征；（3）关于尽快启动新一轮国家机关、事业单位工资改革的建议。在中国高等学府最高殿堂的科学报告厅发表专题演讲，我异常兴奋，声音洪亮，它实现了我的一个夙愿……

此外，我还参加了由中国社会科学院经济研究所、清华大学、中国人民大学等顶级科研机构和顶尖高校举办的一些高层次研讨会并作了大会发言，受到与会代表的普遍好评。

组建对外经济贸易大学中国经济发展研究中心并担任主任

为进一步整合利用校内外研究资源，加强对外经济贸易大学经济学科建设，更好地发挥我校在促进我国经济理论繁荣和经济改革与经济发展中的积极作用，相关领导决定由我担纲组建对外经济贸易大学中国经济发展研究中心。

这项任务相当艰巨。在筹建过程中，我们得到了多方面的支持。我们既得到了国际经济贸易学院院长赵忠秀教授（后任对外经济贸易大学副校长、山东财经大学校长）的大力支持，也得到了对外经济贸易大学施建军校长的热情支持，还得到了林汉川、桑百川、郑宝银等教授的积极支持。尤其值得一提的是，我们得到了教育部社会科学委员会主任、北京大学原校长吴树青教授的宝贵支持。吴树青主任是杰出的马克思主义经济学家和著名的教育家，长期以来我对他虽久闻大名，但并未结识。2005 年 4 月，我与吴树青主任在复旦大学参加中央马克思主义理论研究与建设工程主办的“马克思主义政治经济学述评”研讨会上结识。他是该研讨会的负责人和主持人，因交通拥堵晚来了半天。我在当天上午研讨会开始后第一个作大会发言，他在下午看了我的发言稿后，亲切地与我交流，同时递给我一张名片，希望我能将此后发表的每一篇有分量的经济学论文的电子版都发至他的电子邮箱，由他转给中央马克思主义理论研究与建设工程的其他经济学专家参考。我欣然照办，除通过电子邮箱进行联系之外，偶尔也有电话联系。尽管吴树青主任的地位很高，不轻易“出山”，但当我提出聘他为我校中国经济发展研究中心的第一顾问时，他欣然同意。我精心策划，多方联系，杨国亮副教授大力协助，我校中国经济发展研究中心逐步组建就绪。

对外经济贸易大学中国经济发展研究中心是以国际经济贸易学院为主要

依托成立的开放型非实体性学术研究机构。研究中心顾问为吴树青、卫兴华（中国人民大学经济学系原主任，荣誉一级教授，中国《资本论》研究会原副会长，中国经济规律研究会顾问）、顾海良（武汉大学校长，教育部社会科学委员会副主任，国务院学位委员会学科评议组理论经济学组成员，全国马克思主义经济学说史学会会长）、杨圣明（中国社会科学院学部委员，财贸经济研究所原所长，中国经济规律研究会会长）和施建军（对外经济贸易大学校长，中国统计学会副会长）；学术指导为黄泰岩、张平、隆国强、赵振华、黄桂田、王林生、邱兆祥等20名著名经济学家或知名学者；研究中心主任是我，副主任为韩琪，秘书长为杨国亮。研究中心实行校内外、专兼职相结合，共有研究人员26人（包括教授或研究员15人、副教授8人、讲师3人），其中有博士研究生导师11人。研究中心设有中国企业发展、社会主义经济理论与中国经济体制改革、中国开放型经济和中国经济四个主要研究方向，学术带头人分别为林汉川教授、郭飞教授、桑百川教授和韩琪教授。研究中心以发展的马克思主义经济学为指导，深入研究中国经济发展和经济体制改革中的重大理论与现实问题，为推动我国经济理论与对策研究的繁荣发展和促进我国经济又好又快地发展服务。

2010年7月1日上午，“后危机时代中国转变经济发展方式高峰论坛暨对外经济贸易大学中国经济发展研究中心成立大会”在我校行政楼二楼会议室隆重举行。

前半场是对外经济贸易大学中国经济发展研究中心成立大会，由我校主管科研工作的张新民副校长主持。施建军校长首先发表讲话，对我校中国经济发展研究中心的成立表示热烈祝贺。然后，由我宣读了研究中心第一顾问、教育部社会科学委员会主任吴树青教授发来的贺辞。吴主任在贺辞中对我校中国经济发展研究中心的成立表示热烈祝贺，衷心希望研究中心能坚持以中国化的马克思主义为指导，深入贯彻落实科学发展观，弘扬理论联系实际的优良学风，严格遵守学术规范，不断提高创新能力和研究水平，为促进我国经济理论繁荣和经济社会发展作出新的贡献。中国社会科学院经济研究所副所长兼《经济研究》第一副主编张平、中共中央党校经济学部主任赵振华和对外经济贸易大学校长助理兼国际经济贸易学院院长赵忠秀相继致辞。他们对我校中国经济发展研究中心的成立表示衷心祝贺，希望我校中国经济发展研究中心在经济理论和经济对策研究方面取得丰硕成果。

施建军校长和我共同为研究中心揭牌。施校长还向与会的中国经济发展研究中心顾问、学术指导和专、兼职研究员颁发了聘书。我校科研处处长、国际经济贸易学院副院长、部分学院的负责人和中国经济发展研究中心全体成员参加了大会，《人民日报》《光明日报》《经济日报》《中国教育报》《中国社会科学报》《经济研究》《经济学动态》以及经济科学出版社的相关负责人也参加了大会。

后半场即“后危机时代中国转变经济发展方式高峰论坛”，由我主持。卫兴华教授认为，我国加快转变经济发展方式需要妥善处理三方面的关系，即经济发展与人的发展的关系、经济发展与经济安全的关系以及经济发展与社会主义发展的关系。杨圣明学部委员认为，转变经济发展方式既是我国经济领域长期面临的深刻变革，也是极其艰难的系统工程。应提倡和树立科学的政绩观，改进与完善考核制度，大力推进科技进步，深化经济体制改革特别是生产要素价格改革。北京大学经济学院副院长黄桂田教授（后任山西大学校长）认为，我国三次产业在国内生产总值中所占的比重与劳动力在三次产业中的分布严重不相匹配。转变经济发展方式，促进产业结构升级，我国应大力发展第三产业，其基本途径是大幅提高城乡普通居民的收入水平和我国人口的城市化率。中国工业经济学会副理事长、我校中小企业研究中心主任林汉川教授认为，国际金融危机使我国有些中小企业陷入困境。加快转变经济发展方式，需要重新认识后危机时代我国中小企业在国民经济中的战略地位，实现三个“战略性突破”（即中小企业融资难的战略性突破、政府对中小企业促进政策的战略性突破和中小企业“专精特新”的战略性突破）。

“后危机时代中国转变经济发展方式高峰论坛暨对外经济贸易大学中国经济发展研究中心成立大会”取得了圆满成功。《人民日报》《光明日报》《中国教育报》《中国社会科学报》等主流媒体，都对我校中国经济发展研究中心成立大会和“后危机时代中国转变经济发展方式高峰论坛”作了专门报道。时任国际经济贸易学院副院长的一位“海归”教授不无幽默地对我说：这是他到对外经济贸易大学工作以来参加的一次“最高级别”的会议。

我校中国经济发展研究中心成立后，除举办“后危机时代中国转变经济发展方式高峰论坛”以外，还参与承办了一个在国内有较大影响的学术年会——“经济全球化与中国经济科学发展高峰论坛”暨中国经济规律研究会第21届年会。

2011年9月17日，是对外经济贸易大学60华诞。为凸显我校“学术为魂”的办学理念，扩大我校在国内经济学界的影响，在征得中国经济规律研究会和我校国际经济贸易学院负责人的同意之后，我校中国经济发展研究中心向学校提出申请，拟由中国经济规律研究会和对外经济贸易大学主办、国际经济贸易学院和中国经济发展研究中心承办“经济全球化与中国经济科学发展高峰论坛”暨中国经济规律研究会第21届年会。

经过不懈的积极争取，特别是通过协商同意采取多渠道的方式解决了办会所需经费之后，学校领导同意了我们的办会申请。国际经济贸易学院执行院长洪俊杰教授对办会工作给予了大力支持，并指派学院两名行政人员协助做了一些工作。然而，大量的办会工作还得靠研究中心来做，主要是靠我和杨国亮来做。从在《马克思主义研究》《经济学动态》《当代经济研究》杂志上刊发会议通知和征文启事，到具体拟定为期两天的会议议程；从联系会议食宿到落实会议场所；从聘请著名专家演讲到联系印刷会议论文和制作与会代表的名牌等，加之我当时还在撰写一篇参会论文，那段时间我和杨国亮相当繁忙，异常劳累。杨国亮家中有事，每天下午5时之前必须离开学校。我找了一名研究生帮忙，每天晚上10时才离开学校。有一天晚上，我和研究生在办公室里忙碌，不知不觉直到近11点才离开办公室。教学大楼早已大门紧锁，我们好不容易才找到了值班师傅并离开大楼。大会开幕当天凌晨3时，我和杨国亮还没休息。我们逐项检查开会前的各项准备工作，幸好发现了一个漏洞，并立即通知西藏大厦（位于我校附近的一个四星级宾馆）前台的服务员按照指定时间叫醒在该宾馆下榻的100余位与会的专家学者。早晨5时，杨国亮开车将会议资料拉到诚信楼前，我带领几名研究生将其装进与会专家学者的材料袋。当时，我的身体已达到了生理承受的极限，随时都可能发生意外。

9月17日上午9时，由中国经济规律研究会与对外经济贸易大学主办、对外经济贸易大学国际经济贸易学院与中国经济发展研究中心承办的“经济全球化与中国经济科学发展高峰论坛”暨中国经济规律研究会第21届年会，在我校诚信楼国际会议厅隆重举行。来自中国社会科学院、国家发展和改革委员会、中央党校、北京大学、中国人民大学、复旦大学、武汉大学、吉林大学、上海财经大学等国内顶尖研究机构、相关部委、著名高校的140多位专家学者，《人民日报》《光明日报》《经济日报》《中国教育报》《中国社会科学报》《求是》《经济研究》《马克思主义研究》《经济学动态》《教学与研究》等国内主流媒体和权威学术期刊以及经济科学出版社的相关负责人莅会。

中国经济规律研究会会长程恩富学部委员致开幕辞。对外经济贸易大学党委书记王玲致欢迎辞。中共十三届中央委员、原国家计委副主任、中国宏观经济学会原会长房维中向大会致信表示热烈祝贺。教育部社会科学委员会主任吴树青教授致贺辞。吴主任代表教育部社会科学委员会向大会表示热烈祝贺。他高度评价了中国经济规律研究会近30年来对推动我国经济理论研究和改革发展大业发挥的重要作用，充分肯定了深入研讨经济全球化条件下中国经济科学发展这一主题的重大理论意义与现实意义。他向与会专家学者提出三点希望：第一，坚持和发展马克思主义经济理论，坚持和发展中国特色社会主义理论体系；第二，紧扣中国经济科学发展这一主题，深入调研，建言献策，进一步发挥经济理论工作者的重大作用；第三，不断加强学会的学风和队伍建设，努力造就高素质的适应社会主义现代化建设需要的经济理论人才。中国社会科学院特邀顾问、杰出经济学家刘国光学部委员发表了重要演讲。他向“经济全球化与中国经济科学发展高峰论坛”暨中国经济规律研究会第21届年会表示热烈祝贺，并就当前中国经济与社会发展中的焦点问题特别是国富与民富、先富与共富以及如何从根本上扭转我国个人收入差距不断扩大的趋势、避免与消除贫富悬殊等问题发表了精辟深刻的观点。中国人民大学荣誉一级教授卫兴华、中国社会科学院杨圣明学部委员，分别就经济全球化条件下我国巩固与发展社会主义初级阶段基本经济制度，消除两极分化、实现共同富裕及如何正确理解马克思的国际价值理论等重大问题作了精彩的专题报告。

当日下午，会议分五个分会场进行。9月18日上午，会议进行大会发言、分组汇报并举行闭幕式。与会专家学者一致认为，经济全球化是一把

“双刃剑”。它既为我国经济又好又快地向前发展提供了宝贵的机遇，也使我国经济在自主安全发展的征途上充满了挑战和风险。应站在经济全球化的新高度解决中国经济科学发展面临的新问题，立足中国经济科学发展的新视角应对经济全球化带来的新挑战，审时度势，趋利避害，使我国由经济大国变为经济强国，促进中国特色社会主义伟大事业扬帆远航。与会专家学者围绕大会主题，重点就经济全球化与中国自主安全发展、经济全球化与中国转变经济发展方式、经济全球化与探索中国经济发展规律、经济全球化与中国深化收入分配体制改革、经济全球化与中国提高对外开放水平等问题，进行了认真、深入的讨论与交流，取得了丰硕成果。此外，与会专家学者对会议提供的良好周到的服务非常满意。

学界喜盛会，校庆献厚礼。《人民日报》《光明日报》《经济日报》《中国教育报》《中国社会科学报》《马克思主义研究》《经济学动态》《教学与研究》等权威报刊，对“经济全球化与中国经济科学发展高峰论坛”暨中国经济规律研究会第21届年会进行了报道或发表了会议综述。

对外经济贸易大学中国经济发展研究中心，作为全国著名高校开放型非实体性学术研究机构，迎来了其历史中的高光时刻。

当选中国经济规律研究会副会长

中国经济规律研究会（原名“中国社会主义经济规律系统研究会”），是1983年成立的挂靠于中国社会科学院并在民政部注册的国家一级研究会（或学会）。中国经济规律研究会第一届会长是朱川（辽宁省原副省长），第二届会长是项启源（中国社会科学院经济研究所原副所长，荣誉学部委员），第三届会长是刘方棫（北京大学经济学院学位委员会原主任），第四届会长是杨圣明（中国社会科学院财贸经济研究所原所长，学部委员）。中国经济规律研究会成立初期，学会顾问为于光远、刘国光、杨坚白和高尚全。中国经济规律研究会以马克思主义经济学和中国特色社会主义理论为指导，立足中国国情，借鉴国际经验，深入研究社会主义经济规律和中国经济发展与经济体制改革中的重大问题，对推动我国改革开放与社会主义现代化建设发挥了显著作用，在国内外学术界具有广泛而重要的影响。

1994年，我经项启源会长介绍加入中国经济规律研究会并担任学会理事。1998年，学会在中山大学举行学术年会并进行换届选举，我当选为学会常务理事。2003年，学会在同济大学举行学术年会并进行换届选举，我继续担任学会常务理事。多年来，除特殊情况外，我几乎每次都参加中国经济规律研究会的学术年会。在绝大多数情况下，我在学术年会上都作大会发言。例如，在1996年的学术年会上，我作了“试论搞活搞好国有大中型企业的基本途径”的大会发言；在1998年的学术年会上，我作了“正确认识和把握‘三个有利于’的根本标准”的大会发言；在2001年的学术年会上，我作了“按生产要素分配若干问题辨析——兼谈‘要素财富论’”的大会发言；在2003年的学术年会上，我作了“中国失业：现状、特征与对策”的大会发言；在2006年的学术年会上，我作了“对‘以市场换技术’方针与涉外税收超国民待遇的再思考”的大会发言；在2007年的学术年会上，我作了“坚持我国所有制结构改革的正确方向”的大会发言；在2008

年的学术年会上，我作了“关于公有资产在我国社会总资产中是否具有数量优势的探讨”的大会发言；在2009年的学术年会上，我作了“我国当前个人收入分配的主要问题与对策”的大会发言等。在学术年会上，我有时也受大会委托主持会议。

多年来，我与中国经济规律研究会同呼吸，共命运。学会的主要领导都是卓有建树的我国经济学界的领军人物和马克思主义经济学家。无论风云如何变幻，挑战如何严峻，学会始终高扬马克思主义经济学的旗帜，为创新和发展马克思主义经济学、促进中国特色社会主义健康发展贡献力量。学会凝聚了一批来自国内社科院系统、高等院校和党校系统的马克思主义经济学家和马克思主义经济学者，即使在国际大形势和国内小形势并不有利的情况下仍然紧密地团结在一起，交流切磋，相互勉励，坚持“韧战”。在参加国内诸多的学术研讨会中，我始终把参加中国经济规律研究会的学术年会放在第一位，并从中获益良多。没有中国经济规律研究会，就没有我的今天。

2010年9月，中国经济规律研究会第20届年会在河北经贸大学隆重举行。在换届选举中，中国社会科学院马克思主义研究院院长程恩富学部委员当选为学会会长，我当选为学会副会长。有些教授向我表示祝贺，说我是在没有官衔的条件下当选为副会长，很不容易。他们衷心希望我将学会交付的工作做好。我深感责任重大，决心不负使命，笃行不怠，多做工作。

2011年春，我和妻子的婚姻走到了尽头。多年来，我们在某些方面相互帮助，但在某些重大问题上的想法和做法严重相左且无法解决。只有正确总结婚姻失败的教训，才能在生活的道路上继续前进。

聚力获得理论经济学一级学科博士学位授权点

高校学科评估既是套在高校脖子上的一个“紧箍咒”，也是促进高校加强学科建设的重要动力。一所高校一级学科和二级学科博士学位授权点的数量，既是反映该校教学与科研实力的一项基本指标，也是高校学科评估的一项重要内容。对外经济贸易大学是一所多科性的财经类院校，在较长时期中学科建设相对滞后。最初，我校仅有国际贸易学和国际经济法两个二级学科博士学位授权点。2006 年 1 月，我校获得应用经济学一级学科博士学位授权点和世界经济、民商法学、企业管理二级学科博士学位授权点。应用经济学必须以理论经济学为支撑，国内著名高等财经院校通常都有理论经济学一级学科博士学位授权点。面对国内外高校激烈竞争、群雄逐鹿的态势，学校领导强调要以学科建设为龙头，进一步提升我校的教学与科研水平。因此，尽早获得理论经济学一级学科博士学位授权点，就成为我校加强学科建设的一项重要任务。

理论经济学一级学科博士学位授权点涵盖政治经济学、经济思想史、经济史、西方经济学、世界经济、人口资源环境学等二级学科博士学位授权点。我校已有世界经济二级学科博士学位授权点，为争取获得理论经济学一级学科博士学位授权点提供了有利条件。然而，真正获得理论经济学一级学科博士学位授权点，任务仍相当艰巨。校领导在全校范围内排兵布阵，并将拿下理论经济学一级学科博士学位授权点的主要任务落在我院身上。校、院领导之所以决定由我牵头组建对外经济贸易大学中国经济发展研究中心，重要考虑之一就是要力促我校早日获得理论经济学一级学科博士学位授权点。

按照理论经济学一级学科博士学位授权点的申报要求和相关条件，我校和我院相关领导逐项对照，层层落实任务，尽力填平补齐。关于申报理论经济学一级学科博士学位授权点的有关事宜和落实措施，学院领导几乎逢会必讲，相关教师都明显感受到肩上沉甸甸的压力。作为理论经济学的一名学科带头人，我除了通过自身努力多出成果之外，经常针对学院汇总的相关材料提出个人的一些意见和建议。

2010 年 4 月，国务院学位委员会启动了新一轮一级学科博士学位授权点的评审工作。这次评审将一级学科博士学位授权点限额下放到省（自治区、直辖市）学位委员会，由省（自治区、直辖市）学位委员会对新增一级学科博士学位授权点进行初审，初审通过后由国务院学位委员会学科评议组复审，复审通过后上报国务院学位委员会审批。我校迅速整理并上报了相关材料，参评理论经济学一级学科博士学位授权点。

9 月，我校接到通知，要求派 5 名经济学教授去参加北京市学位委员会组织的理论经济学一级学科博士学位授权点的申报答辩。学校、学院的相关领导和我与张汉林教授参加了申报答辩会。北京市学位委员会组织了理论经济学一级学科博士学位授权点评审组，组长为中国人民大学副校长林岗教授，成员有北京大学、北京师范大学和中国社会科学院等单位的 4 位著名专家。在申报答辩会上，有一位评审专家代表评审组发言，对我校上报的相关材料比较满意，充分肯定了我校几年来在理论经济学学科建设方面取得的显著成绩。同时，他还尖锐地指出：政治经济学在理论经济学一级学科涵盖的所有二级学科中居于首位，我校实际从事政治经济学教学与研究的人员较少。使我稍感意外的是，他专门以我为例，对我在政治经济学领域的研究成果和社会影响作了很好的评价，并且提及不久前他在参加北京市哲学社会科学优秀成果奖评奖中投票同意我获奖的缘由。我听后当即表示：此前我并不知道他参加北京市哲学社会科学优秀成果的评奖工作，并对他给予我校和我的支持表示衷心感谢。由于时间限制，申报答辩会很快就结束了。会后不久，有关方面传出消息：此次北京市理论经济学一级学科博士学位授权点的竞争相当激烈，在初审中对外经济贸易大学、中央财经大学和国防大学的申报获得通过，中央党校等单位的申报未获通过。

2011 年 3 月 3 日，国务院学位委员会下发文件，批准我校增设理论经济学一级学科博士学位授权点。同时，该文件还批准我校增设工商管理和法学一级学科博士学位授权点。4 月 24 日，我校在诚信楼国际会议厅召开大会，热烈庆贺新增一级博士、硕士学位授权点获得成功。近些年来，我校再接再厉，持续加强学科建设，先后又增加了统计学、政治学和外国语言文学一级学科博士学位授权点。

2017 年 12 月，教育部学位与研究生教育发展中心公布了全国高校第四次学科评估的结果。根据该评估结果，对外经济贸易大学理论经济学的评估成绩为 B，与辽宁大学、中南财经政法大学同处一个方阵，位居参加评估的具有理论经济学一级学科博士学位授权点的 39 所高校的中线。与国内其他综合性大学和著名财经类高校相比，我校从事理论经济学教学与研究的教师和专职研究人员较少，特别是从事政治经济学教学与研究的教师更少。我校理论经济学能在全国具有理论经济学一级学科博士学位授权点的高校学科评估中取得良好成绩，实属来之不易。

提出中国居民收入十年倍增的对策建议

中华人民共和国成立以来，长期实行“高积累、低消费”方针。这固然有利于提高积累率，促进国民经济长期较快发展，但也严重挤压了居民消费，不利于转变经济发展方式。改革开放以来，我国逐步端正生产目的，使国内生产总值增长速度与居民收入增长速度的差距逐步缩小。2001—2010年，我国国内生产总值增长较快，居民收入水平也有明显增长。为使我国居民收入增长速度与国内生产总值增长速度进一步相适应，显著提高广大人民的生活水平，我和王飞教授合作、由我撰写了《中国低工资制度的阶段特征与中期对策》[①]一文，提出了中国居民收入十年倍增的对策建议：

“抓紧制定并实施我国居民收入（在此指居民实际购买力或居民实际收入）十年倍增计划。目前，我国已进入中等收入国家行列。笔者建议，我国应制定居民收入十年倍增计划（2011—2020年）。实现我国居民收入十年翻一番，既是我国显著提高‘两个比重’（即劳动报酬在国民收入初次分配中的比重和居民收入在国民收入中的比重）的迫切需要，也是我国实施扩大内需战略特别是大力提振居民消费能力的迫切需要，还是我国转变经济发展方式、促进社会和谐稳定、顺利跨越‘中等收入陷阱’的迫切需要。笔者认为，实现我国居民收入十年倍增，既有必要性，也有可能性。我国‘十二五’规划提出，‘十二五’时期国内生产总值拟年均增长7%。我国今年上半年国内生产总值增长9.6%，全年国内生产总值增速将大大超过7%。考虑到我国‘十三五’时期国内生产总值增速可能有所下降，假定我国‘十二五’‘十三五’时期国内生产总值年均增速为7%，假定在此期间我国居民收入年均增速同为7%（在实施过程中，可假定‘十二五’时期居民收

---

① 郭飞、王飞：《中国低工资制度的阶段特征与中期对策》，载于《教学与研究》2011年第12期。该文是我主持承担的“十一五”“211工程”重点学科建设课题“开放型经济下中国个人收入分配问题研究”的阶段性成果之一。

入年均增速为8%，‘十三五’时期居民收入年均增速为6%），即可基本达到居民收入十年翻一番的目标。当然，我国居民收入十年倍增计划若能实行，并不等于我国不同行业、不同群体的个人收入都是同步增加。应区分不同行业和不同群体，使广大农民和城镇农民工等低收入群体以及低收入行业职工的收入以更快的速度增长。”①

在此，我们明确提出了制定并实施中国居民收入十年倍增计划的对策建议。我们不仅初步论证了制定这一计划的必要性，也初步论证了实施这一计划的可能性，还提出了实施这一计划的若干结构性特征。

在撰写该文之前直至该文发表，我和王飞教授在公开发行的报刊和内部研究资料中从未见过有人（或单位）提出过相同或类似的对策建议。该文发表后，我迅速将刊发该文的杂志快递给国家发展和改革委员会就业和收入分配司司长，供他们在制订我国个人收入分配改革方案的过程中研究参考。2012年3月2日，我在《中国教育报》理论版发表的《我国个人收入分配怎样改？》一文中，重申了这一对策建议。中共十八大召开后，我国许多媒体热议我国城乡居民人均收入十年翻一番这一话题，但未见有文章披露这一重大量化目标的形成过程，更未见有学者或单位宣称他们是该量化目标的首倡者。

我和王飞教授2011年12月在《中国低工资制度的阶段特征与中期对策》一文中提出的制定并实施中国居民收入十年倍增计划的对策建议，与2012年11月中共十八大报告中提出的到2020年实现我国城乡居民人均收入比2010年翻一番这一重大量化目标高度契合。两者的相同之处在于：（1）遵循“居民收入增长和经济发展同步”的基本原则相同；（2）我国居民收入十年（2011—2020年）翻一番的基本提法相同；（3）在量化计算中剔除消费价格上涨因素也相同。我们发表的论文中明确提出居民收入是指居民实际收入，这表明必须剔除消费价格上涨因素；中共十八大报告中虽未明确提出居民收入是指居民实际收入，但在《十八大报告辅导读本》所载的国家发展和改革委员会主任张平对此问题的权威解读文章中，可以看出中共十八大报告的相关提法剔除了消费价格上涨因素。②两者的区别之处在于：

① 郭飞、王飞：《中国低工资制度的阶段特征与中期对策》，载于《教学与研究》2011年第12期。
② 本书编写组编著：《十八大报告辅导读本》，人民出版社2012年版，第97～98页。

（1）中共十八大报告中使用了“城乡”和“人均”的概念，这种表述更为细化，并且引入了2011—2020年这十年中的人口增量因素，从而对2020年我国城乡居民实际收入应达到的总量指标要求更高；（2）按照中共十八大报告中的相关提法测算，2011—2020年，我国经济年均增速和城乡居民人均实际收入年均增速是7.17%（或7.2%），而不是我们文中预计的7%。

中共十八大召开以后，我曾给国家发展和改革委员会就业和收入分配司司长打过电话，询问在我和王飞教授于2011年12月提出中国居民收入十年倍增的对策建议之前，他和他所在单位的同事是否已在公开或内部刊物中看到过相同或类似的提法？他没有提供当时“已看到”的任何线索，只是希望我们在这方面的研究中“更上一层楼”。后来，我曾在纪念《教学与研究》杂志创刊60周年和接受对我国个人收入分配问题采访的两篇文章中，较为详细地介绍了我和王飞教授2011年12月提出中国居民收入十年倍增对策建议的相关情况，[①]也未见有人提出任何异议。《中国共产党第十八次全国代表大会关于十七届中央委员会报告的决议》指出：中共十八大报告“是全党全国各族人民智慧的结晶”。[②]

综上所述，我和王飞教授2011年12月提出中国居民收入十年倍增的对策建议，不仅与2012年11月中共十八大报告中提出的到2020年实现我国城乡居民人均收入比2010年翻一番的重大量化目标高度一致，而且极有可能直接为后者奠定了基础。根据中华人民共和国国家统计局网站提供的相关数据，剔除消费价格上涨因素，我和王飞教授2011年12月提出中国居民收入十年倍增的对策建议已经完全变为现实。

此外，我和王飞教授在《中国低工资制度的阶段特征与中期对策》一文中，还提出了2012—2015年我国应对企业退休人员基本养老金年均提高10%的对策建议，该对策建议也已完全变为现实，从而进一步缩小了在基本养老金方面企业退休人员与国家机关事业单位退休人员之间的不合理差距。

---

① 参见郭飞：《良师益友绽新蕾——我与〈教学与研究〉的30年》，载于《教学与研究》2013年第3期；郭飞、朱奎：《构建中国橄榄型个人收入分配新格局》，载于《海派经济学》2013年第3期。

② 本书编写组编著：《十八大报告辅导读本》，人民出版社2012年版，第60页。

第四篇 老骥伏枥勇向前（2012—2022）

提出并论证中国国有企业改革理论与实践的六大创新

国有企业[①]是中国特色社会主义的重要支柱，是中国人民根本利益和综合国力的基石。在传统计划经济体制时期，国有企业作为中华人民共和国的“长子”，为经济建设与社会发展作出了不可磨灭的重大贡献。改革开放以来，我国国有企业受到国内外某些势力的强烈冲击和反复侵蚀。在国外，以新自由主义学说为理论依据的“华盛顿共识”的鼓吹者与推行者，旨在包括我国在内的体制转轨国家中实行私有化，企图改变我国国有企业的基本性质。在国内，极少数人通过鼓吹各种谬论与采取多种手段，企图蚕食与削弱国有企业。

长期以来，国有企业改革一直是我关注和研究的重要问题之一，我撰写并发表过多篇论文。然而，如何评价改革开放以来中国国有企业改革的理论与实践？国内外存在各种观点，褒贬不一。即使在马克思主义经济学者内部，看法也不尽相同。一次，我在清华大学参加了一个有国务院国资委相关领导参加的关于国企改革的研讨会。一位来自北京大学的教授侃侃而谈，最后归结为一句话：“我国国有企业改革没什么新意。”我当即在大会发言中予以反驳。经过较长时间的收集材料与深入思考，我撰写了《中国国有企业改革：理论创新与实践创新》[②]（22000字）一文，全面概括并深入论述了我国国有企业改革理论与实践的六大创新。

我认为，改革开放以来，“作为中国经济体制改革重头戏的国有企业改

① 在此，国有企业一般是指我国纯粹意义上的全民所有制企业；在我国国有企业实行公司制股份制改革以后，也包括国有控股企业。而国有企业资本，在社会主义市场经济条件下则包括国有独资企业、国有控股企业和国有参股企业中的全部国有资本。

② 郭飞：《中国国有企业改革：理论创新与实践创新》，载于《马克思主义研究》2014年第4期。

革，经历了气势磅礴、跌宕起伏、不断创新的光辉历程。中国国有企业改革的理论创新与实践创新，不仅为继续深化国有企业改革和推进中国特色社会主义伟大事业奠定了坚实基础，也为世界社会主义事业的伟大复兴提供了重要动力与宝贵经验。”①

我提出，中国国有企业改革理论与实践具有六大创新：②

一、性质创新

我国的国有企业“是社会主义全民所有制经济”③。无论是在传统计划经济体制时期，还是在改革开放以来直至社会主义市场经济体制条件下，《中华人民共和国宪法》规定的我国国有企业（或国有企业资本）的这一性质都没有任何改变。然而，从生产关系（或经济关系）角度考察，改革开放以来我国国有企业的性质确实发生了相当显著的变化，即从传统计划经济体制时期国家行政机构的附属物，转变为社会主义市场经济中独立的法人实体和市场主体。

二、功能创新

在传统计划经济体制时期，我国国有经济不仅是国民经济的主导，而且逐渐成为城市经济和国民经济的主体。国有企业不仅从事生产和流通，还承担了许多“企业办社会”的职能（可称为“企社不分”）。改革开放以来，我国国有经济状况和所有制结构都发生了相当显著的变化。与此相适应，我国国有经济由“主体”向“主导”转变，国有企业由“企社不分”向“企社分离”转变，国有企业初步实现了功能创新。

---

① 郭飞：《中国国有企业改革：理论创新与实践创新》，载于《马克思主义研究》2014年第4期。

② 参见郭飞：《中国国有企业改革：理论创新与实践创新》，载于《马克思主义研究》2014年第4期。

③《中华人民共和国宪法》，见中共中央文献研究室编：《十二大以来重要文献选编》（上），人民出版社1986年版，第220页。

三、形式创新

改革开放以来，我国国有企业的性质创新和功能创新，促进了国有企业的形式创新。其不仅体现在从“国营企业”到“国有企业”这一称谓上的变化，也体现在一部分原国有事业单位转变为国有企业或国有资本控股企业，更体现在我国国有企业由传统计划经济体制时期的国营企业，转变为建立现代企业制度的国有独资或国有资本控股公司。

四、体制创新

从横纵的角度看，国有企业改革既涉及企业与企业之间横向经济体制的变化，也涉及国家与企业、企业与职工纵向经济体制的变化；从内外的角度看，国有企业改革既涉及企业内部经济体制（或企业管理体制）的变化，也涉及企业外部经济体制（指国家与企业的经济体制即国有资产管理体制）的变化。改革开放以来，我国国有企业由政企不分、排斥竞争、缺乏激励、行政隶属的国营企业旧体制向建立与完善社会主义现代企业制度和建立健全政企分开、政资分开、授权经营的国有资产管理新体制转变，国有企业改革初步实现了体制创新。

五、布局创新

在传统计划经济体制时期和改革开放以后的较长时期中，我国国有企业分布过宽，力量分散，整体素质不高。为更好地发挥国有经济的主导作用，积极推进产业结构优化升级和所有制结构改革，我国国有企业在改革中更多地向关系国家安全和国民经济命脉的重要行业和关键领域集中，逐步实行了“有进有退、合理流动”的布局创新。

六、结构创新

在传统计划经济体制时期和改革开放以后的较长时期中，我国国有企业数量过多，企业平均规模偏小。为优化国有企业组织结构，增强国有经济活力、控制力和影响力，我国国有企业改革逐步实行了“抓大放小”的结构创新。尽管国有企业的数量显著减少，但企业平均拥有的净资产（所有者权益）和国有大型企业从业人员占国有企业从业人员的比重大幅上升。

此外，我在文中也提出了国有企业改革中存在的一些重要问题：（1）一部分国有大型企业公司制股份制改革进展缓慢，国有企业中的小微企业数量偏多；（2）国有资产管理体制和公司法人治理结构尚未完善；（3）国有企业有中国特色的市场化的职业经理人制度尚未真正形成；（4）不少国有企业（特别是国有金融企业和部分央企）高管薪酬和职务消费过高或偏高；（5）一些国有企业中职工的主人翁地位有所削弱；（6）不少国有企业仍有大量的历史包袱，“企社分离”的任务较重；（7）在国有经济必须占支配地位（或需要控制）的行业和领域中，有的行业和领域非公有制经济进入的门槛过高，有的行业和领域国有经济则未占支配地位。

我在这篇论文中提出的基本观点，在经济学界和社会上产生了较大反响，受到许多同行的较高评价。我认为，应切实坚持公有制为主体多种所有制经济并存的基本经济制度，坚定不移地实行“两个毫不动摇”的正确方针，继续深化国有企业改革和国有资产管理体制改革，真正把国有经济做强做优做大，充分发挥国有经济在国民经济中的主导作用。

连任中国经济规律研究会副会长

2012年4月，我在武汉大学参加了中国经济规律研究会第22届年会，提交论文《“十二五”时期改善中国个人收入分配的五大对策》，并作了大会发言。2014年5月，我在河南财经政法大学参加了中国经济规律研究会第24届年会，提交论文《中国国有企业改革：理论创新与实践创新》，并作了大会发言。

2015年6月，我在吉林财经大学参加了中国经济规律研究会第25届年会，提交论文《深化收入分配制度改革的重大意义与基本路径》，并作了大会发言。在中国经济规律研究会第六届理事会换届选举中，我连任学会副会长。

经介绍，我与杨静相识。她好学上进，14岁参军，19岁加入中国共产党，本科学历，在政府部门任正处级干部。她父母都是中共党员，父亲杨春仁还是参加过抗美援朝的离休干部。通过深入了解，双方认为彼此的“三观”和行为方式高度一致，在与亲属见面并获支持之后，于当年夏季登记结婚。杨静大力支持我的工作。9月，我和夫人随团去西欧七国旅游，度过了生命中的一段美好时光。

在布鲁塞尔，我们在大广场下车游览。冒着蒙蒙细雨，我们在马克思和恩格斯的光辉著作《共产党宣言》的诞生地——“天鹅之家”咖啡馆门前合影。在巴黎，我们眺望闻名世界的埃菲尔铁塔，乘船游览了美丽的塞纳河，参观了著名的罗浮宫、凡尔赛宫和巴黎圣母院，并在雄伟壮观的凯旋门旁留影。风光旖旎的戛纳留下了我们的身影。在佛罗伦萨，我们游览了橘红色圆顶的圣母百花大教堂。在罗马，我们游览了圣彼得大教堂和斗兽场。我们游览了威尼斯和意大利小镇，登上了著名的阿尔卑斯雪山。我们还游览了柏林市区和法兰克福市区，参观了柏林墙和法兰克福大教堂。为弥补随团旅游的缺陷，我们每到一座重要城市，都力争购买到介绍该城市历史和风景名胜的中英文图书，以便回国后细细品味。

2017 年 6 月 10—11 日，“中国特色社会主义政治经济学创新与民生导向型改革开放”研讨会暨中国经济规律研究会第 27 届年会在南开大学举行。我在大会闭幕式上作了会议总结，全文如下：

各位专家：

中国经济规律研究会第 27 届年会即将落下帷幕。受大会委托，我对本届年会作简要总结。

本届年会是在中共十九大召开前夕、中国经济进入新常态、国内马克思主义政治经济学研究的形势显著好转的时间节点召开的一次重要学术盛会。本届年会的主题是中国特色社会主义政治经济学创新与民生导向型改革开放。会议共收到拟参会论文 110 余篇，经筛选后收入《论文摘要集》的有 80 余篇。来自中国社会科学院、中国人民大学、北京师范大学、武汉大学、南开大学、复旦大学、吉林大学、厦门大学、同济大学、四川大学等国内顶尖科研机构和著名高校、党校的专家学者，以及《人民日报》《马克思主义研究》《当代经济研究》《经济纵横》《社会科学战线》《社会科学辑刊》《海派经济学》《管理学刊》和经济科学出版社等国内主流媒体、重要期刊、国家级出版社的相关负责人和编辑共 120 余人参加了会议。在主办单位、承办单位和各位专家的共同努力下，会议取得了圆满成功。

本届年会具有三个特点：

一、承办单位的学校优势和学术优势明显。本届年会的承办单位是南开大学经济学院和三个具有较大影响力的全国性的政治经济学的研究中心。南开大学是全国著名的“985”高校，也是敬爱的周恩来总理的母校。南开大学经济学院是我国坚持和发展马克思主义政治经济学的一个重镇，在海内外享有盛誉。在南开大学经济学院，我们强烈感受到“允公允能，日新月异”和“文以治国、理以强国、商以富国”校园文化的熏陶和深厚的学术底蕴，审视和领悟到该院教师“凡是过去，皆为序章”的对于理论与实践的研究高度和学术目标。各位专家对南开大学的政治经济学研究钦敬已久，欢欣而来，鼓舞而去，受益良多。

二、聚焦主题，深入挖掘，各抒己见，促进创新。各位专家紧密围绕本届年会的两大主题，通过大会发言、分会场发言等多种形式，进行了较为深入的探讨和交流。程恩富会长和逄锦聚主任作了精彩的主题报告，简新华、白暴力、何自力、张俊山、钱津、董小麟、张衔、纪玉山、刘凤义、魏旭等教授分别发表了有深入见解的主旨演讲，不少教授和经济学博士也阐述了各自的真知灼见，有的知名专家还作了精准到位的点评。各位专家立意较高，视野开阔，新的思想火花迭出，不同的理论观点碰撞，使整个会议的研讨气氛浓烈，务实高效，富有生气。

三、首次颁发了学会授予的优秀论文获奖证书。本届年会采纳了程恩富会长的提议，由会长和副会长评选出除正、副会长论文之外的 8 篇优秀论文，旨在激励与会专家特别是中青年马克思主义政治经济学者刻苦钻研，力创精品。今后，学会年会评选优秀论文的制度将逐步完善。此外，本届年会还增选逄锦聚等 32 名专家学者为学会的顾问、常务理事和理事，为学会发展增添了新鲜血液和有生力量。

本届年会得到了承办单位的大力支持。梁琪院长代表朱光磊副校长亲自到会致辞祝贺，何自力副会长、刘凤义教授为会议举办耗费了许多心血。对此，我们表示衷心的感谢！与会的各位专家也为会议的成功举办作出了贡献。对此，我们也表示衷心的感谢！

各位专家，中国经济规律研究会是 1983 年创办的具有较大影响力的国家一级学会，迄今已举办了 27 届年会。学会的老顾问、老领导刘国光、卫兴华、项启源、刘方棫、杨圣明等杰出经济学家为我们树立了光辉的楷模。程恩富会长在坚持和创新马克思主义政治经济学、团结和组织国内外马克思主义政治经济学者等方面贡献突出。我们要继承和弘扬学会的优良传统，扎根中国大地，突出时代特色，开阔国际视野，潜心治学，深入钻研，在推进马克思主义政治经济学的理论创新、方法创新和体系创新等方面不断作出新贡献。只要中国共产党坚持和发展马克思主义，中国特色社会主义的伟大事业就大有希望！只要中国特色社会主义的航船在国际风云变幻中不断地破浪前进，世界社会主义运动的伟大事业就大有希望！只要中国的马克思主义政治经济学工作者进一步团结和壮大起来，特别是更多年轻的马克思主义政治经济学的教学与研究人员能在更好的知识结构和历史条件下逐步地成长起来，立时代潮头，通古今之变，发思想先声，中国特色社会主义政治经济学的繁荣发展乃至鼎盛就大有希望！

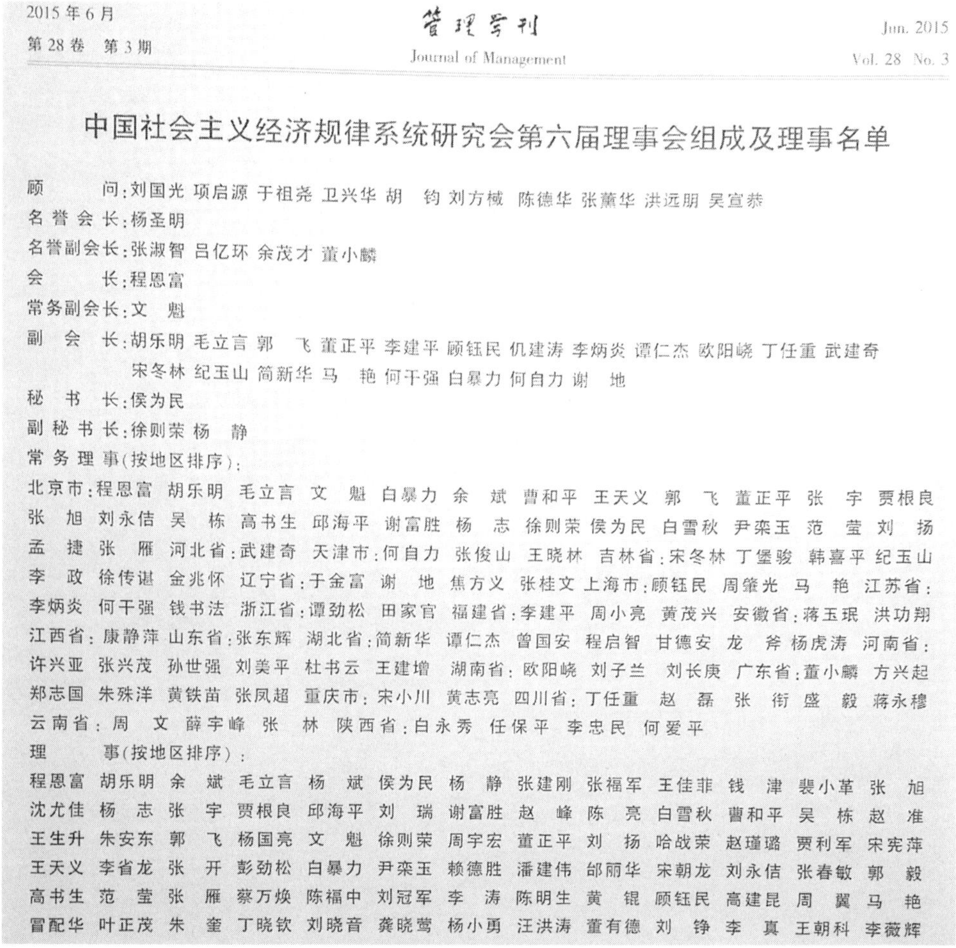

2015年6月 第28卷 第3期 管理学刊 Journal of Management Jun. 2015 Vol. 28 No. 3

中国社会主义经济规律系统研究会第六届理事会组成及理事名单

顾　　问：刘国光 项启源 于祖尧 卫兴华 胡　钧 刘方棫 陈德华 张薰华 洪远朋 吴宣恭

名誉会长：杨圣明

名誉副会长：张淑智 吕亿环 余茂才 董小麟

会　　长：程恩富

常务副会长：文　魁

副 会 长：胡乐明 毛立言 郭　飞 董正平 李建平 顾钰民 仉建涛 李炳炎 谭仁杰 欧阳峣 丁任重 武建奇 宋冬林 纪玉山 简新华 马　艳 何干强 白暴力 何自力 谢　地

秘 书 长：侯为民

副秘书长：徐则荣 杨　静

常务理事（按地区排序）：

北京市：程恩富 胡乐明 毛立言 文　魁 白暴力 余　斌 曹和平 王天义 郭　飞 董正平 张　宇 贾根良 张　旭 刘永佶 吴　栋 高书生 邱海平 谢富胜 杨　志 徐则荣 侯为民 白雪秋 尹栾玉 范　莹 刘　扬 孟　捷 张　雁 河北省：武建奇 天津市：何自力 张俊山 王晓林 吉林省：宋冬林 丁堡骏 韩喜平 纪玉山 李　政 徐传谌 金兆怀 辽宁省：于金富 谢　地 焦方义 张桂文 上海市：顾钰民 周肇光 马　艳 江苏省：李炳炎 何干强 钱书法 浙江省：谭劲松 田家官 福建省：李建平 周小亮 黄茂兴 安徽省：蒋玉珉 洪功翔 江西省：康静萍 山东省：张东辉 湖北省：简新华 谭仁杰 曾国安 程启智 甘德安 龙　斧 杨虎涛 河南省：许兴亚 张兴茂 孙世强 刘美平 杜书云 王建增 湖南省：欧阳峣 刘子兰 刘长庚 广东省：董小麟 方兴起 郑志国 朱殊洋 黄铁苗 张凤超 重庆市：宋小川 黄志亮 四川省：丁任重 赵　磊 张　衔 盛　毅 蒋永穆 云南省：周　文 薛宇峰 张　林 陕西省：白永秀 任保平 李忠民 何爱平

理　　事（按地区排序）：

程恩富 胡乐明 余　斌 毛立言 杨　斌 侯为民 杨　静 张建刚 张福军 王佳菲 钱　津 裴小革 张　旭 沈尤佳 杨　志 张　宇 贾根良 邱海平 刘　瑞 谢富胜 赵　峰 陈　亮 白雪秋 曹和平 吴　栋 赵　准 王生升 朱安东 郭　飞 杨国亮 文　魁 徐则荣 周宇宏 董正平 刘　扬 哈战荣 赵瑾璐 贾利军 宋宪萍 王天义 李省龙 张　开 彭劲松 白暴力 尹栾玉 赖德胜 潘建伟 郃丽华 宋朝龙 刘永佶 张春敏 郭　毅 高书生 范　莹 张　雁 蔡万焕 陈福中 刘冠军 李　涛 陈明生 黄　锟 顾钰民 高建昆 周　翼 马　艳 冒配华 叶正茂 朱　奎 丁晓钦 刘晓音 龚晓莺 杨小勇 汪洪涛 董有德 刘　铮 李　真 王朝科 李薇辉

2015年，郭飞连任中国经济规律研究会副会长

深入探讨中国居民财产差距较大的基本成因与对策

改革开放以来，我国取得了举世瞩目的伟大成就。然而，我国仍存在某些不容忽视的深层次问题，其中之一就是居民财产差距较大。《中国民生发展报告2014》披露的最新调查数据表明：2012年，我国排名在25%以下的家庭财产总量仅占全国家庭财产总量的1.2%，排名在顶端1%的家庭拥有全国家庭财产总量的34.6%。[①]就1%的家庭财产占本国家庭财产总量的1/3以上而言，我国已与美国旗鼓相当。我国家庭财产差距的基尼系数，1995年为0.45，2002年为0.55，2012年为0.73。[②]

20世纪90年代中期以来，我国居民财产差距的变化速度如此之快，变化幅度如此之大，这在世界各国中是罕见的。我在已有研究成果的基础上，撰写并发表了《中国居民财产差距悬殊的基本成因与对策》[③]（22000字）一文，对我国居民财产差距较大的基本成因与对策进行了深入探讨。

我提出，中国居民财产差距较大的基本成因主要包括四个方面：[④]

一、新自由主义的侵蚀特别是私有化思潮的兴风作浪

新自由主义在20世纪80年代中后期通过多种途径传入我国，逐渐滋长蔓延并造成严重危害。尤其是新自由主义的核心——私有化及其政策主张，对马克思主义政治经济学和中国特色社会主义经济理论与中国特色社会主

① 谢宇等著：《中国民生发展报告2014》，北京大学出版社2014年版，第30页、第42页。
② 谢宇等著：《中国民生发展报告2014》，北京大学出版社2014年版，第42页。
③ 郭飞：《中国居民财产差距悬殊的基本成因与对策》，载于《马克思主义研究》2015年第12期。
④ 详见郭飞：《中国居民财产差距悬殊的基本成因与对策》，载于《马克思主义研究》2015年第12期。

义经济形成了强烈冲击和尖锐挑战：（1）混淆社会主义经济与非社会主义经济、公有制经济与非公有制经济的界限，妄图将中国经济引向私有化的歧途；（2）给公有制（特别是国有经济）罗织莫须有的罪名，妄图颠覆公有制的主体地位与改变国有经济的主导作用；（3）以反“左”为名或打着“改革”旗号，试图将公有制特别是国企改革引向邪路；（4）从基本经济理论方面进行渗透和猖狂进攻，与发展的马克思主义政治经济学争夺在经济意识形态领域的主导权和话语权。

二、民族资产阶级的迅速崛起与极少数党政官员的权力寻租

民族资产阶级在我国民主革命时期并不强大，经过中华人民共和国成立后的社会主义改造，已经基本上退出了历史舞台。1966年9月，我国对原资本主义工商业者停止支付定息，民族资产阶级的残余经济成分在我国已经绝迹。

改革开放以来，私营经济在我国从无到有，由小变大，民族资产阶级（即私营企业主）迅速崛起。我国的私营企业，就其财富积累方式或资本形成过程来说，大体可以概括为实业发展、科技进步、公有企业蜕变、投机致富和权力致富等五种类型。[①] 我国私营经济不仅达到了相当的规模，而且其顶尖人物的净资产数量也早已跨入世界级富豪的行列。在《福布斯2015华人富豪榜》中，万达董事长王健林以242亿美元的净资产居第3位（在《福布斯2015全球富豪榜》中居第29位）。如果进行纵向对比，我国民族资产阶级顶尖人物的净资产，可能已超过或接近中华人民共和国成立前我国民族资本数量的总和。与此形成强烈反差的是，2014年年末，我国有1880.2万城市居民纳入政府最低生活保障，农村贫困人口有7017万（按农民年人均纯收入2014年2800元脱贫标准计算），总计有8897.2万人生活在贫困线之下，约占全国人口的6.5%。

改革开放以前，我国广大党政干部是较为清廉的。经过党组织的长期

① 参见宗寒著：《两只眼看中国资产层》，红旗出版社2012年版，第67～92页。

培养教育和解放初期的“三反”运动，特别是由于以毛泽东为核心的党中央第一代领导集体的率先垂范，涌现出一批焦裕禄式的艰苦奋斗、勤政为民的好干部。改革开放以来，我国极少数党政干部在资本主义腐朽意识形态和生活方式的侵蚀面前败下阵来，信念丧失，世界观、人生观、价值观发生蜕变，逐步成为社会主义共和国大厦的蛀虫和贪得无厌的腐败分子。他们将党和人民赋予的权力视为资本，大搞官商勾结、权钱交易，行贿受贿、买官卖官，疯狂掠夺和聚敛国家与人民的财富并窃为己有。已被揪出的某些“大老虎”的违法行径令人发指，“小官巨贪”现象亦不少见。

三、中国体制改革进程中的某些问题和缺陷

在我国进行体制改革的过程中，由于多种原因存在着某些问题和缺陷。其主要表现:（1）较长时期内对国有企业的重税负和对非公有制企业的轻税负；（2）低价出售乃至“零价赠送”国有企业问题较为突出；（3）财产税很不健全，遗产税和赠与税并未出台；（4）城镇住房制度改革中的主要弊端明显扩大了居民财产差距；（5）党风廉政建设形势严峻，官员财产申报和公示制度尚未出台。

四、中国狭义所有制结构的巨大变化

所有制结构亦称生产资料所有制结构，一般是指某一社会中各种生产资料所有制所占的比重、地位及其相互关系。我认为，所有制结构有广狭之分。在商品经济条件下，广义所有制结构中的生产资料的资产表现形式包括通常所说的资源性资产和经营性净资产；狭义所有制结构中的生产资料的资产表现形式则仅包括经营性净资产。

改革开放以来，我国所有制结构改变了传统计划经济体制时期公有制经济“一统天下”的格局，非公有制经济从个体经济扩展到私营经济和外资经济，其地位和作用从“必要补充”上升到“重要组成部分”。随着非公

有制经济的迅速发展，公有制经济在我国所有制结构中是否还占主体地位，学术界和社会上众说纷纭。我认为，就广义所有制结构而言，我国公有制经济占有毋庸置疑的绝对优势和主体地位，这是我国仍是社会主义国家最基本的经济依据；而就狭义所有制结构而言，我国公有制经济则可能大体接近（即略高于或略低于）占优势（或主体地位）的临界值（即占社会经营性净资产的 51%）。

生产资料所有制既是生产关系的基础，也直接决定分配方式。我国狭义所有制结构发生的巨大变化，直接导致分配方式也发生了相应的变化。我认为，市场经济中公有制基础上的按劳分配，可以形成不同劳动者的收入差别与财产差别，但不会导致居民收入或居民财产的两极分化。而市场经济中资本主义私有制基础上的分配方式（按资分配和按劳动力价值分配）以及个体经济基础上的分配方式（自劳自得），则必然导致居民收入或居民财产的两极分化。税收、社会保障、转移支付等再分配手段，只能调节市场经济中由非公有制经济导致的居民收入或居民财产两极分化的速度和规模，并不能改变其两极分化的趋势。因此，我国狭义所有制结构的巨大变化，是导致我国居民财产差距较大的基础性原因。

针对我国居民财产差距较大的基本成因，我提出合理缩小中国居民财产差距的四项基本对策：（1）切实加强马克思主义在意识形态领域中的指导地位，深入批判新自由主义特别是私有化思潮。必须让真正的马克思主义者牢牢掌握我国意识形态重要阵地的领导权；必须大力加强对领导干部的马克思主义理论教育和高校马克思主义政治经济学课程建设；必须认真抓好马克思主义理论特别是马克思主义政治经济学教学与研究人员的队伍建设。（2）巩固和发展公有制经济，坚持社会主义公有制的主体地位。必须坚持社会主义公有制为主体的根本原则和“两个毫不动摇”的正确方针，纠正某些领导干部“一手硬、一手软”的错误倾向；深化国有企业改革，实行创新驱动、制造强国战略和科学管理，做强做优做大国有经济；积极扶持城乡集体经济发展壮大。（3）深化财税、收入、社会保障制度改革，逐步缩小居民财产差距。（4）科学有效地惩治和预防腐败，坚决取缔非法收入。要落实党风廉政建设责任制，健全反腐倡廉法律法规；加重对经济犯罪的惩罚力度，依法强化税收征管；强化对权力运行的公开和监督机制。[①]

我的论文发表后，在社会上产生了较大反响，中国人大复印报刊资料也全文转载。我在学校收到了来自云南西双版纳的一封信，里面是几张褶皱的信纸和每页信纸上写满的密密麻麻的小字。寄信人自述是一名参加工作多年的老共产党员。他说自己的家乡仍很贫困，问题很多，对我文中的观点非常赞同，并希望我能帮他将其所在地区的有些情况向党和政府的有关领导反映……

① 参见郭飞：《中国居民财产差距悬殊的基本成因与对策》，载于《马克思主义研究》2015 年第 12 期。

《郭飞文选——经济理论与经济改革重大问题研究》（上、下卷）出版

1995—2010年，我公开出版过三本分时期的个人论文集。第一本论文集《中国经济改革若干问题研究》（20万字，东北师范大学出版社1995年版），由中国人民大学荣誉一级教授卫兴华作序并在《中国教育报》理论版发表了书评。第二本论文集《经济理论与经济改革新思考》（22万字，吉林人民出版社2001年版），由中国人民大学荣誉一级教授胡钧作序并在《中国教育报》理论版发表了书评，中国社会科学院经济研究所毛立言研究员在《经济学动态》发表了书评，《人民日报》《光明日报》《中华读书报》也载文作了介绍。第三本论文集《新世纪中国经济重大问题研究》（26万字，经济科学出版社2010年版），由中国社会科学院学部委员程恩富作序，程恩富和杨圣明学部委员分别在《人民日报》理论版和《光明日报》理论版发表了书评，程恩富还在《经济学动态》发表了书评。从2010年7月到2016年初，我又发表了不少论文。有朋友建议我应将截至当时已发表的150多篇论文（几乎全为独撰）结集公开出版，我部分采纳了这个建议。

我从已公开发表的论文中精选出69篇论文（这些论文全是由我独立撰写的，仅有个别论文因与他人合作署名我为第一作者），并将论文分为六个部分：（1）中国所有制结构改革和国有企业改革与发展；（2）培育发展劳动力市场与扩大就业；（3）个人收入分配制度改革与合理缩小居民贫富差距；（4）积极合理安全有效利用外商直接投资与当代国际投资；（5）经济体制改革的基本性质与转轨方式及其他；（6）附录（其中，《海派经济学》2014年第3期发表的《郭飞的学术贡献和经济思想》一文为郃丽华教授所写）。我原定书名为《经济理论与经济改革重大问题研究》（上、下卷）。经济科学出版社则建议我将书名改为《郭飞文选——经济理论与经济改革重大问题研究》（上、下卷）。经过一段时间的征询意见和慎重考虑，我最终接受

了经济科学出版社的建议。

2016年7月，《郭飞文选——经济理论与经济改革重大问题研究》（上、下卷，75万字，以下简称《文选》）由经济科学出版社出版。《文选》荟萃了我30多年来在国内权威或重要报刊上公开发表的有代表性的科研论文，是我以绵薄之力深入研究中国经济理论与经济改革重大问题的精心之作，也是我献给伟大祖国和人民的一束理论之花。

在《文选》的后记中，我写道：

作为一名具有40多年教龄的高校教师，我在多年来的科研生涯中力求做到以下五点：

一、以最广大人民的根本利益为依归。马克思有句名言："为人类而工作。"这无疑是科学研究根本宗旨的最高境界。习近平总书记指出："以人民为中心"是马克思主义政治经济学的根本立场。作为马克思主义的学习者、信仰者和践行者，作为曾当过工人农民的高校政治经济学教师，我与广大人民同呼吸共命运，力求以维护和增进最广大人民的根本利益作为进行经济理论与经济改革研究的根本出发点和落脚点。无论国内外经济政治形势如何风云变幻，无论意识形态领域的斗争如何尖锐复杂，我都心系人民，独立思考，追求真理，维护正义，力求做到不趋炎附势，不随波逐流，不僵化，不西化，敢讲真话，激浊扬清，建言献策，利国利民。

二、以研究中国经济理论与经济改革重大问题为中心。改革与发展是当代中国的主旋律，也是我国广大理论工作者研究的不二主题。长期以来，我重点研究了中国所有制结构改革、国企改革与发展、劳动就业制度改革、个人收入分配制度改革、积极合理安全有效地利用外资和经济体制转轨的基本性质与转轨方式等经济理论与经济实践的重大问题。中国经济实践包含的经济改革和经济发展是互相联系的，我研究的重点往往是经济改革。在长期研究的过程中，我力求以发展的马克思主义政治经济学为指导，以辩证唯物主义和历史唯物主义为根本方法，注重借鉴与吸收包括西方经济学合理成分在内的国内外经济理论研究的优秀成果，紧密联系国内外特别是国内的经济实践。

三、恪守学术道德，锐意攻坚创新。创新是民族与国家进步之魂，也是经济理论工作者责无旁贷的神圣使命。理论创新和对策创新并不是脱离客观实际的"标新立异"，也不是坐井观天的自我标榜，更不是欺世盗名的抄袭剽窃。除极少数原始创新之外，理论创新和对策创新都是对原有优秀成果的继承和发展，并须经得起核查和社会实践的检验。改革开放以来，我国经济体制改革和经济发展遇到诸多重大问题和尖锐挑战，也取得了举世瞩目的巨大成就，这为我们进行经济理论和经济对策创新提供了肥沃土壤和良好契机。我在较差的科研条件下艰难起步，苦学深钻，循序渐进，殚精竭虑，不懈登攀，对我国某些重大经济理论与经济改革问题提出了个人的观点和建议。本人提出的某些新的理论观点或对策建议，倘能得到学术界同仁的首肯或被政府有关部门所采纳，并在理论发展和社会实践中产生积极作用，我则感到莫大的欣慰。

四、质量为本，打造精品。文不在多而在于精，论不在玄而在于真。我从与人合写在《教学与研究》杂志上发表第一篇论文，到后来独立在《中国社会科学》等权威杂志上发表论文，都是力求秉持对社会负责、对读者负责、对刊物负责的态度，博读泛览，有的放矢，深入探讨，持之有故，突出新意，精益求精，以期经得起理论争辩和实践检验。

五、持之以恒，笃行不倦。马克思曾经说过：如果我们选择了最能为人类福利而劳动的职业，那我们就不会被它的重负所压倒。投身于中国经济理论与经济改革研究，是我一生中的主要工作和最大幸福。为此，我与仕途和经商擦肩而过，不羡权贵，不慕骄奢，不图虚名，甘于寂寞，艰辛探索，久久为功，不改初衷。

在《文选》出版的过程中，也蕴含着中国社会科学院原副院长刘国光学部委员、经济科学出版社范莹副编审和我夫人杨静等付出的心血。

首先，我深切感谢刘国光学部委员为《文选》撰写了序言。出版《文选》，究竟请谁来写序言？我一度拿不准主意。后来有朋友建议我请刘国光学部委员。我对刘老非常敬重，他对我也有所了解。但是，他已是92岁的高龄，能有时间和精力为《文选》作序吗？抱着一线希望，我通过刘老的秘书进行了联系，刘老欣然同意。我打印了《文选》中的主要论文请他审阅。大约过了两个月，他约我到他家里，将他亲笔签字的序言交给我，并对我说了一些非常深刻和语重心长的话。刘老在其撰写的序言中认为，《文选》具有三个主要特点：（1）坚持“以人民为中心”的马克思主义政治经济学的根本立场；（2）贯彻理论与实际相结合的方针，深入研究我国改革发展中的重大经济理论与现实问题；（3）勇于理论创新，积极建言献策，奋力承担经济理论工作者的光荣使命。刘老曾亲自评审过我在《中国社会科学》发表的论文，这次又为《文选》撰写了序言，使我不胜感谢。

其次，我非常感谢范莹副编审。2010 年，我和范莹已有成功合作的先例。此次出版《文选》，从图书策划到内容编排，从文稿审阅到文字校对，她都煞费苦心，绞尽脑汁。我对出书的质量要求较高，她都尽可能地予以满足。仅《文选》的封面设计，她就让设计师先后提供了 7 个选样。《文选》虽是我的作品，但她功不可没。

再次，我衷心感谢我的夫人。她深知我是一个视事业胜过生命的人，非常支持我出版《文选》。在《文选》筹划与出版的过程中，她都尽可能地给我提供最大的帮助。除承担绝大部分家务之外，她认真地帮我挑选论文，打印材料，反复校对，并且提出一些好的建议。在《文选》打印稿一校的过程中，我俩集中精力，每天高强度地工作 7 ～ 8 个小时，持续奋战 20 余天。之后，还有二校和三校……时值夏季，又热又累，但她面带笑容，默默工作。如果没有她的鼎力支持，《文选》不可能如期面世。

2016 年夏，郭飞夫人杨静为《文选》校稿

最后，我真诚感谢我深爱的父亲郭学洁、母亲郑海心和其他亲人。父母给了我生命。母亲看过我的第一本论文集，父亲看过我的三本论文集和其他著作。尽管父母分别于2014年和2000年仙逝，但他们或许期待过《文选》的出版；好在我的岳父母看到了《文选》，并给予很高的评价。在《文选》编辑和出版的过程中，大妹妹郭志红、大妹夫孙光强和当年考取清华大学后去海外留学的“海归”外甥女孙威（世界超人协会中国区创始人）等，都很关心并予以支持，这使我感到欣慰。

《文选》出版后，在经济学界和社会上引起了较大反响。刘国光学部委员撰写的书评在2016年9月2日《人民日报》理论版和《经济学动态》2016年第7期发表，杨圣明学部委员撰写的书评在2016年9月14日《光明日报》经济学版发表，范莹副编审撰写的书评在2016年10月25日《中国教育报》理论版发表。卫兴华教授收到我给他寄去的《文选》之后，在给我打的电话中兴奋地说：“大作，好！”学界前辈和同仁的鼓励，是我继续前进的新动力。

深刻揭示马克思剩余价值理论的当代价值

2017年，是马克思撰写的《资本论》第一卷德文版出版150周年。作为一名马克思主义政治经济学的学习者、笃信者、研究者和践行者，我从1月中旬到3月中旬花费了整整两个月的时间，撰写出一篇纪念《资本论》第一卷德文版出版150周年的长篇论文《试论马克思剩余价值理论的当代价值——兼论剩余价值理论对建设中国特色社会主义的意义》[①]。

在论文中，我开宗明义：

"劳动价值论是马克思经济理论的基石，剩余价值论是马克思经济理论的核心。[②]马克思撰写的《资本论》第一卷德文版于1867年出版，至今已经150年了。马克思在《资本论》第一卷重点阐发并在《资本论》第二、第三卷中完成创立的剩余价值理论，在当代仍然具有巨大的科学价值与现实意义。马克思创立的剩余价值理论，不仅深刻揭示了资本主义剥削制度的本质从而为无产阶级翻身求解放的伟大斗争提供了科学的思想武器，而且对创立与发展社会主义政治经济学特别是中国特色社会主义政治经济学、加快我国社会主义经济建设进而早日实现中华民族伟大复兴具有重大意义。"[③]

论文分为三个部分：第一部分，马克思剩余价值理论的基本内核；第二

---

① 郭飞：《试论马克思剩余价值理论的当代价值——兼论剩余价值理论对建设中国特色社会主义的意义》，载于《教学与研究》2017年第8期。

② 列宁指出："剩余价值学说是马克思经济理论的基石。"（见《列宁选集》第2卷，人民出版社1995年版，第312页）许多马克思主义经济学者据此也持同样的观点。笔者根据剩余价值理论在马克思经济理论体系中的地位和恩格斯对马克思伟大历史贡献的评价，认为剩余价值理论是马克思经济理论的核心。

③ 郭飞：《试论马克思剩余价值理论的当代价值——兼论剩余价值理论对建设中国特色社会主义的意义》，载于《教学与研究》2017年第8期。

部分，马克思剩余价值理论在世界的当代价值；第三部分，马克思剩余价值理论在中国的当代价值。论文的重点和新意主要体现在第二、第三部分。

在论文的第二部分（即“马克思剩余价值理论在世界的当代价值”），我较为深入地论述了三个问题：（1）马克思剩余价值理论的基本原理在当代资本主义国家并没有过时；（2）资本主义生产关系在当代尚有较强的生命力和一定的发展空间；（3）社会主义国家的建立与发展和资本主义国家中“新社会因素”与“过渡点”的发展，初步显示出社会主义制度必然取代资本主义制度的历史趋势。

在此基础上，我指出：

“从世界整体来看，一种新的社会制度取代旧的社会制度，往往需要相当长的历史时期。有学者指出，从世界整体来看，奴隶制度取代原始公社制度，经历了3000年左右的时间；封建制度取代奴隶制度，大约经历了1000多年的时间；资本主义制度取代封建制度，大约经历了约500年的时间。[①] 而社会主义制度取代资本主义制度，则是更高级的公有制为基础的社会制度取代更高级的私有制为基础的社会制度，是人类社会演进中前所未有的社会制度最伟大的根本变革。对于这种社会制度变革和更替中的尖锐性、复杂性、曲折性和长期性，我们必须保持明确和清醒的认识。”[②]

在论文的第三部分（即“马克思剩余价值理论在中国的当代价值”），我较为深入地论述了三个问题：（1）马克思揭示的资本主义基本经济规律，为我国深入探索社会主义基本经济规律提供了宝贵启迪；（2）马克思剩余价值理论为我国正确处理社会主义经济与资本主义经济的关系、促进社会主义经济更好更快发展提供了深刻启示；（3）马克思揭示的相对剩余价值实现机制中提高劳动生产率的基本路径，为我国正确实行供给侧结构性改革提供了基本思路。在论述第二个问题时，我提出：

（1）必须将发展生产力作为社会主义社会的根本任务，逐步创造出显著高于发达资本主义国家的劳动生产率和人民生活水平。

---

① 逄锦聚等主编：《政治经济学》（第2版），高等教育出版社2003年版，第278页。

② 郭飞：《试论马克思剩余价值理论的当代价值——兼论剩余价值理论对建设中国特色社会主义的意义》，载于《教学与研究》2017年第8期。

马克思的剩余价值理论，不仅是揭示资本主义剥削奥秘的理论，也是揭示资本主义生产关系如何发展生产力的理论，还是揭示资本主义生产关系如何从根本上阻碍生产力发展从而必然被社会主义生产关系所取代的理论。我国从半殖民地半封建社会的废墟上经由新民主主义进入社会主义社会，使马克思当年关于经济文化落后的国家可以跨越“资本主义卡夫丁峡谷”的设想得到了初步的证实。社会主义初级阶段的主要矛盾是人民日益增长的物质文化需要同落后的社会生产之间的矛盾，根本任务是发展生产力。列宁指出：“劳动生产率，归根到底是使新社会制度取得胜利的最重要最主要的东西。”① 笔者认为，只有社会主义国家的劳动生产率和人民生活水平显著超过发达资本主义国家，社会主义经济制度的优越性才能充分发挥出来，资本主义经济制度复辟（或资本主义经济制度占统治地位）的可能性才能从根本上得以避免。

改革开放以来，我国坚持以经济建设为中心的正确方针，不断提高广大人民的物质文化生活水平，取得了举世瞩目的巨大成就。2010 年，我国经济总量已升至世界第二位，估计在 2030 年左右将升至世界第一位。然而，我国当前的劳动生产率水平仍明显低于发达资本主义国家。2014 年，我国全员劳动生产率（国内生产总值与全部就业人员的比率，以 2011 年不变价格表示的购买力平价 GDP）为 21630 美元，仅分别相当于美国（109314 美元）的 19.8%、日本（72523 美元）的 29.8%。② 我国当前广大人民的生活水平虽有显著提高并初步达到了小康标准，但仍有 5814.9 万人口尚未脱贫③，与发达资本主义国家广大人民的生活水平尚有较大差距。正如习近平总书记指出的那样：我国仍处于并将长期处于社会主义初级阶段的基本国情没有变，我国是世界上最大发展中国家的国际地位没有变。笔者认为，从劳动生产率和人民生活水平方面赶超发达资本主义国家，我国还有很长

① 列宁：《伟大的创举》，见《列宁选集》第 4 卷，人民出版社 1995 年版，第 16 页。

② 参见世界银行世界发展指标数据库，http//databank.world bank.org。

③ 2016年年末，我国农村贫困人口4335万人，享受城市居民最低生活保障待遇的贫困人口1479.9万人，两者之和约为 5814.9 万人，约占当年全国大陆总人口的 4.2%（根据《经济日报》2017 年 3 月 1 日刊发的中华人民共和国国家统计局：《中华人民共和国 2016 年国民经济和社会发展统计公报》提供的相关数据整理计算）。

一段路要走。即使将来在劳动生产率和人民生活水平方面显著超过了发达资本主义国家，除发生战争等特殊情况之外，我国也仍应继续坚持以经济建设为中心，将其作为兴国之要，以充分发挥社会主义经济制度的优越性，促进人的自由全面发展和社会的不断进步。

（2）必须适应生产力的性质和发展要求，不断完善社会主义市场经济体制。

恩格斯指出："所谓社会主义社会不是一种一成不变的东西，而应当和任何其他社会制度一样，把它看成是经常变化和改革的社会。"①经济体制是生产关系的具体表现形式。"在当今世界，资本主义与社会主义两种制度的竞争主要表现为经济体制的竞争。谁能创造并实行适合高科技进步和生产力发展要求的充满生机和活力的经济体制，谁就能在竞争中取胜。"②我国进入社会主义初级阶段以后，长期仿效苏联模式实行高度集中的传统计划经济体制。传统计划经济体制在历史上曾经发挥过重大的积极作用，但在我国经济条件发生显著变化、经济建设的指导思想出现急躁冒进的"左"的错误和第三次科技革命在发达资本主义国家蓬勃兴起等新情况下，其缺陷和弊端则日益凸显。改革开放以来，中国共产党领导全国人民坚持解放思想、实事求是、与时俱进的思想路线，既不走封闭僵化的老路，也不走改旗易帜的邪路，注重借鉴和吸收人类社会特别是发达资本主义国家的一切文明成果，明确社会主义经济具有商品经济性质，积极探索能够极大促进生产力发展的社会主义公有制和按劳分配的有效实现形式，充分发挥市场在资源配置中的主要作用，逐步建立起社会主义市场经济体制。从国有企业实行公司制股份制混合所有制改革，到国家所有、分级代表、授权经营的国有经营性资产管理体制的确立；从农村建立以家庭联产承包责任制为主统分结合的双层经营体制，到实行农村集体所有制土地所有权、承包权、经营权"三权分置"的改革；从社会主义公有制为主体多种所有制经济共同发展，到按劳分配为主体多种分配方式并存，中国社会主义市场经济体制的航船在人类社会前所未有的探索中破浪前行。只要在解放生产力、发

① 《马克思恩格斯全集》第 37 卷，人民出版社 1971 年版，第 443 页。

② 《郭飞文选——经济理论与经济改革重大问题研究》（下卷），经济科学出版社 2016 年版，第 559 页。

展生产力、保护生产力的基础上坚持经济体制改革的社会主义基本性质，中国特色社会主义经济制度就必然会充满生机和活力。

（3）在坚持社会主义公有制主体地位的前提下，利用非公有制经济特别是资本主义经济为发展社会主义经济服务。

在今后较长时期内，发达资本主义国家的经济、技术、政治、军事实力在世界格局中仍占优势地位；我国经济总量和综合国力虽上升较快，但仍无法单独与国际资本主义抗衡。社会主义中国与资本主义国家共处一个星球，既存在同一性，也存在斗争性，是矛盾的对立统一。东欧剧变恍然如昨，“不战而胜”音犹在耳。我国应在妥善处理与资本主义国家（特别是发达资本主义国家）相互关系的同时，妥善处理好国内社会主义经济与非公有制经济（特别是资本主义经济）的相互关系。

首先，必须坚持和加强社会主义公有制的主体地位。社会主义公有制是中国特色社会主义的主要经济基石，是全国人民最终实现共同富裕的经济基础。改革开放以来，我国打破了传统计划经济体制下公有制经济“一统天下”的局面，非公有制经济迅速发展。然而，由于国内外多种因素的共同作用，在我国经营性净资产的相对比重中“公降私升”已成为持续多年的一种趋势。[①] 目前，在我国经营性净资产中公有经营性净资产是否仍占主体地位？对此，国家统计局尚未提供相关数据，经济学界的看法也并不一致。笔者认为，公有经营性净资产在我国经营性净资产中必须占主体地位，这是关系我国社会根本性质和经济体制改革根本性质的重大原则问题。我国不仅应继续坚持资源性资产的社会主义公有制，还应通过深化改革和政策扶持等多种途径，在经营性净资产中切实坚持和加强社会主义公有制的主体地位，同时充分发挥国有经济的主导作用。

其次，必须长期坚持鼓励、支持、引导非公有制经济发展的方针。在我国社会主义初级阶段，个体经济是劳动者私有制，私营经济是境内民族资本主义所有制，外资经济是境外资本主义所有制[②]。私营经济、外资经济和个体经济虽不属于社会主义经济，却是我国现阶段所有制结构的辅体。非

---

① 参见郭飞：《深化中国所有制结构改革的若干思考》，载于《中国社会科学》2008 年第 3 期。

② 本文在此论及的外资经济，系指来自境外的资本主义所有制经济。

公有制经济对生产力发展和社会主义经济具有两面性。我国应兴利抑弊，充分发挥其在发展生产、科技进步、促进就业、改善民生和增强国力等方面的积极作用，发挥其与社会主义公有制经济竞争与合作中产生的正效应，引导和利用其直接或间接地为发展社会主义经济服务。

我的这篇论文，除在《教学与研究》2017 年第 8 期发表之外，还作为送审论文提交中国《资本论》研究会。9 月 23—24 日，中国《资本论》研究会纪念《资本论》第一卷出版 150 周年研讨会在福建师范大学隆重举行。该研讨会于会前给我发来了邀请函并通知我作大会发言，我因临时有事未能与会。26 日，《中国经济时报》整版发表了我撰写的论文《〈资本论〉核心经济理论在中国的当代价值》。

鼎力完成十九大召开之际的光荣任务

2017年7月5日，是我65周岁的生日。按照我国的相关规定，男职工的退休年龄一般为60岁。按照我校的相关规定，博士生导师的退休年龄最高为65岁（在特殊情况下可以稍微延长）。学院领导曾征询我的意见，希望续聘我一段时间，我表示坚决退休。我认为，一名教授如果有能力、有条件、有愿望，即使退休了，也还可以继续发挥一些积极作用；如果没有能力或缺少条件，即使留在岗位上也是徒有虚名，并且对中青年教师的后续成长有所不利。

9月初，我收到了学校人力资源处下发的退休通知书。下旬，我去校人力资源处办理了相关的退休手续。我向校、院相关领导表示：衷心感谢多年来校、院领导和单位同事对自己的关爱和帮助，我曲径成才，自豪满满，重点转移，发挥余热。我本想同时辞去对外经济贸易大学中国经济发展研究中心主任一职，但因多方沟通后暂无合适人选和未到换届时间，相关领导决定由我继续担任。相关领导希望我为学校多作一些贡献，保留了我在科研楼的独立办公室。

中共十九大召开前夕，中国教育报理论部主任刘好光向我紧急约稿，希望我在10月22日下午6时之前，提交一篇学习领会十九大精神的大块理论文章，该报拟作为深入学习贯彻十九大精神的第一篇理论文章发表。当时，我内心很矛盾。一方面，我是《中国教育报》的老作者，在该报理论版上独立撰写并发表的5000字以上的论文已有9篇，与该报的关系是“老铁”。该报在重要的历史节点向我预约如此重要的稿件，代表整个教育界发声，这充分体现了该报对我的高度认可和信任。另一方面，我未见过中共十九大报告的征求意见稿，更不是中共十九大报告的起草人，且已年满65

周岁，多年来经常像“拼命三郎”一样地工作[①]，身体状况并不是很好。在4天多时间、“单枪匹马”且无任何官方辅导材料的情况下，我能提交一篇高规格的“正确把握、深入理解、写出新意”的理论文章吗？经过短暂的思考和权衡，我接受了《中国教育报》的约稿，表示要“尽力而为”。

2017年9月，郭飞（前排左3）和几位教授等与国际经济贸易学院领导成员合影（后排左4为院长洪俊杰，现任对外经济贸易大学副校长）

10月18日上午，中共第十九次全国代表大会在北京隆重召开。我在家观看了中央电视台的现场直播，聆听了习近平总书记所作《决胜全面建成小康社会　夺取新时代中国特色社会主义伟大胜利》的报告，并记下了报告要点。当天傍晚，我买了一份刊发习近平总书记所作报告基本内容的《北京晚报》。习近平总书记的报告全文有3万多字（报纸刊发的基本内容和全文的文字数量大体相等），认真读一遍就得几个小时。尽管如此，我静下心，沉住气，认真研读，深入领会，构建思路，反复推敲。我把防止身体出现意外的药放在桌旁，把相关材料放在桌上，逐字逐句地撰写论文。我写出一部分，夫人帮我打印一部分；写出初稿，夫人帮我打印出初稿。而后，我再进一步思考和修改，直至写好全文。

那几天，我在高强度下紧张工作，好在安然无恙。终于，我在22日下午6时前向中国教育报理论部提交了论文的电子版。我撰写的论文《中国特

① 即使在2017年本人住房的装修期间，我还撰写了一篇较长的论文并在《人民日报》理论版头条发表。

色社会主义的重大发展》（5500字），其内容分为三个部分：第一部分，中国特色社会主义进入新时代；第二部分，中国特色社会主义理论的新发展；第三部分，建设中国特色社会主义的新纲领。[①] 在第三部分，我写道：

《报告》坚持党的基本路线，以习近平新时代中国特色社会主义思想为指导，提出了新时代坚持和发展中国特色社会主义的基本方略，提出了决胜全面建成小康社会、夺取新时代中国特色社会主义伟大胜利的宏伟纲领。新纲领涵盖经济、政治、文化、社会、生态文明、国防和军队、"一国两制"和祖国统一、外交、党的建设等方面，其主要内容大体可以概括为三个"坚定不移"。

（一）坚定不移全面深化改革

改革是发展的强大动力，是坚持和发展中国特色社会主义的必由之路。必须全面深化改革，加快完善社会主义市场经济体制，积极稳妥推进政治体制改革，不断深化文化体制、社会治理体制和生态文明体制改革，继续深化国防和军队改革，坚决破除一切束缚经济社会发展的不合时宜的思想观念和体制机制弊端，积极吸收人类文明的有益成果，坚持和完善中国特色社会主义制度，不断推进国家治理体系和治理能力现代化，激发全社会的创新活力和发展活力，充分体现社会主义制度的优越性，积极参加全球治理体系改革，让中华民族以更加昂扬的姿态屹立于世界民族之林。

（二）坚定不移实现科学发展

发展是硬道理，是共产党执政兴国之要，是解决我国一切问题的基础和关键。必须深入贯彻以人民为中心的"创新、协调、绿色、开放、共享"五大发展理念，走科学发展之路。在"五位一体"总体布局中，经济建设是核心。必须紧紧扭住经济建设这个牛鼻子，协同推进政治建设、文化建设、社会建设和生态文明建设。我国经济已由高速增长阶段转向高质量发展阶段，产业正从全球价值链中低端迈向中高端。必须坚持和完善社会主义初级阶段的基本经济制度和分配制度，坚持"两个毫不动摇"的方针，使市场在资源配置中起决定性作用和更好发挥政府作用；必须深入实施科教兴国战略、人才强国战略、创新驱动发展战略、乡村振兴战略、区域协

① 郭飞：《中国特色社会主义的重大发展》，载于《中国教育报》2017年10月27日理论版。

调发展战略、可持续发展战略和军民融合发展战略；必须坚持质量第一，效益优先，以供给侧结构性改革为主线，加快建设创新型国家，推动形成更高水平的全面开放新格局，使我国经济实现更高质量、更有效率、更加公平、更可持续的发展，促进我国经济实力和综合国力大幅提高，促进我国城乡区域发展差距和居民生活水平差距显著缩小与实现基本公共服务均等化，促进人的全面发展、全体人民的共同富裕和社会全面进步，不断满足人民日益增长的美好生活需要。

（三）坚定不移加强党的建设

在中国特色社会主义新时代，进行伟大斗争，推进伟大事业，实现伟大梦想，决定性因素在于坚定不移全面从严治党，深入推进党的建设新的伟大工程。要把党的政治建设摆在首位，切实增强“四个意识”，旗帜鲜明讲政治；要以习近平新时代中国特色社会主义思想武装全党，牢记党的宗旨，自觉做共产主义远大理想和中国特色社会主义共同理想的坚定信仰者和忠实实践者；要坚持党管干部原则和正确选人用人导向，努力建设高素质专业化干部队伍；要加强基层组织建设，夯实党的执政根基；要持之以恒正风肃纪，夺取反腐败斗争压倒性胜利；要健全党和国家监督体系；要全面增强党的执政本领。从而，使党始终保持马克思主义政党的先进性和纯洁性，始终保持与人民群众的血肉联系，增强“四个能力”，经受“四大考验”，克服“四种危险”，在坚持和发展中国特色社会主义的历史进程中始终成为坚强领导核心。

2017年10月27日，《中国教育报》理论版头条发表了我撰写的论文《中国特色社会主义的重大发展》。后来，我曾问过刘好光主任：“教育部和全国高校有那么多相关的研究中心，为什么你们偏偏选我这样一个已经65岁的教授来写这篇文章？”他笑着说：“选你很合适。”

2017年11月，我应邀参加了由经济纵横杂志社与首都经济贸易大学经济学院联合举办的“当代中国马克思主义政治经济学创新与发展高端论坛”。逄锦聚（南开大学原副校长、中国社会主义经济建设协同创新中心主任、南开大学政治经济学研究中心主任、中国经济规律研究会顾问）、我、邱海平（中国人民大学《资本论》教学与研究中心主任）、葛扬（南京大学经济学院副院长）、杨春学（中国社会科学院经济研究所原副所长、首都经济贸易大学特聘教授）等先后在大会上作了主旨发言。我发言的题目是“实现全体人民共同富裕的基本途径”。我在发言中指出：为逐步理顺我国不同阶级、不同阶层、不同群体的收入分配关系和财产关系，最大限度地调动不同阶级、不同阶层、不同群体建设中国特色社会主义的积极性，促进我国全体人民逐步实现共同富裕，到21世纪中叶实现中华民族的伟大复兴，至少应采取四项基本对策：（1）集中精力聚焦科学发展，不断做大中国经济这块蛋糕；（2）坚持和完善社会主义初级阶段基本经济制度，充分发挥国有经济的主导作用；（3）深化收入、财税、社会保障制度改革，努力实现基本公共服务均等化，逐步缩小居民收入差距与财产差距；（4）加强正面引导和相关建设，彻底取缔非法所得。[①]

此外，我和夫人还精心设计，严格监工，将原来居住的一套三居室重新装修，并添置了全新家具，显著改善了居住环境。我和夫人利用装修的空隙时间去天津游览。我再次回访了南开大学，并在我舅姥爷方显廷教授的雕像前留影。我还精心整理并于2018年1月彩印了《奋斗者之歌——郭飞教授65岁回眸》（上、下册）。该书分为“砥砺成长”“为民立言”“情深似海”“畅游大下”四部分，内有595张图片和2.9万字的文字说明，共461页。它是我一生中前65年全方位的基本档案。

① 参见郭飞：《实现全体人民共同富裕的四个基本途径》，载于《经济纵横》2018年第1期。

荣任中国政治经济学学会顾问

2018年，以特朗普为首的美国政府向中国发起了愈演愈烈的贸易战、科技战、金融战、舆论战和外交战。这不仅是改革开放以来中美关系的重大转折，也是以美国为首的西方发达国家对中国实行“遏制”战略的不断升级。我密切注视事态的发展，并对一些重大的理论问题和现实问题进行深入思考。

7月5日，我已66周岁。父亲在66周岁之际，曾写过《六六抒怀》（诗二首）。白驹过隙，一晃我参加工作以来已近50年，现在也66周岁了。抚今追昔，感慨万千。激动之余，成诗两首：

六六抒怀（两首）

一

六十六载倏忽过，历尽沧桑未蹉跎。
知青工人钢淬火，文化荒漠觅群科。
挥毫《阵痛》奋争先，半生拼搏汗成河。
科研教学攀高峰，云海深处奏凯歌。

二

经典著作苦钻研，马列要义铭心间。
理论实际紧相连，坚持发展一线穿。
经邦济民谋振兴，求是创新真立言。
笃行正道志弥坚，老骥伏枥勇向前。

8 月 29 日至 9 月 5 日，我与夫人返回长春参加母校东北师大附小和东北师大附中的校庆活动，并探望亲朋好友。我应邀在东北师大附小校庆活动中致辞。我参观了东北师大附小、东北师大附中、东北师大和我曾任教的吉林大学的教学楼和校区，真是“旧貌换新颜”！我与东北师大组织部原部长、我父亲的老同事洪玉林见了面。洪叔叔精神矍铄，身体很好。他向我介绍了一些情况，我祝他健康长寿。我与东北师大党委宣传部原部长、我的大学同学范军教授畅聊。我与东北师大附中和东北师大附小的某些领导同志分别合影。我与东北师大附小、东北师大附中的部分老同学聚会交流，非常尽兴。我和夫人还去南湖游览，并与她的亲友团聚。浩浩母校恩，浓浓故乡情，母校和故乡永驻我心！返京后，我将在长春的有些好照片汇集在一起，添加必要的文字说明和优美的乐曲，制成了美篇电子版《戊戌金秋长春行》，留为纪念。

2019 年 6 月 1—2 日，由中国政治经济学学会、上海财经大学海派经济研究院共同主办的“中国政治经济学学会第 29 届学术年会暨中国海派经济论坛第 22 次研讨会”在中国社会科学院隆重举行，学术年会的主题是“中国马克思主义经济学：70 年回顾与展望”。中国社会科学院副院长高培勇学部委员致辞，中国政治经济学学会会长程恩富学部委员主持大会。刘国光、吴宣恭、刘方棫、周新城等来自中国社会科学院、北京大学、中国人民大学、复旦大学、南开大学、武汉大学、厦门大学等顶级科研机构和著名高校的 150 余名专家学者与《人民日报》《光明日报》《中国社会科学》等著名报刊的相关负责人莅会。6 月 2 日上午，我作了《坚持与发展马克思主义经济学》的大会发言，全文如下：

坚持与发展马克思主义经济学

各位专家：

本届学术年会研讨的主题非常好，我对其中的两个问题谈谈粗浅的看法。

一、对中国马克思主义经济学 70 年的总体评价

我与共和国基本上是同龄人。中华人民共和国 70 年的风风雨雨，沧桑

巨变，我既是见证者，也是参与者。在我工作的近50年中，有40年都是从事马克思主义经济学的教学与研究工作。通过学习与研究，我认为，中国马克思主义经济学的70年，是曲折发展并取得丰硕成果的70年，是指引中国建立和发展社会主义社会经济制度、实现中华民族从站起来富起来到强起来伟大飞跃的70年。改革开放以来，中国为创新与发展马克思主义经济学，丰富世界马克思主义的理论宝库，作出了其他国家无可比拟的巨大贡献。

借此宝贵机会，作为学会的老会员和连任两届的副会长，我向为将中国经济规律研究会更名为中国政治经济学学会奔波劳碌、耗费了许多心血的程恩富会长表示衷心的感谢！正如有些马克思主义经济学的理论前辈和学会同仁所言，中国政治经济学学会的成立，是中国经济学界的一件盛事，也是中国马克思主义经济学走向新的繁荣的重要标志。

二、坚持与发展中国特色社会主义政治经济学

（一）既不搞教条主义，也不能改旗易帜，守正创新马克思主义经济学

坚持与发展马克思主义经济学，在我国现阶段主要就是坚持与发展马克思主义的中国特色社会主义政治经济学。要根据时代特点，扎根中国大地，运用马克思主义的基本立场、观点和方法，将一般与特殊结合起来，坚持与发展结合起来。习近平总书记指出：要善于融通“三种资源”（即马克思主义的资源、中华优秀传统文化的资源、国外社会科学的资源），要“不忘本来，吸收外来，面向未来”。卫兴华教授强调：要不唯上，不唯书，不唯风，求真务实，追求真理。我认为，应解放思想，实事求是，与时俱进，守正创新。

在中国特色社会主义政治经济学的研究与发展方面，刘国光学部委员、卫兴华教授和程恩富会长都是我们的光辉榜样。《刘国光经济论著全集》共17卷，洋洋几百万字，已于2017年由知识产权出版社出版。其中的第16卷（2003—2009年）和第17卷（2009—2016年），定名为“社会主义市场经济的完善与发展时期的反思”，这是颇为耐人寻味、发人深思的。卫兴华

教授著述颇丰，虽已94岁高龄，但仍笔耕不辍。程恩富会长领衔的“新马克思经济学综合学派”的重大理论创新，颇具现实针对性和战斗力。当然，凡属创新性的马克思主义经济学的观点，均须经受实践和历史的检验并不断加以完善。我们应向当代中国马克思主义经济学的领军人物学习，在坚持与发展马克思主义经济学特别是在坚持与发展中国特色社会主义政治经济学方面，作出自己的独特贡献。

（二）我们面临的任务既十分光荣，也异常艰巨

我认为，作为新时代的马克思主义经济学者，坚持与发展中国特色社会主义政治经济学，至少面临四个方面的尖锐挑战：（1）中国基本经济制度和基本分配制度的深刻变化与艰巨繁重的经济建设任务提出的尖锐挑战；（2）以美国为首的西方国家对我国实行“遏制”战略与“和平演变”战略提出的尖锐挑战；（3）世界范围内飞速发展的新科技革命提出的尖锐挑战；（4）国内外各种反马克思主义经济学的理论和思潮提出的尖锐挑战。

当然，上述尖锐挑战也是发展机遇。只要我们联系实际，潜心研究，就可以变压力为动力，变挑战为机遇，不断拓展马克思主义经济学的发展空间，在创新马克思主义经济学特别是创新中国特色社会主义政治经济学方面有更大的作为。

（三）寄更大希望于中青年马克思主义经济学者

刘国光、卫兴华等马克思主义经济学的理论前辈与简新华、李建平和我等年龄与经历相仿的教授，在坚持与发展马克思主义经济学方面是毫不动摇、至死不渝的。然而，着眼于中国特色社会主义的伟大事业，着眼于中国特色社会主义政治经济学的创新发展，我们寄更大希望于在更好的历史条件下成长起来的中青年马克思主义经济学者。本次学会的换届选举，将充分体现我们的这一想法。我认为，只要中国共产党的最高领导集体坚持与发展马克思主义，中国特色社会主义的伟大事业就有光明的前途；只要更多更好的中青年马克思主义经济学者团结起来，凝心聚力，深入研究，持之以恒，中国特色社会主义政治经济学的创新与发展就有光明的前途！

本届年会的学术交流取得了丰硕成果。根据会议议程和民政部的相关

规定，学会举行了第七届换届选举。按照民政部现行规定，国家一级学会正、副会长的任期原则上不能超过连任两届。我担任学会副会长已满两届，不能继续担任副会长。学会原有的大多数副会长，都与我的情况基本相同。程恩富学部委员担任会长已满两届，经中国社会科学院特殊申请和民政部同意，在通过投票选举后可再任一届会长。大会经过投票选举，选出了学会新一届的理事会。程恩富任会长，何自立、侯为民等任副会长。经学会正、副会长会议研究决定，与会全体同仁鼓掌通过，增加吴树青、杨圣明、顾海良等几位教授或学部委员担任学会顾问（我是其中之一）。于是，我荣任中国政治经济学学会顾问。在刘国光、卫兴华等领衔的中国政治经济学学会的顾问中，我是年龄最小的一个。能与杰出或著名的马克思主义经济学的理论前辈一样成为中国政治经济学学会的顾问，这是我过去从未想过的事情，也是我新的历史责任。在与会全体同仁的注视和掌声中，包括我在内的学会新老正、副会长在大会主席台上合影留念。

《经邦济民治学创新——我与马克思主义经济学》出版

为纪念改革开放 40 周年，我撰写了《国企改革取得历史性成就》（4200 字）一文，在《人民日报》2018 年 11 月 19 日理论版头条发表。与此同时，为庆祝中华人民共和国成立 70 周年，我逐渐萌生了撰写《经邦济民治学创新——我与马克思主义经济学》一书的想法。

撰写这本书，主要目的是认真梳理和客观阐述我 35 年来主要的学术贡献。我参加工作已近 50 年，在高校任教已有 43 年，对国家和人民最大的贡献莫过于在学术研究中的贡献。2016 年 7 月，经济科学出版社出版了《郭飞文选——经济理论与经济改革重大问题研究》（上、下卷，75 万字），在经济学界和社会上反响较大。然而，该文选仅是我具有代表性的主要科研论文的汇集。2014 年，《海派经济学》第 3 期发表了郜丽华教授撰写的文章《郭飞的学术贡献和经济思想》（14000 字），引起了经济学界的重视。然而，受时间、文字和范围的限制，该文对我的学术贡献概括得比较粗略。如何从当事人的角度，较为全面和准确地向读者阐述我的学术贡献，既是我的未遂之愿，也对坚持与发展马克思主义经济学具有积极意义。当然，由我阐述个人的学术贡献，既存在有利的方面，也有很大的风险。其风险主要来自两个方面：一是自认为的学术贡献，能否得到业内的公认？二是对个人学术贡献的评价，能否拿捏好分寸？对于上述两方面的风险，在表述中哪怕只有些许闪失，也会导致明显的负面影响。因而，学术界流行的策略做法是由别人参照自己的思路撰写专门文章或著作。尽管如此，但我认为：要避免阐述个人学术贡献可能出现的风险，关键是要客观准确，完全以事实为依据。换言之，要以科学的态度来对待科学的问题。既不搞无中生有，也不要掠人之美；宁可少些，也要确凿；既不高评，也不差评。为此，必须在书中对个人提出的具有创新性的观点、见解、对策及其社会反响（或社会效果）均完整地标明论文、著作等出处，以供同行和广大读者进行查阅、核实、比较与判断。

撰写这本书，目的之二是要客观阐述马克思主义经济学和奋斗精神对我一生的深刻影响。正如我在后来出版的该书自序中所言：

马克思是对我影响最大的“千年第一思想家”，也是我投身中国社会主义事业的光辉楷模。早在“文化大革命”时期，我就刻苦学习马克思撰写的《资本论》这部“工人阶级的圣经”。“文化大革命”以后，我又投入不少精力认真研读《资本论》。《资本论》深刻揭示了资本主义生产方式的运动规律，科学阐明了资本主义制度被社会主义制度取代的历史必然性，为无产阶级和广大劳动群众提供了推翻旧世界、建设新世界的强大思想武器。《资本论》使我与马克思主义政治经济学（即马克思主义经济学）结缘，马克思主义政治经济学又与我50年来的主要工作融为一体。我既是马克思主义的学习者、信仰者、研究者和宣传者，也是马克思主义的践行者。我不仅在党旗下庄严宣誓，同时也以近45年的实践证明：我是言行一致、名副其实的中国共产党党员。

奋斗是我成长进步的巨大动力和实际行动。任何事业的成功，都离不开奋斗。社会主义和共产主义的伟大事业，需要许多代人不畏艰险、流血流汗、守正创新、百折不挠的接续奋斗。50年来，“我以我血荐轩辕”。我从一名“老三届”中的老初一学生，经由知识青年、工人、工农兵大学生和全日制硕士研究生，成长为在《中国社会科学》《经济研究》等杂志独立发表论文、北京高校首批（青年）学科带头人和改革开放以来中国高校文科首批最高级别教授，以及国家一级学会——中国政治经济学学会副会长，靠的就是在正确方向前提下殚精竭虑、脚踏实地的不懈奋斗。我在高校承担较为繁重的教学任务的条件下从ABC起步自学英语、“恶补”专业知识并以优异成绩考取政治经济学专业硕士研究生之后，曾于1985年7月写过一篇回忆性短文《斗室中的奋斗》。以往，我在给即将走上工作岗位的本科生或研究生写临别赠言时，经常落笔的几个字就是“唯奋斗有将来”。在建设中国特色社会主义伟大事业的漫漫征途上，劳动创造财富，奋斗开辟未来。

撰写这本书，目的之三是要给社会留下一部富有特色、画龙点睛的著作。我将全书划分为砥砺成长、理论探索、实践研究、建言献策、教学改革、精华论文共六篇。第一篇概述我与中华人民共和国同命运的不平凡的成长历程，为我治学创新提供了实践基础、理论基础和社会条件；第二、第三、第四篇阐述我提出的主要创新性观点、见解和对策，这是本书的核心和主要亮点；第五篇阐述我在国内重要报刊上撰文介绍的搞好社会主义政治经济学和中国经济体制改革专题两门课程教学改革的基本做法和成功经验，这属于教学创新范畴，从而也是该书主体中的一部分；第六篇是我在不同时期不同方面的最有代表性的 7 篇科研论文，是我 35 年来科研成果中的闪亮明珠和至今仍然坚持的理论取向。从我运用发展的马克思主义经济学的立场、观点和方法进行治学创新的前提条件、基本内容到标志性论文，全书结构严谨，浑然一体，别具特色。

我将出书意向与经济科学出版社做了沟通，得到了范莹副编审与该社领导的大力支持。对外经济贸易大学国际经济贸易学院院长洪俊杰教授闻讯后，主动提出由学院获得的“双一流”经费资助此书出版，以推动马克思主义理论研究与建设工程，扩大学校和学院的学术影响力。对此，我深受鼓舞。

从 2018 年 12 月中旬至 2019 年 5 月初，我大约用了 5 个月的时间撰写并修改书稿。之后，我和责任编辑又用了 2 ~ 3 个月的时间进行校对和技术处理。在我撰写书稿和校对清样的过程中，恰与我的“治牙工程”（含拔牙、种牙等）在时间上重合，并遭遇个别血象指标持续偏高的困境。然而，我没有恐惧，全力奋战，有时半夜起来还要工作两个小时。从一定意义上也可以说，这部 42 万字的著作是我用生命换来的。

《经邦济民治学创新——我与马克思主义经济学》一书于 2019 年 8 月出版。2020 年 1 月 20 日，《人民日报》理论版发表了世界政治经济学学会会长、中国政治经济学学会会长程恩富学部委员撰写的书评《回应现实问题　创新理论观点》。该书评对我的新著给予较高评价，认为我在书中提出的“一些颇具创见的思想观点”，“为丰富马克思主义经济学的学科体系、学术体系、话语体系作出了贡献。”2010—2020 年，《人民日报》理论版先后对我的包括《新世纪中国经济重大问题研究》《郭飞文选——经济理论与经济改革重大问题研究》在内的3部经济学著作发表了国内顶尖经济学家的书评。这不是仅对我某一部经济学著作的肯定，而是对我35年来在马克思主义经济学研究方面所取得的学术成就的肯定。成就属于过去，未来尚待开创！

2019年12月6日，杰出的马克思主义经济学家、中国政治经济学学会顾问卫兴华教授不幸病逝。我怀着沉痛的心情撰写了《学界泰斗　风范长存——深切缅怀卫兴华教授》（3300字）一文，在12月8日《中国经济时报》发表。受中国政治经济学学会和对外经济贸易大学中国经济发展研究中心委托，我于12月9日上午参加了在八宝山殡仪馆举行的卫兴华教授遗体告别仪式，并将刊发悼念文章的《中国经济时报》亲手交给卫兴华教授的亲属。2020年1月10日，杰出的马克思主义经济学家、中国政治经济学学会顾问吴树青教授不幸病逝。受中国政治经济学学会和对外经济贸易大学中国经济发展研究中心委托，我于1月14日上午参加了在八宝山殡仪馆举行的吴树青教授遗体告别仪式。卫兴华教授和吴树青教授虽驾鹤西去，但他们终生为之奋斗的伟大事业将由亿万人民继续推向前进！

宅家抗疫气自豪

犹如晴天霹雳，一场席卷全球的世纪疫情突然袭来。

2020 年 1 月 20 日，中央电视台《新闻联播》节目播出了爆炸性新闻：习近平对新型冠状病毒感染的肺炎疫情作出重要批示；李克强主持召开国务院常务会议部署疫情防控工作；国家卫健委召开记者会，高级别专家组成员通报新冠肺炎病毒已出现人传人现象。1 月 23 日上午 10 时，武汉实行“封城”，机场、火车站离汉通道等暂时关闭。全国各地迅速启动了重大突发公共卫生事件应急响应。

新冠肺炎疫情暴发，举国震惊，全球震惊。在突发的巨大疫情面前，个人、家庭、社区、企业（单位）、城市、农村的命运，都与国家的命运高度相关。武汉人、湖北人乃至全体中国人的心顿时都绷得紧紧的。

随后，举国震撼，全球震撼。除夕之夜，在中央电视台播出的春节联欢晚会上，白岩松、康辉、水均益、海霞等主持人合作的抗疫诗朗诵《爱是桥梁》，铿锵有力，扣人心弦；自 1 月 24 日起，从各地和军队调集的 346 支国家医疗队 4.26 万名医务人员和 965 名公共卫生人员驰援武汉市和湖北省，其速度之快令人惊异，其临危不惧令人泪目；1 月 25 日，习近平总书记主持召开中共中央政治局常委会，明确提出要“坚定信心、同舟共济、科学防控、精准施策”，并成立了以国务院总理李克强为组长的中共中央应对新冠肺炎疫情工作领导小组；1 月 26 日，国务院办公厅印发通知，延长 2020 年春节假期，大中小学和幼儿园推迟开学；全国人民坚决贯彻党中央和国务院的要求，戴口罩，勤洗手，多通风，少聚集，同舟共济，决心打赢防控疫情的阻击战和总体战。经过艰苦卓绝的努力，我国用一个多月的时间初步遏制住疫情蔓延势头，用两个月左右的时间将本土每日新增病例控制在个位数以内，用 3 个月左右的时间取得了武汉保卫战、湖北保卫战的决定性成果。我国防控疫情取得重大战略成果，为世界防疫斗争的全面胜利提供了宝贵经验，作出了重大贡献。

国外疫情更加严峻，我国抗疫仍在继续。2020年的抗疫斗争，对我国是一次大考。我认为，我国抗疫斗争取得初步胜利，最根本的原因是中国共产党的正确领导和社会主义制度的巨大优势。如果没有秉持人民至上、生命至上理念的中国共产党的正确领导，没有社会主义举国体制特别是社会主义公有制的巨大优越性，我国抗疫斗争在相对短暂的时间内取得如此重大的胜利成果是绝对不可能的。相形之下，我国与西方某些大国（特别是美国）在执政党与基本制度等方面孰优孰劣，已明若观火。

2020年的抗疫斗争，对我也是一次大考。作为一名退休教授，我响应号召，宅家抗疫，大体做了四方面的事情。

一、增加休息，坚持锻炼

半个世纪以来，我在事业上奋力拼搏，最缺乏的就是休息。疫情期间，我的活动范围严重受限，对国家和人民的最大责任与最大贡献就是宅家抗疫，确保健康。这是我增加休息、调整身体的绝佳时机。我不仅晚上能保证足够的睡眠，有时中午也能休息一个小时。

此外，我仍注意锻炼身体，还买来了健身椭圆机和能够提高臂力的哑铃。最初的一个多月，我对“宅家抗疫”理解得有些绝对，不敢贸然到外面去锻炼身体。后来感觉身体明显不适，又看见有些居民在户外戴着口罩锻炼，也就择善而从、“随波逐流”了。增加休息与适当锻炼相结合，自身免疫力明显增强，健康状况良好。

二、耳濡目染，增强斗志

我年近古稀，若想防疫成功，除尽量避免与外人接触之外，关键是要战胜恐惧，调好心态。否则，越是惶恐不安，免疫力越低，患病和死亡的可能性就越大。古人云：“民不畏死，奈何以死惧之？”

我认真观看了中央电视台播放的《国家荣光》大型纪录片。杨靖宇、黄继光、马本斋、郭俊卿等英雄人物真实感人的事迹使我深受鼓舞。他们牺牲或逝世时的年龄并不大，但战功显赫，视死如归。我观看了中央电视台对俄罗斯纪念卫国战争胜利75周年阅兵式的现场直播，非常振奋。在新冠肺炎疫情相当严峻的情况下，俄罗斯军人不戴口罩，英武豪迈，阔步走过红场。在第二次世界大战中，苏联付出了牺牲2700万人的巨大代价，打败了装备精良、不可一世的德国法西斯军队，成为拯救世界的中流砥柱。俄罗斯人民是英雄的人民，俄罗斯民族是战斗的民族，俄罗斯军人高擎的胜利旗仍是镰刀、锤子的苏联国旗。胜利、光荣和梦想，与正义、勇敢和牺牲紧密地联系在一起。特别是在电视中多次看到援鄂抗疫的医护人员"慷慨悲歌上战场""巾帼不让须眉"的动人情景，我又何惧之有？

三、静心读书，增长知识

我阅读了2015年和2017年先后由江苏人民出版社出版的邓佳荣撰著的《刘国光传》和孙咏梅撰著的《卫兴华传》，加深了对这两位令我敬仰的杰出的马克思主义经济学家的了解。使我稍感庆幸的是，尽管卫兴华教授与我在若干领域的研究方向完全相同，《卫兴华传》对其在这些领域中的学术贡献也有诸多阐述，但并没有与我在独撰的《经邦济民治学创新——我与马克思主义经济学》这本新书中所述个人学术贡献出现观点重复或冲突的情况。

我认真研读了全国干部培训教材编审指导委员会组织编写的《世界历史十五讲》（人民出版社、党建读物出版社2006年版），受益较大。这部教材以讲座的形式纵论古今，重点突出，脉络清楚，数据准确，引证规范，具有较高的学术水平。从而，增进了我对亚洲和非洲古代诸国的灿烂文明、古代雅典的民主制度、西欧历史上的"君权神授"、法国大革命、美国崛起、德国重新统一以及第二次世界大战以后日本的经济发展等重大问题的了解，有利于我更好地认识当代世界基本问题。

我还阅读了谭合成、江山主编的《世纪档案：影响20世纪中国历史进程的100篇文章》（中国档案出版社1995年版）中的部分文章。这部书中由北里撰写的序，堪称我国哲学社会科学著作序言中之杰作。该书中还收录了彭德怀在庐山会议上致毛泽东的信（即所谓"万言书"）及张闻天在庐山会议上的发言。多年来，彭德怀“我为人民鼓与呼”的高尚情怀对我影响至深，但其晚年的厄运也给人们留下许多深刻的思考。

读书之余，我还认真观看了中央电视台播出的《百年巨匠》大型人物传记纪录片中的若干人物传记片。其中，徐悲鸿、齐白石、张大千等画坛巨匠给我留下了非常深刻的印象。齐白石原本是木匠出身，从粗木匠到细木匠，从木匠转为绘画和雕刻，将中国画中“八大山人”的传统风格升华为“衰年变法”中“似与不似”的现代风格。他一生中跌宕起伏，蜚声中外，直到97岁仍挥笔作画。这些百年巨匠和国之瑰宝，不仅有杰出的才华和特殊的际遇，更有极为罕见的奋斗与创新精神。我认为，《百年巨匠》大型人物传记纪录片的社会效益极佳，应作为中华文化的精华译成外文，推向世界。

四、捐赠新书，偶有新作

《经邦济民治学创新——我与马克思主义经济学》一书名为2019年8月出版，实则是当年12月才见书。我将一些新书赠予经济学界的某些重要同仁，也赠予国家图书馆和国内顶尖科研机构与高校的图书馆。令我感到欣慰的是，尽管我的新书价格较高（每本126元），但其中的多数图书馆在我联系之前就已购买了我的新书（例如，国家图书馆和北京大学图书馆分别购买了我的3本新书，均已接近或达到了这两个图书馆规定的购买一种图书的上限）。北京市档案馆等与我的工作地、出生地、籍贯地相关的国家一级档案馆，将我的这本新书与此前面世的《郭飞文选——经济理论与经济改革重大问题研究》（上、下卷）、《奋斗者之歌——郭飞教授65岁回眸》（上、下册）等一道，作为名人档案永久收藏。

3月中旬，我收到一份约稿函，希望我为经济科学出版社拟出版的《程恩富学术思想研究》一书撰文。程恩富学部委员是世界政治经济学学会会长和中国政治经济学学会会长，我长期担任中国政治经济学学会副会长。作为同行和老友，我责无旁贷。我收集了一些资料，结合多年来与其在学会共事的经历及对他的了解，撰写了《程恩富：当代中国马克思主义经济学的领军人物》（7500字）一文。此外，我还撰写了《向历史告别》等两篇短文，对我在《经邦济民治学创新——我与马克思主义经济学》一书出书前后的某些情况进行了追述，同时也是献给我68周岁生日的礼物。

6月下旬，我担任对外经济贸易大学中国经济发展研究中心主任的两届任期已近届满。我向有关领导请示，并经各方协商一致，决定辞去中国经济发展研究中心主任职务，由中国政治经济学学会常务理事、国际经济贸易学院博士生导师杨国亮教授接任。

新冠肺炎疫情尚未彻底消除，病毒仍在不断变异，我国复工复产复市复学却早已开始。宅家抗疫何时是尽头？恐怕谁也说不清楚。要彻底战胜新冠肺炎病毒，从根本上说来要研制出能够有效治疗新冠肺炎病毒的疫苗，要靠世界各国的团结合作，共同抗疫。“没有一个冬天不可逾越，没有一个春天不会来临。”我坚信：在这场与世纪疫情的艰苦斗争中，中国终将战胜新冠肺炎病毒，人类终将战胜新冠肺炎病毒！宅家抗疫，与夫人相濡以沫，同全国人民共克时艰，将成为我一生中难得的磨炼意志和增强耐力的宝贵经历。

建党百年献新礼

2021 年，既是中国共产党成立 100 周年，也是我国如期打赢脱贫攻坚战、全面建成小康社会的一年。作为一名具有多年党龄业已退休的共产党员，我为建党百年献上了新的礼物。

一是进一步受到了伟大建党精神的淬炼。习近平总书记指出："坚持真理、坚守理想，践行初心、担当使命，不怕牺牲、英勇斗争，对党忠诚、不负人民的伟大建党精神，这是中国共产党的精神之源。"[①]我认真学习习近平总书记"七一"重要讲话和《中共中央关于党的百年奋斗重大成就和历史经验的决议》，认真选读《中国共产党简史》(人民出版社、中共党建出版社 2021 年版)，从中获得了许多精神滋养。

我三次参观中国共产党建党 100 周年党史展览。第一次是 4 月 9 日与夫人同去首都博物馆参观"伟大工程——庆祝中国共产党成立 100 周年特展"。该特展由首都博物馆与上海市历史博物馆等单位联合主办，分为"东方欲晓""星火燎原""中流砥柱""夺取胜利"四个单元，其内容是新民主主义革命时期的中共党史。第二次是 9 月 21 日与夫人同去新落成的中国共产党历史展览馆参观。该馆气势恢宏、庄重肃穆、高雅现代，是一个以中国共产党党史为主线、展示中国共产党矢志不渝奋斗之路的永久性展览馆。中共中央宣传部主办的中国共产党历史展览（1921—2021）以"不忘初心　牢记使命"为主题，划分为"建立中国共产党　夺取新民主主义革命伟大胜利""成立中华人民共和国　进行社会主义革命和建设""实行改革开放　开创和发展中国特色社会主义"和"推进中国特色社会主义进入新时代　全面建成小康社会　开启全面建设社会主义现代化国家新征程"四部分，通过 2600 余幅图片、3500 多件（套）文物实物，全方位、全过程、

① 习近平:《在庆祝中国共产党成立100周年大会上的讲话》，载于《光明日报》2021年7月2日。

全景式、史诗般地展现中国共产党苦难辉煌、曲折发展的百年历程，浓墨重彩地反映党的不懈奋斗史、不怕牺牲史、理论探索史、为民造福史、自身建设史。珍贵的文物实物、翔实的档案资料、生动的图片视频、逼真的复原景观，令人十分震撼，给我们留下了极为深刻的印象。在庄严的党旗下，我们重温入党誓词，宣誓永远忠于中国共产党，永远忠于社会主义和共产主义伟大事业。第三次是 10 月 2 日我去中国共产党历史展览馆补拍照片。该馆展览中有些数据、图表和历史文物照片极为珍贵，在我过去看过的多种党史教材或读物中没有看到或很少看到。我将其拍摄下来，并从中选取 100 张照片印成美篇书《百年党史向我们走来》，供以后学习、思考和研究之用。习近平总书记指出："江山就是人民，人民就是江山，打江山、守江山，守的是人民的心。中国共产党根基在人民，血脉在人民，力量在人民。"① 这段话非常精辟，寓意颇深。古人云：水能载舟，亦能覆舟；载舟覆舟，所宜深慎。中国共产党把人民放在心中最高位置，永远与人民保持鱼水关系，永远与人民休戚与共、生死相依，坚持正确的思想路线、政治路线和组织路线，党的伟大事业就必然无往而不胜。苏联演变乃至解体，最根本的原因就是苏共领导集团脱离人民、蜕化变质，推行了一条右倾机会主义的错误路线。

我用大量时间观看了《山河岁月》《中流砥柱》《绝密使命》《叛逆者》《跨过鸭绿江》《红旗渠》《火红年华》《扫黑风暴》等电视连续剧，深受教育。这是进行中共党史教育和中国革命史教育的生动教材。无论在旧中国还是在新社会，无论在战争年代还是在和平建设与改革开放时期，真正的共产党员特别是党员领导干部从来都是英勇无畏，冲锋在前；吃苦在前，享乐在后。李大钊、方志敏、江竹筠、彭德怀、焦裕禄、邓稼先等，是中国共产党党员的杰出代表和光辉楷模。从承载人民重托和民族希望的南湖红船，到成为领航中国行稳致远的巍巍巨轮；从中国共产党成立时的 50 多名党员，到成为拥有 9500 多万党员的世界第一大执政党。百年征程波澜壮阔，百年初心历久弥坚。我要继承和弘扬伟大的建党精神，为党的事业贡献余热。

① 习近平：《在庆祝中国共产党成立100周年大会上的讲话》，载于《光明日报》2021年7月2日。

02 要闻 2021年7月2日 星期五

光明日报

在庆祝中国共产党成立100周年大会上的讲话

（2021年7月1日）

习近平

2021 年 7 月，郭飞认真学习过的习近平总书记《在庆祝中国共产党成立 100 周年大会上的讲话》

二是在著名的经济学核心期刊上公开发表了一篇重要论文。自退休以后，我较少发表科研论文，将更多时间转入学习、回顾与思考。《中共中央关于制定国民经济和社会发展第十四个五年规划和二〇三五年远景目标的建议》强调指出：要“把科技自立自强作为国家发展的战略支撑”。① 这在党和国家的重要文件中是一个新提法。我认为这个提法很好，切中多年来我国经济发展的软肋。于是，我产生了撰写一篇有较大新意的相关论文的想法。

从 2020 年 11 月中旬至 2021 年 1 月初，我在收集资料、深入思考的基础上，撰写出《关于中国科技自立自强的若干思考》（15000 字）一文，在国家社科基金资助的经济学核心期刊《经济纵横》2021 年第 2 期发表，并被《新华文摘》2021 年第 14 期全文转载。该文的基本内容：（1）“科技自立自强”的丰富内涵和理论意蕴。（2）科技自立自强是对中国科技工作经

① 《中共中央关于制定国民经济和社会发展第十四个五年规划和二〇三五年远景目标的建议》，载于《人民日报》2020 年 11 月 4 日。

验教训的深刻总结，是推动中国经济高质量发展、不断满足人民日益增长的美好生活向往的客观需要，是中国抓住和利用新科技革命和产业变革的宝贵机遇、成功应对前进道路上各种风险与挑战的必然选择。（3）中国实现科技自立自强的基本路径是强化国家战略科技力量，发挥社会主义举国体制优势，聚焦关键核心技术攻关；强化企业在技术创新中的主体地位，有效推进产学研深度融合；实施人才强国战略，进一步优化科教兴国、科技报国的舆论氛围与社会环境；不断深化国际科技交流合作，充分利用全球科技创新资源。

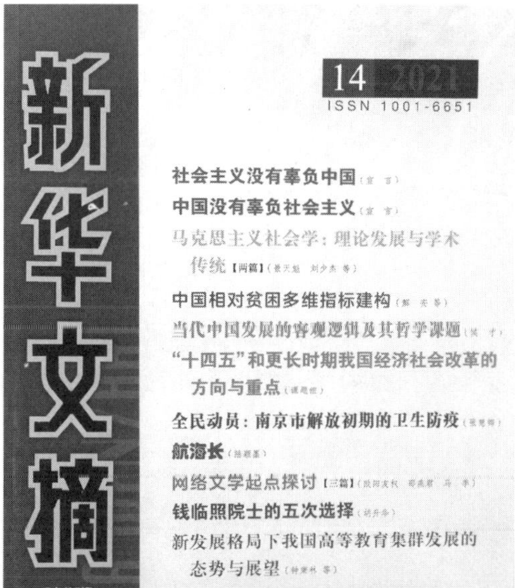

2021年7月，郭飞发表的论文《关于中国科技自立自强的若干思考》（原载《经济纵横》2021年第2期）被《新华文摘》作为重点文章转载

如何理解“科技自立自强”的丰富内涵？我在文中提出：

自立，即立足于自己。毛泽东提出：“我们的方针要放在什么基点上？放在自己力量的基点上，叫做自力更生。”[①] 邓小平提出：“中国的事情要按

① 《毛泽东选集》第四卷，人民出版社1991年第2版，第1132页。

照中国的情况来办，要依靠中国人自己的力量来办。独立自主，自力更生，无论过去、现在和将来，都是我们的立足点。”①习近平总书记提出：“现在我们正经历百年未有之大变局，要走更高水平的自力更生之路。”②

自强，即自我上升，自我发展，不断壮大。例如，中华人民共和国成立后的30年，我们在贫穷落后的半殖民地半封建社会的废墟上，建立起独立的比较完整的工业体系和国民经济体系。再如，改革开放40多年来，我国甩掉了低收入国家的帽子，进入世界中等偏上收入国家的行列。又如，我国现已属于创新型国家，力争到2035年进入世界创新型国家前列。

我认为，在社会分工高度发达、经济全球化不断发展、我国实行对外开放基本国策的今天，对于科技自立自强中的“自立”，应做辩证的符合客观实际的全面理解。

所谓“自立”，其要义是自主可控。这有两种基本情况。一种是几乎完全立足于本国力量。例如，我国于2020年7月31日成功开通的北斗3号全球卫星导航系统，就是我国400多个单位、30余万科技人员集中攻克星间链路、高精度原子钟等160余项关键核心技术的结果，其核心器部件国产化率达到100%。另一种则是基本立足于本国力量。例如，我国商用飞机有限责任公司于2008年开始研制、拟于2021年交付使用的C919大型客机，具有自主知识产权，但在一定时期内仍采用部分国外设备。此外，也不排除从国外引进某些先进技术和一般性适用技术。这或者是由于引进技术的成本明显低于自主研发成本且没有引进技术的障碍，或者是引进技术的企业要走引进—吸收—创新之路。

如何看待和应对我国面临的复杂严峻的国际环境？我在文中提出：

历史已经并将继续证明：帝国主义的本质是不会改变的。在当今世界，以美国为首的发达资本主义国家在政治、经济、科技、军事、文化等方面占有显著的优势。美国与日益崛起的社会主义中国之间，不仅存在社会制度的根本对立，也存在综合国力头号强国与二号强国之间的激烈竞争。长期以来，美国一直在对中国实行“遏制”战略与“和平演变”战略。特朗

① 《邓小平文选》第三卷，人民出版社1993年版，第3页。

② 央视网评：《走更高水平的自力更生之路》，央视网2020年10月13日。

普政府在中美关系上采取的种种倒行逆施，不过是其对我国实行“遏制”战略的急剧升级。笔者认为，美国未来对华实行的基本战略不会变化，但在策略和具体做法上可能会有所调整。我们必须坚持对立统一观点，保持战略定力，树立底线思维，发扬斗争精神，善于在危机中育先机，于变局中开新局。我们要集中精力办好自己的事，坚持扩大内需这个战略基点，持续深化供给侧结构性改革，加速实现科技自立自强，努力构建以国内大循环为主体、国内国际双循环相互促进的新发展格局，充分利用国内外的一切积极因素，彻底粉碎美国等西方国家对我国实行“断供”“脱钩”“制裁”等罪恶图谋，使中国社会主义现代化建设的巨轮不断破浪前进，扬帆远航。

如何培养德智体美劳全面发展的社会主义事业的建设者和接班人？我在文中提出：

首先，要培养爱国之才。从提出“天下兴亡，匹夫有责”的顾炎武，到提出“振兴中华”的孙中山；从在敌人的牢房中写出不朽之作《可爱的中国》的方志敏，到远涉重洋、科技报国的钱学森，爱国主义成为千百年来中华民族生生不息、薪火相传的精神血脉。习近平总书记指出：“当代中国，爱国主义的本质就是坚持爱国和爱党、爱社会主义高度统一。”[①] 在我国的教育体系中，应切实加强马克思主义哲学和马克思主义政治经济学的教育，切实加强中国特色社会主义理论的教育，切实加强党史、新中国史、改革开放史、社会主义发展史教育，从而使学生掌握正确的世界观和方法论，认清社会主义制度取代资本主义制度是社会发展的客观规律，坚持“四个自信”，热爱中国共产党和社会主义祖国，立志成才，报效祖国。改革开放以来，我国培养的不少高层次人才在出国深造之后选择留在美国等西方发达国家，这种情况令人深思。在允许人才跨国流动的情况下，“自家养的鸡在别家生蛋”这种现象尽管难以完全避免，但应尽少出现。

其次，要培养有用之才。我国应根据社会主义现代化建设的客观需要，大力推进教学内容、教学方法与人才培养模式的改革。应大力推进素质教育，将广大的中小学生从死记硬背的应试教育和繁重的课业负担中解放出来。应切实提高高等教育质量特别是提高博士、硕士研究生的培养质量，

① 《习近平谈治国理政》第三卷，外文出版社 2020 年版，第 334 页。

扶持发展高水平研究型大学，分类建设一流大学和一流学科，加强职业技术教育，培养出更好更多的创新型、应用型、技能型人才。

三是被评为对外经济贸易大学优秀共产党员。1996年7月1日，在庆祝中国共产党成立75周年之际，我被中国金融学院党委评为优秀共产党员，并在院党委举行的颁奖大会上代表全体优秀共产党员发言。与此同时，由我担任书记的中国金融学院理论部党支部，被评为中国金融学院优秀党支部。

后来，我逐渐产生了一种新想法。创先争优，无可非议。然而，在共同奋斗的过程中，许多事情都是大家干的，不应把奖励和荣誉过分集中于极少数人身上，应更充分地调动绝大多数人的积极性和创造性。因此，我在对外经济贸易大学任职期间，除在一段时期内申报高层次科研奖励之外，从未申报过任何综合类、教学类和其他科研类奖励。

2021年年初，我所在的党支部负责人希望我申报评选学校优秀共产党员。最初我没有同意，希望把机会留给其他同志。党支部负责人对我说：你就不要推辞了，这种评选不是带指标的，申报成功了也是党支部的光荣。在此情况下，又考虑到适逢建党百年的特殊意义，我便同意并填写了申报表。经过党支部推荐和校党委组织部批准，我于7月1日被评为对外经济贸易大学优秀共产党员，并在颁奖大会上获得了荣誉证书。

在中国金融学院和对外经济贸易大学，我均被评为优秀共产党员。这是校党委对我在综合表现方面的肯定、褒奖和鼓励，也是我继续前进的新动力。5月17日上午，我在党支部召开的庆祝中国共产党成立100周年的座谈会上作了发言，全文如下：

建党百年感言

中国共产党即将迎来百年华诞。作为一名已有46年党龄的中共党员，我的心情无比激动。100年来，我们党筚路蓝缕、披荆斩棘，由小到大，由弱变强，带领广大人民，取得了新民主主义革命和社会主义革命、建设与改革的伟大胜利。我为中国共产党的光辉成就感到骄傲，为自己是中国共产党党员感到自豪。

长期以来，在党的培养教育下，我通过努力学习和工作实践，对如何保持马克思主义政党的先进性和战斗力以及自己应如何成为一名合格的共产党员，逐渐悟出了以下三条最重要的基本认识。

一、“思想上政治上的路线正确与否是决定一切的。”[①] 这是伟大领袖毛泽东曾经说过的话。路线正确，没有人可以有人，没有枪可以有枪，没有政权可以夺取政权，没有社会主义现代化可以实现社会主义现代化。路线不正确，有了政权也可以丧失政权。苏联卫星上天，红旗落地，亡党亡国，就是一个非常沉痛的教训，也是国际共产主义运动迄今为止遭遇的最大挫折和悲剧。夺取江山不易，巩固江山更难。我认为，在今后较长时期内，要捍卫和发展社会主义中国的红色江山，尤为重要的是应切实做到守正创新马克思主义，坚持和强化与市场经济有效结合的社会主义公有制的主体地位，建成一支强大的善打硬仗、能打胜仗的高度现代化的人民军队。

二、党的领导人对于党的命运关系极大。从遵义会议确立了毛泽东在党中央的领导地位开始，我们党才逐渐从胜利走向胜利，最终夺取了新民主主义革命的伟大胜利，建立了中华人民共和国。历史是人民创造的，但党的领导人在历史发展进程中具有极其重要的作用。党的路线和党的领导人的作用互为因果。中国共产党的百年历史证明：只有不忘初心、牢记使命、善于把马克思主义的普遍真理与中国革命、建设、改革实践结合起来并具有丰富经验和崇高威望的人为党掌舵领航，党才能不断发展壮大，国家才能日益繁荣富强，中华民族才能逐步实现伟大复兴。为此，必须在深入总结国内外经验教训的基础上，进一步健全与完善党的领导人的选拔、任用、监督等相关机制，确保党的领导权掌握在真正的马克思主义者和无产阶级革命家手中。

三、作为一名共产党员，要把实现共产主义的远大理想和做好本职工作紧密联系起来，爱岗敬业，矢志不渝，不懈奋斗。我 16 岁参加工作，22 岁入党，在高校任教 43 年，长期担任马克思主义政治经济学的教学与科研工作。我既经历过顺境，也经历过逆境。无论国内外的政治风云如何变幻，

---

① 李慎明：《抗日战争胜利关键是中国共产党思想上政治上路线正确》，载于《人民日报》2015年9月15日。

工作岗位和职务如何变化，我都坚持用共产党员的标准严格要求自己，充分发挥先锋模范作用。我先后在三所大学任教，在立德树人、科学研究和学科建设等方面作出了贡献，并在担任中国政治经济学学会两届副会长之后被聘为该学会顾问。几十年来，我从未违反党的纪律，从未违规收取别人一分钱，也从未为论文发表、晋升职称、申报课题、科研获奖等给相关人士送钱送礼，并与党内和社会上的腐败现象和错误倾向进行了坚决斗争。

在庆祝中国共产党百年华诞之际，我除了备感喜悦之外，还深刻认识到党内存在的许多问题，痛切感受到国内存在的不少深层次的重大问题和难题，冷静观察到我国长期面临的严峻复杂的国际形势。我坚信，尽管道路曲折漫长，但共产主义事业在全世界必然取得最终胜利。“亦余心之所善兮，虽九死其犹未悔。”[①]我要为中国社会主义的伟大事业奋斗终生。衷心祝愿我们党能不断地排除干扰，坚持正确的思想路线、政治路线和组织路线，继续带领广大人民同心同德，顽强奋斗，真正将我国建设成为富强民主文明和谐美丽的社会主义现代化强国，实现无数革命先烈和仁人志士的美好夙愿。

① 屈原：《离骚》。

第五篇 良师益友恩如山

对我影响和帮助最大的杰出的马克思主义经济学家——刘国光、卫兴华、项启源

人生一世，难得遇到贵人。在40多年的高校生涯中，对我影响和帮助最大的杰出的马克思主义经济学家是刘国光、卫兴华和项启源。我在《中国改革报》发表的理论界庆祝中华人民共和国成立50周年的征文中写道："孙冶方、薛暮桥、刘国光等国内著名经济学家的理论观点给我以深刻的启迪，卫兴华、项启源等名家大师也曾给予我宝贵的指导和热忱的帮助。"①我在独撰的《新世纪中国经济重大问题研究》一书的后记中写道："我在从事经济理论与对策研究的漫漫征途中，不仅得益于发展的马克思主义经济理论的基本立场、观点和方法的导引，得益于包括西方经济学合理成分在内的国内外许多相关优秀成果的启发，还得益于一些良师挚友的帮助……特别需要提及的是杰出经济学家、中国社会科学院原副院长（现特邀顾问）刘国光学部委员，著名经济学家、中国人民大学经济学系原主任、荣誉一级教授卫兴华，著名经济学家、中国社会科学院经济研究所原副所长、中国经济规律研究会原会长项启源研究员，都曾通过多种方式给予我宝贵的指导与热情的帮助。"②

对于刘国光学部委员，我久闻大名，高山仰止。他不仅是我国至今健在的最杰出的马克思主义经济学家，也是改革开放以来我国坚持以发展的马克思主义经济学为指导研究中国经济与经济体制改革的光辉楷模。他曾任中共第十二届、第十三届中央委员会候补委员，对中国经济体制改革、经济发展和宏观经济管理等进行了深入系统的研究，提出了一系列精辟而深邃的理论观点和政策建议，对促进中国经济体制改革、确立和发展中国社

① 郭飞：《共和国乳汁哺育我成长》，载于《中国改革报》1999年7月21日。
② 郭飞著：《新世纪中国经济重大问题研究》，经济科学出版社2010年版，第251页。

会主义市场经济理论作出了巨大贡献，[①]曾荣获首届“世界马克思经济学奖”和首届“中国经济学杰出贡献奖”。他学识渊博，著述颇丰，知识产权出版社 2017 年出版的《刘国光经济论著全集》共 17 卷。他影响了中国许多经济学人，也影响了中国经济体制改革的进程和走向。近些年来，他仍宝刀不老，经常发表精辟见解。他指出：“不坚持市场取向的改革，中国没有出路；市场化走过了头，也没有出路。完全市场化，不要国家宏观计划调控；完全私有化，不要公有制为主体；完全的两极分化，不要社会公平，这不是我们社会主义的本质要求。这是邓小平同志讲的。不按这样的道路走，改革开放就会失败，按这样的道路走，改革开放的道路光明灿烂。”[②]他不仅在高教界刮起了著名的“刘旋风”，还适时提出在分配领域中“效率优先、兼顾公平”的口号可以淡出，应强调更加注重社会公平的建议，并被中共中央所采纳。

在长期的教学与科研工作中，我经常阅读刘国光学部委员的论文和著作，从中吸取理论智慧。此外，我和刘国光学部委员还有几次奇妙的机缘。除了他曾评审过我发表在《中国社会科学》杂志的论文并提出过宝贵的修改意见以及亲自为《郭飞文选——经济理论与经济改革重大问题研究》一书撰写序言之外，还有两次巧遇。

一次是 1999 年 6 月 9 日。我撰写的论文《高校扩大招生将拉动内需》在当日《中国改革报》理论版头条发表。在同一版面上，《中国改革报》还发表了刘国光学部委员撰写的理论界庆祝中华人民共和国成立 50 周年的征文《为祖国作出自己的贡献》。他简略回顾了 70 余年的成长历程，文中的最后一段话至今仍音犹在耳，令我震撼：“不管什么人赞成还是反对，我都凭着自己一个学者的良知、立场和原则做事。学习孙冶方，从人民的立场出发，坚持真理！不唯上，不唯下，为祖国作出自己的贡献，为大多数人谋利益。”[③]

---

① 例如，刘国光曾参加中共十四大报告的起草工作，对我国经济体制改革的目标模式确定为社会主义市场经济体制这一提法作出了重大贡献（参见邓加荣著：《刘国光传》，江苏人民出版社 2015 年版，第 140 ~ 141 页）。

② 刘国光著：《经济学新论》，社会科学文献出版社 2009 年版，第 289 页。

③ 刘国光：《为祖国作出自己的贡献》，《中国改革报》1999 年 6 月 9 日。

另一次是 2011 年 9 月 17 日。时逢我校庆祝建校 60 周年，“经济全球化与中国经济科学发展高峰论坛”暨中国经济规律研究会第 21 届年会在我校隆重举行，刘国光学部委员应邀莅会并发表重要演讲。刘国光学部委员强调指出：我国当时收入分配领域的核心问题是贫富差距不断扩大，两极分化趋势明显。由于中国资本原始积累过程中财富来源的特殊性，中国富豪积累财富的时间超短。我国完成一部分人先富起来的任务所用的时间极短，而完成先富带后富、实现共同富裕的任务却遥遥无期。要扭转贫富差距过大和两极分化的趋势，应明确宣布实行“一部分人先富起来”的政策已经胜利完成任务，并及时转变为“实现共同富裕”的政策，即逐步实现由“先富”向“共富”的过渡。刘国光学部委员的话字字千钧，针刺时弊，建言献策，无所畏惧，令在场的我和其他许多专家学者顿开茅塞，印象深刻。当时，我校校长在教育部开会，校党委书记王玲没去参加正在我校召开的另一个有近 10 位部长级干部和百余位专家参加的“中国国际贸易学会成立 30 周年庆祝大会暨中国国际贸易论坛”，专门来参加我们举办的高峰论坛并致欢迎辞，并与我校科研处长、宣传部长等全程参加上午的大会。在会议休息间隙，王玲书记盛赞刘国光学部委员的精彩演讲，并邀请他日后来我校作学术报告。刘国光学部委员欣然允诺，并提出由我牵线搭桥。可惜，他因年迈事多，至今未能遂愿。

2019 年 6 月 1 日，刘国光学部委员虽已 96 岁高龄，但作为中国政治经济学学会的老顾问，仍参加了在中国社会科学院举办的中国政治经济学学会的学术年会。大会开幕之前，我到会议室去看望刘国光学部委员和其他老领导、老顾问。他见到我很高兴，我们的手紧紧相握。几年来，我们一直保持着电话联系。在我与他打电话的过程中，总能听到他的洪亮声音和谆谆教诲，总能感受到一种巨大的精神鼓舞和催人奋进的力量。

卫兴华（1925—2019）教授是我国杰出的马克思主义经济学家，中国人民大学经济学系原主任和荣誉一级教授，中国《资本论》研究会原副会长，中国政治经济学学会原顾问。他 1946 年参加革命工作，1952 年在中国人民大学政治经济学专业研究生毕业后就一直在该校任教，教学与科研成果卓著。他公开发表了 1000 多篇文章（绝大部分是论文），公开出版了 40 余本教材和著作，荣获 20 余项国际、国家和省部级奖励（特别是荣获世界政治经济学学会颁发的“世界马克思经济学奖”和吴玉章基金会颁发的“吴玉章人文社会科学终身成就奖”)。在中华人民共和国成立70周年之际，他获得“人民教育家”国家荣誉称号（我国高校至今仅有两名教授获此殊荣）和“最美奋斗者”称号。

我与卫兴华教授结识与交往了近30年。我第一次与他见面是在1990年秋季。当时我在中国金融学院任教，申报破格晋升副教授。我院人事处规定：申报晋升职称人员的代表作须请两位专家写出评语；其中，一位专家可以自选，另一位专家由学院确定。我通过别人牵线，请中国人民大学经济学系卫兴华教授给我的代表作写评语。此前，他的名字如雷贯耳，他的论文我也经常阅读，但我长期在京外高校工作，与卫兴华教授从未谋面。我按照约定时间到他家去送交相关材料。他衣着朴素，面带笑容，和蔼可亲。我向他简单介绍了自己的基本情况，便离开了。此后，我和卫兴华教授逐渐有了交往。

1995年1月，我的第一本论著《中国经济改革若干问题研究》出版。出书前，我请卫兴华教授拨冗为该书作序，他欣然答应。他在序言的第一段写道：“我国当前的改革和发展大业呼唤着理论繁荣，也推动着新人辈出。青年学者郭飞同志的这本论著，凝聚着他近年来对我国经济改革特别是对社会主义市场经济理论与实践问题的深入思考与不懈探索。”在这段话中，卫兴华教授对晚辈学者的关爱提携之心跃然纸上。后来，卫兴华教授为该书撰写的序言还在《中国教育报》理论版以书评形式发表。书评发表后，他语重心长地对我说：在取得了一些成绩和有了一定的社会影响之后，千万不要骄傲。多年来，他的忠告我一直铭记在心。在学术探讨中，一切服从真理和最广大人民的根本利益，可以无所畏惧；在做人处事方面，则要坚持高标准，虚心向别人学习，弥补自身不足。

2010年春，由我担纲组建对外经济贸易大学中国经济发展研究中心。我向卫兴华教授提出，拟聘他担任研究中心的第二顾问，他欣然接受并予大力支持。同年7月1日，他亲自参加了我校中国经济发展研究中心成立大会，从时任校长施建军手中接过了聘书，并在会后召开的“后危机时代中国转变经济发展方式高峰论坛”上发表了精彩演讲。

长期以来，我和卫兴华教授一直保持着较为密切的关系。除对双方在报纸杂志发表的重要文章经常“通气”之外，我们经常在学术研讨会上见面并交流看法。我撰写的学术著作请他指教，他撰写的有些著作也赠给我。此外，我们还通过电话和微信保持着联系。直到2019年春季，他还通过微信发给我一张他在春节时的照片和在中国人民大学经济学院会议上的讲话稿《关于学好用好政治经济学的一些思考》等文章的电子版，并约定我去他家就国内重大问题交流看法。通常，我习惯地称他“卫教授”，他习惯地叫我“郭飞同志”，我与他成了同一战壕的“忘年交”。

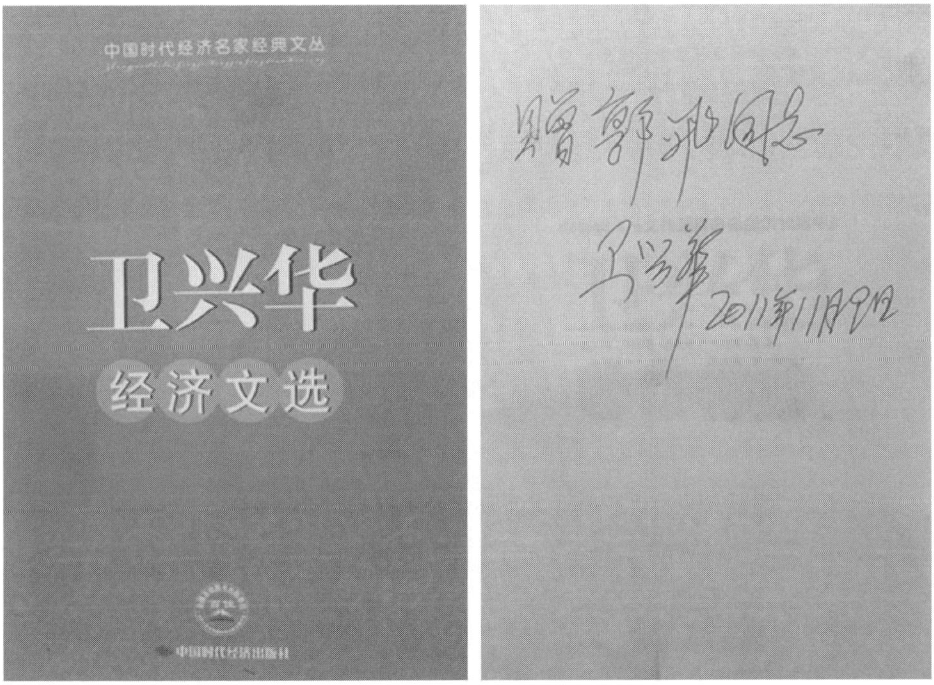

卫兴华教授赠送给郭飞的著作之一

卫兴华教授对我的重大影响，主要体现在三个方面。

一是他对马克思主义经济学经典著作研究的理论功底非常深厚。特别是他对《资本论》的研究，已经达到了如数家珍和炉火纯青的程度。他经常引用《资本论》中的某些观点与有些学者的提法进行商榷。他对马克思主义经济学经典著作的观点理解得很透彻，又能与时俱进地进行新的阐释和发展。作为经济学同行和晚辈，我在深入探讨马克思主义经济学的基本观点时，往往先要了解卫兴华教授的观点。尽管在极个别问题上我们的观点未必完全一致，但卫兴华教授的基本观点无疑相当权威，并使我受到很大启发。

二是他坚持真理、不当风派的学者风骨。从他撰写的著作和论文中，我深切感受到他坚持实事求是、不趋炎附势的铮铮铁骨。他撰写的《中国特色社会主义经济理论的坚持、发展与创新问题》①一文，就是他这一特点的明证。他说："在经济理论研究方面，我主张'不唯上、不唯书、不唯风'。理论是真理的喉舌，而不是权势的奴仆。不做'风派理论家'。尊重权威，而不迷信权威。主张在学术讨论中应摆事实、讲道理，以理服人。少点儿装腔作势、营造政治声势之类的东西。我奉行的治学格言是四严原则：严肃的态度、严格的要求、严密的论证和严谨的学风。要通过独立思考，做到求真求实、服从真理。"②在吴玉章人文社会科学终身成就奖的颁奖辞中，对卫兴华教授作了这样的评价："立经世济民之志，怀富民强国之愿。徜徉于经济学园地，精品迭出，成果丰硕；桃李满园，栋梁辈出。他治学严谨，不跟风，不盲从，倡导理论是真理的喉舌，学术界评价他'树起了一面讲真话的旗帜'。他毕生从事马克思主义经济学和社会主义经济理论的教学与研究，始终站在经济理论研究的前沿。学界赞誉他是以马克思主义态度从事经济学研究的典范，是坚持马克思主义学风的楷模，是当代中国从事马克思主义经济学研究的大师。"③卫兴华教授凸显的学者风骨，是我学习的光辉榜样，对我产生了深刻的影响。

三是他为坚持和发展马克思主义经济学终生奋斗的顽强意志。卫兴华教授虽已耄耋之年，但仍笔耕不辍，每年发表多篇论文，令同行赞叹不已。他说："我不赞同让退休教授'发挥余热'的说法，我还正在燃烧呢！"这话使人联想起古诗"春蚕到死丝方尽"的引申含义，深感震撼，并肃然起敬。卫兴华教授的夫人孟沚纛告诉我：他多年来的生活习惯是每晚11时睡

① 卫兴华：《中国特色社会主义经济理论的坚持、发展与创新问题》，载于《马克思主义研究》2015年第10期。

② 《卫兴华经济文选》，中国时代经济出版社2011年版，第1～2页。

③ 引自孙咏梅著：《卫兴华传》，江苏人民出版社2017年版，第145～146页。

觉，早晨5时起床，中午稍微休息，其他时间基本上都在工作。前些年，卫兴华教授腰部不适，仍经常伏案写作。2018年9月19日，《人民日报》理论版“纪念改革开放40周年”专栏还发表了卫兴华教授撰写的大块文章《我国基本经济制度的确立和完善》。不仅如此。卫兴华教授一生简朴，却将所获“吴玉章人文社会科学终身成就奖”的100万元奖金和中国经济理论创新奖的100万元奖金（共计200万元奖金）全部捐出，以资助马克思主义经济学的教学、科研、人才培养工作与优秀成果奖励。真是言行一致、高风亮节、行为世范！卫兴华教授是我国经济学界的泰斗和当代中国马克思主义经济学的领军人物之一，他为共产主义事业生命不息、奋斗不止的精神，激励我沿着马克思指引的光辉道路不断前进。

项启源（1925—2018）荣誉学部委员是我国杰出的马克思主义经济学家，是中国社会科学院经济研究所原副所长，是中国经济规律研究会的创始人和老会长，曾荣获“世界马克思经济学奖”和首届孙冶方经济科学奖。他在长期的奋斗生涯中，为我国马克思主义经济学的传播、运用和发展作出了重大贡献。我在20世纪80年代就研读过他的论文，1994年初在教育部社会科学发展研究中心举办的一次研讨会上与他结识。多年来，项启源研究员给了我不少具体的指导和帮助，使我终生难忘。

一是项启源研究员与我合撰《劳动力市场与“劳动力商品论”》。前已述及，他与我在一次研讨会上结识后，共同商定合撰一篇论文。我们先是收集资料，确定思路，然后分头各自撰写一遍，两人在充分交流后最后由他定稿。我们撰写这篇论文用了较长时间，我到他家也去过两三次。在合作过程中，他特别强调要针对主要错误观点，深入剖析，突出新意。项启源荣誉学部委员不愧是搞科学研究出身的，在合作中我向他学到了不少东西。

二是项启源研究员对我的理论影响和谆谆教诲。他虽是大家，但很谦逊。我们结识后，他把自己后来出版的每部学术著作都送给我一本，有时还写上“请指正”的字样。他撰写的学术专著《论我国社会主义初级阶段的历史定位》在正式出版之前，还曾将该书的打印稿寄给包括我在内的一些同志征求意见。遇到相关问题，我就会查阅他的著作，从他的观点中汲取理论滋养。他曾对我说：你是一名教师，要搞好科研，应多到一线去搞调研，这有利于了解实际情况，提出真知灼见。他将打印或复印的有些重要材料（如《当前中国工人阶级状况》《首钢调研报告》等）送给我，对我搞好科研与教学提供了有利条件。他还希望我更多关注和研究社会主义初级阶段的生产关系，并送给我他撰写的中国社会科学院学部委员专题文集《论中国社会主义初级阶段的生产关系》。20 世纪末以来的一段时期内，我国马克思主义经济学研究被严重边缘化。对此，他一方面关心我们都写了什么文章，希望我们不断发出马克思主义经济学者的声音；另一方面则提示我们要注意策略和方法，以吸引和说服更多的读者，从而增强马克思主义经济学的战斗力。

三是项启源研究员活到老、学到老、写到老的精神对我的激励和鞭策。项启源研究员对我说，由于历史条件等原因，他一生撰写的 100 多篇论文多数都是在离休后完成的。其中，从 64 岁到 85 岁，他就出版了专著 1 部，主编专著两部，自选论文集 1 部，发表文章 87 篇（包括公开和内部刊物）。2017 年（即项启源研究员仙逝的前一年），他还与人合撰并发表了 1 篇论文。2015 年夏，我们几位经济学同仁为他祝贺 90 寿辰。他幽默地说，撰写科研论文和著作是他长寿的一个重要因素。其实，他在离休前就做过心脏手术，后来又做过肠癌手术，多年来患有房颤等疾病。他在科研方面能够取得突出成就，归根到底是源于他为共产主义事业奋斗终身的革命精神。正如他所言："学习、宣传、捍卫马克思主义经济理论是我毕生的追求！"①

此外，吴树青、杨圣明、刘方棫、陈德华、胡钧、胡乃武、于祖尧、吴宣恭、张薰华等老一辈杰出或著名的马克思主义经济学家，都曾以不同方式给我以宝贵的指导和帮助。

---

① 周溯源、赵剑英主编：《中国社会科学院学部委员学术自传》（马克思主义研究学部卷、文哲学部卷·上），中国社会科学出版社 2017 年版，第 51 页。

当代中国马克思主义经济学的领军人物程恩富学部委员对我的影响和帮助

程恩富是当代中国马克思主义经济学的领军人物之一，杰出的马克思主义经济学家。他是中国社会科学院学部委员，中国社会科学院马克思主义研究院原院长，现任世界政治经济学学会会长、中国政治经济学学会会长和中华外国经济学说研究会会长。在与我年龄相仿的中国马克思主义经济学家中，程恩富学部委员对我的影响和帮助是最大的。

我与程恩富学部委员没有任何私交。他对我的影响和帮助绝大多数是间接的，极少数是直接的，主要体现在两个方面。

一、程恩富坚持与发展马克思主义经济学的理论贡献对我的影响

40 多年来，程恩富学部委员锐意探索，在学术创新方面成就斐然。他在《中国社会科学》《经济研究》《人民日报》《光明日报》等国内外报刊上发表论文约 500 篇，独撰、主编和合撰公开出版的著作、教材等几十部。

程恩富学部委员进行学术研究涉猎的领域较广，其主要学术贡献体现在对马克思主义经济学的理论创新方面。他领衔提出新的活劳动创造价值论、利己利他新经济人论、资源和需求双约束论、公平与效率同向变动论、公有制高绩效论等许多重要的创新性观点。其中，有两个重要观点（或提法）给我留下了非常深刻的印象。

一是程恩富学部委员提出的“世情为鉴、国情为据、马学为体、西学为

用、国学为根、综合创新”的学术创新原则。① 这一学术创新原则是他领衔创立的海派经济学（即“新马克思经济学综合学派”）的指导原则，即以马克思经济学的方法和理论为基点，科学综合古今中外的合理经济思想，构建一种有别于以往马克思经济学、苏联经济学和西方经济学的新范式，在经济全球化大背景中揭示当代中外经济运行机制和发展规律。② 这一学术创新原则在国内影响很大。大约20年前，我在得知程恩富提出的这一学术创新原则时，有一种振聋发聩、豁然开朗、催人奋进的感觉。我认为，有条件的高校教师和经济理论工作者（特别是马克思主义经济学家），其社会价值不仅在于宣传和阐释马克思主义经济学，还在于不断地进行理论创新。理论创新必须遵循正确的原则。毛泽东指出：理论与实际相结合，实事求是，在实践中认识和发展真理。邓小平指出：解放思想，实事求是。江泽民指出：解放思想，实事求是，与时俱进。胡锦涛指出：解放思想，实事求是，与时俱进，求真务实。习近平指出：不忘本来，吸收外来，面向未来。程恩富提出的学术创新原则，实际上是上述基本原则在马克思主义经济学创新方面的具体化，即解放思想，实事求是，与时俱进，兼收并蓄，守正创新，对推动我国马克思主义政治经济学的创新发展，构建具有时代特征并符合国情的中国特色社会主义政治经济学具有重要意义。我国当代最杰出的马克思主义经济学家刘国光学部委员高度评价程恩富提出的这一学术创新原则，认为其“颇有理论和现实意义”。③

二是程恩富学部委员提出的中国特色社会主义市场经济模式（或社会主义市场经济体制）的制度特征——“四主型”制度。改革开放以来，我国基于社会主义初级阶段的国情与社会主义国家经济建设的经验教训，逐步建立起社会主义市场经济体制，有力地促进了中国经济的迅速发展。中国特色社会主义市场经济模式及其取得的巨大成就举世公认，国内外许多经济学者称之为“中国奇迹”，并从不同角度对中国特色社会主义市场经济模

① 周溯源、赵剑英主编：《中国社会科学院学部委员学术自传》（马克思主义研究学部卷、文哲学部卷·上），中国社会科学出版社2017年版，第81～82页。

② 周溯源、赵剑英主编：《中国社会科学院学部委员学术自传》（马克思主义研究学部卷、文哲学部卷·上），中国社会科学出版社2017年版，第86页。

③《程恩富学术思想研究》编委会：《程恩富学术思想研究》，经济科学出版社2015年版，第1页。

式进行研究和概括。程恩富提出：公有主体型的多种类产权制度、劳动主体型的多要素分配制度、国家主导型的多结构市场制度和自力主导型的多方位开放制度，是中国特色社会主义市场经济模式的四大制度特征。[①] 所谓公有主体型的多种类产权制度，即公有制是主体、中外私有制经济是辅体。所谓劳动主体型的多要素分配制度，即按劳分配为主体多种分配方式共存。所谓国家主导型的多结构市场制度，就是在资源配置中既要发挥市场的基础性作用，又要充分发挥国家调节的主导性作用；既要以市场调节的优良功能抑制“国家调节失灵”，又要以国家调节的优良功能纠正“市场调节失灵”，形成强市场和强政府的“双强”格局，体现出社会主义国家的经济调节职能和作用显著优于资本主义国家。所谓自力主导型的多方位开放制度，就是要处理好引进国外先进技术和资本同自力更生地发展先进技术、高效利用本国资本的关系，实行内需为主与外需相结合，促进从追求引进数量的粗放型开放模式向追求引进效益的质量型开放模式转变。程恩富的这一理论概括符合我国现行《宪法》和社会主义初级阶段的国情，新意突出，对我有很大启发。

二、程恩富为共产主义事业矢志不渝的奋斗精神对我的影响

程恩富学部委员与中华人民共和国几乎同龄，见证和经历了70余年我国社会主义革命、建设和改革的过程。多年来，他孜孜不倦、卓有成效地从事马克思主义经济学的研究、教学、宣传与组织工作，究其实质，是将其作为个人为实现共产主义远大目标努力奋斗的最佳方式。而为共产主义远大目标奋斗，在现阶段就是为中国特色社会主义伟大事业奋斗。程恩富学部委员在为中国特色社会主义伟大事业奋斗的过程中具有三大优点。

一是敢于斗争。程恩富学部委员旗帜鲜明地坚持马克思主义经济学的基本观点，与新自由主义和私有化思潮进行了坚决的斗争。他概括了新自由主义经济思潮的四大主张，根据相关数据明确指出：新自由主义并没有促进发达资本主义国家的经济增长，也没有促进发展中资本主义国家的经

① 程恩富：《中国模式的经济体制特征和内涵》，载于《经济学动态》2009年第12期。

济发展；大多数发展中国家推行新自由主义“结构改革”的结果，都是民族工业遭受致命打击，政府调控能力大大削弱，经济安全、民族独立和国家主权不断弱化，与发达资本主义国家的经济差距越来越大。程恩富还针对张五常的“私有产权至上论”等谬误，进行了有理有据的尖锐批判。程恩富学部委员在担任《马克思主义研究》《政治经济学研究》《海派经济学》等杂志的主编期间，组织和编发了不少运用马克思主义经济学的观点批判新自由主义和私有化思潮的文章。这对于揭露新自由主义和私有化思潮的实质，建立和完善我国社会主义市场经济体制，起到了重要的积极作用。

二是不当风派。程恩富学部委员提出：思想应当解放而不僵化，学风应当严谨而不“风”化。在从事马克思主义经济学的研究中，他力求做到追求真理，“不唯上，不唯书，不唯风。”2004年5月，他在中共中央政治局集体学习会上讲解中国哲学社会科学发展专题。他经常组织马克思主义经济学者围绕党和国家提出的某些重大理论和政策进行研讨，对其中有重大争议的问题决不人云亦云，敢于有根据负责任地提出个人的观点和建议，在社会上产生了积极的影响。

三是世界标杆。程恩富学部委员具有远大的学术抱负。他先后在复旦大学、上海财经大学和中国社会科学院马克思主义研究院工作。随着学术成果的增多、学术舞台的变化和学术影响的扩大，他动态调整自己的学术目标。他曾经说过：“目标其实是动力。目标定得越高，动力就越大，目标越是难以达到，就越是需要做持久的努力。”[①]纵观程恩富学部委员的学术道路、学术成果、学术贡献和所担任的学术团体职务，我认为，他给自己设定的最高学术目标是成为世界著名的马克思主义经济学家。程恩富学部委员领衔创办世界政治经济学学会并担任会长以后，为我国马克思主义经济学进一步“走出去”并不断扩大学术影响发挥了重要作用。

程恩富学部委员与我既是同行，又是战友。我对他在事业方面的执着、勇毅、能力、魄力和贡献由衷钦佩，并从中学到了不少东西。他对我也比

① 周溯源、赵剑英主编：《中国社会科学院学部委员学术自传》（马克思主义研究学部卷、文哲学部卷·上），中国社会科学出版社2017年版，第81页。

较了解。当我请他为我撰写的论著作序或撰写书评时，他欣然接受并予以帮助。

此外，杰出的马克思主义经济学家顾海良，王振中、黄泰岩、郭继严、文魁、左大培、王志伟、林汉川、沈越、胡家勇、毛立言、裴小革等著名经济学家或经济学家，曾给我提供了一定的帮助。“中国金融学科终身成就奖”获得者邱兆祥教授，是我 30 多年的老同事和老朋友，曾给我提供过宝贵的帮助。

曹序、吕庄教授对我的指导和帮助

东北师范大学曹序（1929—2001）教授是我的硕士研究生导师，是引领我进入马克思主义经济学研究殿堂的贵人。他是1953年毕业于中国人民大学政治经济学专业的研究生，1985年晋升为教授。他多次被评为省级优秀教师；1985年被评为吉林省有突出贡献的中青年专业技术人才；1992年荣获国务院颁发的政府特殊津贴。他曾任东北师范大学马列主义教研部（后更名为马克思主义学部）主任，吉林省政治经济学学会、价格学会副会长。他的主要研究方向为中国社会主义经济和经济体制改革、《资本论》与中国社会主义经济。他先后在《经济研究》等学术期刊上发表论文90余篇，主编专著和教材30余部，是教育部颁布的全国高等学校《政治经济学》教学大纲（1979年版）副主编和国家教委统编高校教材《马克思主义原理》的重要作者，并被载入《中国经济学家大辞典》。

曹序教授笃学博学、敬业精业，对我的指导和帮助主要表现在四个方面。

一是指导我更好地把握《资本论》的逻辑体系和基本原理。曹序教授对《资本论》研究的功底很深，在东北师范大学的经济学教授中独占鳌头。在我成为曹序教授的硕士研究生之前，对此就有所了解。那时，我担任大学政治经济学教师，多次去听曹序教授在校外的讲课。他在讲课中，经常娴熟地引用马克思在《资本论》中的相关论述讲授政治经济学原理，深入分析当代资本主义经济和中国社会主义经济问题。我成为曹序教授的硕士研究生之后，他给我们和经济管理系（后更名为经济学院）政治经济学专业的研究生讲授《资本论》课程。他在讲课中脉络清晰，逻辑严谨，重点突出，联系实际。他经常教导我们：既要坚持《资本论》的基本原理，又不能搞本本主义，要坚持与发展马克思主义政治经济学。

二是指导我加强对中国社会主义经济理论与实践问题的研究。曹序教授

1985年招收的包括我在内的4名硕士研究生，研究方向就是中国社会主义经济。成为他的弟子后，我们将更多的时间和精力用于研究社会主义经济理论与实践问题。曹序教授经常向我们阐述他对中国社会主义经济与经济体制改革中一些重要问题的看法，还提示我们应多看一些关于苏联东欧国家经济体制改革的著作和文献，并结合中国经济体制改革的实际进行对比研究。我在研读了一些相关著作和文献的基础上，撰写了《苏联东欧国家的所有制改革》（7500字）一文，发表于《外国问题研究》1987年第3期。我的硕士学位论文《全民企业工资改革目标模式新探》，就是在他的指导下完成的。

三是尽可能为我创造到校外学习和参加学术会议的机会。1986年暑期，曹序教授要求我们全部参加中央党校经济学部在北京主办的面向全国的政治经济学热点问题讲习班。在讲习班中，我们听到了王珏教授等名流大师高水平的专题讲座，收获很大。在长春召开的相关学术会议，曹序教授也在可能的情况下带我们参加。

四是引导我向科研表现突出的研究生学长学习。曹序教授指导的1982级硕士研究生中，有一位学长在科研方面表现突出，并被东北师大树为优秀青年教师的典型。曹序教授希望我们向这位学长学习，这对我在研究生期间锐意探索、多出成果起到了促进作用。

曹序教授不幸于2001年病逝。他去世前，我专程从北京返回长春前去探望。当时，他在长子曹振宇的陪同下正在校医院做透析。他见到我很高兴，不谈自己的病情，只是向我了解国内的政治经济形势。我父亲的老同事、东北师大赵郇方教授亦是如此。赵郇方曾任东北师大政治系主任，在国际共产主义运动史方面造诣颇深，后来不幸病逝。1990年，我曾到东北师大校医院探视。他当时病情很重，躺在病床上吸氧，身上插满了管子。他见到我后不谈别的，专门向我打听国内的政治形势。曹序教授和赵郇方教授病危不忘忧国的高尚情怀，至今回忆起来仍令我感动。

除曹序教授之外，东北师大于俊文、韩明希等著名经济学教授亲自给我们授课，在某些方面给予我深远的影响。

吕庄教授是中国金融学院第一位政治经济学教授，是我在中国金融学院工作期间遇到的一位贵人。她1960年毕业于北京大学经济系并留系任教，

1966 年因爱人工作变动调入西安交通大学，曾任社会科学系（后更名为马克思主义学院）副主任。她的主要研究方向是马克思主义政治经济学与中国社会主义经济。她 1988 年被评为政治经济学教授，随后调入中国金融学院任经济研究所副所长。她在《中国社会科学》等学术期刊上发表论文多篇，主编、副主编专著和教材多部，是国家教委统编教材《马克思主义原理》的重要作者。她多次获奖，并于 1993 年荣获国务院颁发的政府特殊津贴。

吕庄教授和我虽同在中国金融学院，但不在一个具体单位。在两项共同参加的活动中，我对她印象深刻，并获益匪浅。

其一，参加中国人民银行岗位培训教材的统稿工作。1988 年秋至 1991 年年初，受刘鸿儒领衔的中国人民银行成人教育教材编审委员会委托，由刘光第、吕庄任正、副主编，编写了中国人民银行岗位培训教材《社会主义初级阶段经济理论问题》。我是该教材的作者之一。1991 年 1 月，刘光第教授、吕庄教授和我到位于北京市昌平区南口镇的中国人民银行管理干部学院招待所，对该教材的全部文稿进行修改定稿。

在此期间，吕庄教授和我共同遇到了如何处理与刘光第教授之间及与教材作者不同观点之间的关系这两个问题。刘光第教授是我国著名的经济学家和金融学家，我与他是初次结识，对他很尊重。刘光第教授敢于直言，有独立见解。然而，他的有些提法不宜放在教材中。有些作者的文稿也有类似情况。吕庄教授和我在尊重刘老作为主编的前提下，在如何处理上述两个问题的过程中经常交流意见。从中，我感受到吕庄教授不仅功底深厚，还颇具智慧、包容性和灵活性，进而向她学习了不少东西。

其二，进行“中日市场经济比较研究”的课题研究。1993—1996 年，中国金融学院与日本东北大学、山形大学等高校合作，进行“中日市场经济比较研究”的课题研究。中方的牵头人为吕庄教授，日方的牵头人为平野厚生教授。作为课题组的一名成员，我参加了几次会议交流活动。1994 年秋，吕庄教授和我与日本的几位教授到烟台进行调研，重点是考察向社会主义市场经济体制转轨中的三资企业。

烟台经济开发区的负责同志向我们介绍了该开发区三资企业的基本情况，我们提出了一些问题与他们交流。我们到一些三资企业进行调研，其范围不仅涉及生产经营、税收、工资、利润和劳动者地位，还涉及党建和工会工作。我们在调研中认真做了记录。吕庄教授善于处理与日方教授的关系，并引导双方教授取得预期的调研成果。

在中国金融学院工作期间，我与吕庄教授经常就国内的政治经济形势、经济学界讨论的热点问题等交流意见。她坦率地亮明自己的观点，使我受到较大启发。我在中国金融学院的成长和进步，与吕庄教授的指点、影响和帮助是分不开的。

某些高级别报刊的朋友对我的支持和帮助

从1984年至今，我公开发表的论文已有165篇。有人说，每撰写并发表一篇论文都有一个故事，对此我深有体会。在长期与报刊（特别是高级别报刊）打交道的过程中，我由原来的竞争性投稿逐渐变为约稿和半约稿。我投稿发文的一次命中率几乎是百分之百。这固然有论文质量的因素，也与报刊（特别是高级别报刊）朋友们（相关负责人与编辑、记者）的支持和帮助密不可分。

长期以来，我撰写论文遵循的基本原则是：（1）以发展的马克思主义（特别是以发展的马克思主义经济学）为指导；（2）不唯上、不唯书、不跟风，问题导向，求真务实；（3）质量第一，有所新意，力求经得起实践和历史的检验，发挥对理论研究及经济与社会发展的积极作用；（4）恪守学术道德和学术规范。我投稿遵循的基本原则是：（1）投向公开发行（特别是国内外公开发行）的报刊；（2）一稿一投；（3）除特殊稿件外，投稿的报刊级别就高不就低；（4）对办刊指导思想有严重问题的刊物，即使“名气”再大，也决不投稿；（5）不交“版面费”。

近40年来，我撰写的论文大多数都发表在某些高级别报刊上。这些高端报刊的相关负责人和编辑、记者兢兢业业，默默奉献，与我逐渐成为相互信任的朋友。他们对我的宝贵支持和热情帮助使我终生难忘。

一是直面现实，敢于发稿。我撰写过《我国当前个人收入分配的主要问题与对策》一文，曾提交中国经济规律研究会第19届年会并在大会上交流。当时，有一位知名的经济学教授在与我交谈中认为该文“切中时弊”，有“学者的风骨”。然而，他又担心地问我：像这样棱角鲜明的文章，学术刊物敢发表吗？我当即表示：要找敢发表的学术刊物发表。我将该文投至某权威学术期刊。该刊经过审稿程序，很快就将该文发表。后来，该文还被中国人大复印报刊资料全文转载。

二是认真编辑和修改。我在中央大报和权威期刊发表论文，责任编辑通常不做改动或很少改动，若有改动往往也要征求我的意见。然而，我在最高级别的中央大报理论版发表论文，责任编辑通常要根据宣传口径和版面情况等因素有所调整。有一次，责任编辑对于我撰写的论文做了明显的改动，在篇幅上也增加了五六百字。我见后认为改得很好，同时也深知责任编辑倾注的大量心血。我在某些权威杂志上发表论文，责任编辑通常把编好的论文清样电子版直接发给我征求意见，切实体现出他们认真负责的态度。

三是提出深入研究的宝贵建议。我撰写过一篇关于国企改革与发展方面的论文。我先将该文投至某权威学术期刊。该刊一位资深编辑审读后，与我进行了坦诚的交流。她既肯定了该文的主要优点，也指出了该文的一些不足。她特别提到，该文在科技进步这方面的论述缺乏力度，应进一步深入挖掘并提出具体路径。受这位编辑的点拨，我作了较为深入的研究。在此基础上，我先将修改过的论文投至别的学术期刊发表；又将原文中科技进步这部分内容深化拓展为一篇新论文，并投至另一学术期刊发表。这两篇论文均被中国人大复印报刊资料全文转载。

四是欢迎到报社校稿。20 世纪 90 年代末至 21 世纪初，我经常在某一中央大报理论版发表论文。为对读者、社会和该报负责，我提出在文章发表前去该报报社校稿的请求，他们欣然同意。在校稿的过程中，既能够相互沟通，也可以进行新的修改。有一次，我去校稿的时间较长，该报理论部负责人和我都失去了一次到人民大会堂聆听李岚清副总理作报告的机会。

五是在论文发表时间上尽量给予关照。由于某些论文有明显的时效性，加之学校考核和课题结项等其他因素，我有时希望权威或核心期刊尽早发表我的论文。在一般情况下，他们都会满足我的请求。2021 年 1 月初，我投至国家社会科学基金资助的某核心期刊的论文时效性很强，该刊便在当年第 2 期作为重点论文发表。

六是清正廉洁。我第一次给最高级别的中央大报投稿，与该报理论部的同志均不认识。该报看中了我的论文，很快就刊发在理论版头条。我当时忙于别的事情，联系手段也较落后。在论文发表后的几天中，他们想通知我却又联系不上。十几年来，我先后在该报理论版发表了近 10 篇论文，想请他们吃顿饭都被婉言谢绝。

主要参考文献

[1]《郭飞文选——经济理论与经济改革重大问题研究》(上、下卷),经济科学出版社 2016 年版。

[2] 郭飞著:《经邦济民治学创新——我与马克思主义经济学》,经济科学出版社 2019 年版。

[3] 李向阳编:《百位经济学家论国富》,福建人民出版社 2001 年版。

[4] 刘思华编著:《当代中国马克思主义经济学家——批判与创新》,世界图书出版公司 2012 年版。

[5] 邰丽华:《郭飞的学术贡献和经济思想》,《海派经济学》2014 年第 3 期。

[6] 李成刚:《郭飞:"以人民为中心"的马克思主义经济学研究》,《中国经济时报》2017 年 2 月 22 日。

附录一　　郭飞简历

1952 年 7 月 5 日，生于吉林省长春市。

1959 年 9 月—1965 年 7 月，东北师范大学附属小学学生。

1965 年 9 月—1969 年 1 月，东北师范大学附属中学学生。

1969 年 2 月—1970 年 9 月，吉林省前郭县吉拉吐公社松花江大队八队插队知青。

1970 年 10 月—1971 年 8 月，吉林省前郭县八三工程指挥部干事。

1971 年 9 月—1972 年 4 月，吉林省前郭县国营苇场工人。

1972 年 5 月—1975 年 1 月，东北师范大学政治系学生。

1975 年 1 月—1985 年 8 月，长春地质学院（后更名为长春科技大学并入吉林大学）社会科学系政治经济学教师。其中，1982 年 3 月—1983 年 1 月，在教育部委托吉林大学举办的全国高校政治经济学教师进修班脱产进修。

1985 年 9 月—1988 年 6 月，东北师范大学政治经济学专业硕士研究生。

1988 年 7 月—2000 年，历任中国金融学院理论部政治经济学讲师、副教授、教授；政治经济学教研室主任、理论部副主任、理论部主任兼党支部书记。1992 年 8 月，被评为北京高校首批（青年）学科带头人；1998 年 2 月，被国务院批准为享受政府特殊津贴的有突出贡献的专家；1998 年 11 月，当选为中国经济规律研究会（后更名为中国政治经济学学会）常务理事。

2001—2017 年 9 月，对外经济贸易大学国际经济贸易学院政治经济学教授，2004 年 6 月起担任博士生导师。2008 年，被评定为国家首批二级（2006 年国家机关事业单位工资改革后高校文科最高级别）教授。2010 年 7 月—2020 年 6 月，担任对外经济贸易大学中国经济发展研究中心主任。

2010 年 9 月—2019 年 6 月，担任中国政治经济学学会副会长。

2019 年 6 月起，担任中国政治经济学学会顾问。

附录二　郭飞公开发表的主要科研成果目录（1984—2022）

一、科研论文

1.**《深化中国所有制结构改革的若干思考》**（论文，25000 字，独撰），载于《中国社会科学》2008 年第 3 期（《中国社会科学（英文版）》2008 年第 4 期、《中国社会科学文摘》2008 年第 11 期、《新华文摘》2008 年第 16 期、中国人大复印报刊资料《社会主义经济理论与实践》2008 年第 7 期、《人民日报》2008 年 7 月 8 日理论版等全文或部分转载）。

2.**《全民企业工资改革目标模式新探》**（论文，9000 字，独撰），载于《经济研究》1989 年第 11 期。

3.**《刍议按劳分配中的"劳"》**（论文，6300 字，独撰），载于《经济研究》1993 年第 2 期。

4.**《生产要素按贡献参与分配原则新思考》**（论文，11000 字，独撰），载于《马克思主义研究》2005 年第 2 期（中国人大复印报刊资料《社会主义经济理论与实践》2005 年第 7 期全文转载）。

5.**《外商直接投资对中国经济的双重影响与对策》**（论文，27000 字，独撰），载于《马克思主义研究》2006 年第 5 ~ 6 期（中国人大复印报刊资料《外贸经济·国际贸易》2006 年第 8 ~ 9 期全文转载，《新华文摘》2006 年第 17 期部分转载）。

6.**《马克思、列宁的资本输出理论与当代国际投资》**（论文，12000 字，独撰），载于《马克思主义研究》2007 年第 6 期（中国人大复印报刊资料

《理论经济学》2007 年第 9 期全文转载）。

7.**《中国个人收入分配改革：成就、问题与对策》**（论文，23000 字，第一作者），载于《马克思主义研究》2010 年第 3 期。

8.**《城乡居民人均收入十年翻一番：基本指标、结构特征与实现路径》**（论文，11000 字，第一作者），载于《马克思主义研究》2013 年第 3 期。

9.**《中国国有企业改革：理论创新与实践创新》**（论文，22000 字，独撰），载于《马克思主义研究》2014 年第 4 期。

10.**《中国居民财产差距悬殊的基本成因与对策》**（论文，22000 字，独撰），载于《马克思主义研究》2015 年第12期（中国人大复印报刊资料《社会主义经济理论与实践》2016 年第 3 期全文转载）。

11.**《我国当前个人收入差距实证考察》**（论文，6500 字，独撰），载于《经济学动态》1998 年第 5 期。

12.**《区分社会主义初级阶段基本经济制度与社会主义基本经济制度刍议》**（论文，4700 字，独撰），载于《经济学动态》1999 年第 11 期。

13.**《按生产要素分配若干观点辨析——兼谈“要素财富论”》**（论文，9000 字，独撰），载于《经济学动态》2001 年第 11 期（中国人大复印报刊资料《社会主义经济理论与实践》2002 年第 1 期全文转载）。

14.**《我国失业的五大特征与对策》**（论文，6000 字，独撰），载于《经济学动态》2003 年第 11 期。

15.**《社会主义公有制与股份制若干问题探讨》**（论文，10000 字，独撰），载于《经济学动态》2004 年第 7 期（中国人大复印报刊资料《社会主义经济理论与实践》2004 年第 9 期全文转载）。

16.**《对“以市场换技术”方针与涉外税收超国民待遇的再思考——兼与赵中杰商榷》**（论文，10000 字，独撰），载于《经济学动态》2006 年第 9 期（《中国社会科学文摘》2007 年第 1 期转载 7000 字，日本广岛经济大学《经济研究论集》2007 年第 29 卷第 4 号全文译载）。

17.**《“经济全球化与中国经济科学发展高峰论坛”暨中国经济规律研究会第 21 届年会综述》**（5500 字，独撰），载于《经济学动态》2011 年第 11 期。

18.**《社会主义公有制经济中劳动力性质讨论综述》**（6000 字，独撰），载于《中国工业经济研究》1994年第8期（中国人大复印报刊资料《劳动经济与人力资源管理》1994年第9期全文转载）。

19.**《论经济体制改革的基本性质与转轨方式》**（论文，12500字，独撰），载于《东欧中亚研究》1996年第3期（中国人大复印报刊资料《社会主义经济理论与实践》1996年第11期全文转载）。

20.**《探微索隐　力抒新见》**（书评，2000字，第一作者），载于《金融研究》1994年第8期。

21.**《关于科技人员最佳流向及其机制的探讨》**（论文，4000字，第一作者），载于《人才研究》1987年第4期。

22.**《和平与发展是当代世界的主题》**（论文，9000字，独撰），载于《中国高等教育（社会科学理论版）》1988年第6期（中国人大复印报刊资料《外国政治·国际关系》1989年第3期全文转载）。

23.**《搞好社会主义政治经济学教学的几点思考与尝试》**（论文，4000字，独撰），载于《中国高等教育》1993年第6期。

24.**《中国经济体制改革专题课程研讨型教学模式探索》**（论文，4500字，第一作者），载于《中国高等教育》2009年第23期。

25.**《也谈社会主义初级阶段的按劳分配》**（论文，9000字，独撰），载于《高校社会科学》1989年第5期。

26.**《试论社会主义市场经济中按劳分配的特点》**（论文，7500字，独撰），载于《高校理论战线》1993年第2期（中国人大复印报刊资料《劳动经济与人力资源管理》1993年第5期全文转载）。

27.**《社会分配不公及对策》**（论文，7500字，独撰），载于《高校理论战线》1993年第5期。

28.**《培育与发展劳动力市场若干问题探讨》**（论文，4500字，独撰），载于《高校理论战线》1994年第3期（中国人大复印报刊资料《劳动经济与人力资源管理》1994年第7期全文转载）。

29.**《公有制经济中劳动力性质问题近期讨论综述》**（7500字，独撰，署笔名郭鹏举），载于《高校理论战线》1995年第5期。

30.**《经济体制改革与基本经济制度》**（论文，4500字，独撰），载于《高校理论战线》1996年第3期。

31.**《正确认识和把握社会主义初级阶段》**（论文，2000 字，独撰），载于《高校理论战线》1997 年第 8 期。

32.**《我国当前个人收入差距与对策》**（论文，7500 字，独撰），载于《高校理论战线》1998 年第 9 期。

33.**《劳动价值论若干问题探讨》**（论文，8000 字，独撰），载于《当代经济研究》2001 年第 10 期。

34.**《试论分配方式的决定和制约因素》**（论文，6500 字，独撰），载于《当代经济研究》2002 年第 10 期（中国人大复印报刊资料《理论经济学》2003 年第 1 期全文转载）。

35.**《价值创造和价值分配》**（论文，5000 字，独撰），载于《当代经济研究》2003 年第 2 期。

36.**《坚持我国所有制结构改革的正确方向》**（论文，7500 字，独撰），载于《当代经济研究》2007 年第 10 期。

37.**《城市化进程中城乡收入差距的"倒 U 型"趋势与对策》**（论文，10000 字，第二作者），载于《当代经济研究》2011 年第 8 期。

38.**《应准确使用表述经济效益的经济范畴》**（论文，1000 字，独撰），载于《中国劳动科学》1987 年第 3 期。

39.**《按劳分配若干问题探讨》**（论文，7500 字，独撰），载于《中国劳动科学》1990 年第 2 期（中国人大复印报刊资料《政治经济学（社会主义部分）》1990 年第 3 期全文转载）。

40.**《略论社会主义劳动力市场》**（论文，3200 字，独撰），载于《中国劳动科学》1993 年第 11 期。

41.**《劳动力市场与"劳动力商品论"》**（论文，8200 字，第二作者），载于《中国劳动科学》1994 年第 11 期。

42.**《市场经济与按劳分配》**（论文，5000 字，独撰），载于《中国劳动》2003 年第 11 期。

43.**《关于全民企业工资改革目标模式的探讨》**（论文，4000 字，独撰），载于《经济工作者学习资料》1989 年第 32 期。

44.**《我国当前个人收入分配：问题、成因与对策》**（论文，15000 字，独撰），载于《经济工作者学习资料》1993 年第 14 期（中国人大复印报刊资料《体制改革》1993年第6期全文转载)。

45.**《对一种社会主义经济效益公式的商榷》**(论文，2000字，合撰)，载于《教学与研究》1984年第2期。

46.**《按劳分配的综合计量尺度》**(论文，3000字，独撰)，载于《教学与研究》1989年第4期(中国人大复印报刊资料《政治经济学(社会主义部分)》1989年第10期全文转载)。

47.**《社会必要劳动时间不是按劳分配的计量尺度》**(论文，3700字，独撰)，载于《教学与研究》1993年第1期。

48.**《关于我国劳动力市场若干问题的思考》**(论文，6500字，独撰)，载于《教学与研究》1995年第1期(中国人大复印报刊资料《劳动经济与人力资源管理》1995年第3期全文转载)。

49.**《我国当前个人收入分配的主要问题与对策》**(论文，12000字，独撰)，载于《教学与研究》2010年第2期(中国人大复印报刊资料《社会主义经济理论与实践》2010年第6期全文转载)。

50.**《中国低工资制度的阶段特征与中期对策》**(论文，16000字，第一作者)，载于《教学与研究》2011年第12期(中国人大复印报刊资料《社会主义经济理论与实践》2012年第3期全文转载)。

51.**《良师益友绽新蕾》**(征文，6500字)，载于《教学与研究》2013年第3期。

52.**《试论马克思剩余价值理论的当代价值——兼论剩余价值理论对建设中国特色社会主义的意义》**(论文，19000字，独撰)，载于《教学与研究》2017年第8期。

53.**《社会主义劳动力非商品论》**(论文，9000字，主撰)，载于《经济研究参考》1995年第9期。

54.**《关于搞好国有大中型企业的若干思考》**(论文，8000字，独撰)，载于《经济研究参考》1997年第13期。

55.**《必须区分按比例分配社会劳动规律与按比例分配生产要素规律》**(论文，1500字，独撰)，载于《经济纵横》1987年第2期。

56.**《全民企业按劳分配计量尺度再探讨》**(论文，6000字，独撰)，载于《经济纵横》1988年第11期。

57.**《社会主义公有制经济中劳动力不是商品》**（论文，7000 字，独撰），载于《经济纵横》1993 年第 11 期。

58.**《提高经济效益是我国新时期经济发展的主线》**（论文，1500 字，独撰），载于《经济纵横》1996 年第 10 期。

59.**《我国失业现状及其基本特征》**（论文，7000 字，独撰），载于《经济纵横》2004 年第 1 期。

60.**《关于繁荣和发展马克思主义政治经济学中的两个问题》**（论文，6500 字，独撰），载于《经济纵横》2005 年第 10 期。

61.《实现全体人民共同富裕的四个基本途径》（论文，5000 字，独撰），载于《经济纵横》2018 年第 1 期。

62.**《关于中国科技自立自强的若干思考》**（论文，15000 字，独撰），载于《经济纵横》2021 年第 2 期（《新华文摘》2021 年第 14 期全文转载）。

63.**《关于社会主义社会收入分配基本理论的若干思考》**（论文，11000 字，独撰），载于《经济评论》2004 年第 2 期（中国人大复印报刊资料《社会主义经济理论与实践》2004 年第 5 期全文转载）。

64.**《生产要素按贡献参与分配原则探析》**（论文，3000 字，独撰），载于《经济学家》2003 年第 6 期。

65.**《试论全民企业工资改革的目标模式》**（论文，13000 字，独撰），载于《社会科学战线》1988 年第 4 期。

66.**《构建合理有序收入分配新格局的基本路径》**（论文，11000 字，独撰），载于《毛泽东邓小平理论研究》2014 年第 1 期。

67.**《略论改革开放以来我国对社会主义公有制理论的新发展》**（论文，7000 字，第一作者），载于《毛泽东邓小平理论研究》2016 年第 1 期。

68.**《由假商品案引起的思考》**（论文，2000 字，第一作者），载于《新长征》1987 年第 5 期。

69.**《简谈供求异常不一致条件下社会必要劳动时间的内涵》**（论文，2000 字，第一作者），载于《吉林社会科学》1986 年第 12 期。

70.**《按劳分配若干问题争论概述》**（12000 字，主撰），载于《中国人民大学学报》1991 年第 2 期。

71.**《走效益兴国之路》**（论文，4500 字，独撰），载于《理论前沿》

1996 年第 17 期。

72.**《两个生产力规律辨异》**（论文，3000 字，独撰），载于《争鸣》1988 年第 2 期。

73.**《科技人员流动若干问题新探》**（论文，6000 字，第一作者），载于《长白学刊》1987 年第 6 期。

74.**《对中国革命与世界革命关系的一个重要提法的商榷》**（论文，3000 字，第一作者），载于《长白学刊》1988 年第 3 期。

75.**《中国失业：特征与对策》**（论文，9000 字，独撰），载于《江苏行政学院学报》2005 年第 6 期。

76.**《苏联东欧国家的所有制改革》**（论文，7500 字，独撰），载于《外国问题研究》1987 年第 3 期。

77.**《商品经济意识与社会主义精神文明建设》**（论文，8000 字，第一作者），载于《东北师大学报》1987 年增刊。

78.**《社会主义商品经济中活劳动不是商品》**（论文，2000 字，独撰），载于《长春市委党校学报》1987 年第 4 期。

79.**《论确立全民企业工资改革目标模式的基本原则》**（论文，7500 字，独撰），载于《金融科学》1989 年第 1 期。

80.**《必须坚持社会主义公有制的主体地位》**（论文，6500 字，独撰），载于《金融科学》1991 年第 4 期（中国人大复印报刊资料《政治经济学（社会主义）》1992 年第 1 期全文转载）。

81.**《马克思的虚拟资本理论》**（论文，9000 字，独撰），载于《金融科学》1992 年第 4 期（中国人大复印报刊资料《财政·金融》1993 年第 4 期全文转载）。

82.**《略论我国当前个人收入分配中的主要问题》**（论文，10500 字，独撰），载于《金融科学》1993 年第 2 期。

83.**《社会主义政治经济学教海探珠》**（论文，9500 字，独撰），载于《金融科学》1993 年第 4 期（中国人大复印报刊资料《政治经济学（社会主义）》1993 年第 12 期全文转载）。

84.**《跨越资本主义卡夫丁峡谷的艰辛开拓》**（论文，14500 字，独撰），载于《金融科学》1994 年第 2 期（中国人大复印报刊资料《理论经济学》

1994 年第 8 期全文转载）。

85.**《社会主义公有制经济中劳动力性质问题探讨》**（论文，10500 字，独撰），载于《金融科学》1994 年第 4 期（中国人大复印报刊资料《社会主义经济理论与实践》1994 年第 12 期全文转载）。

86.**《略论苏联传统经济发展战略》**（论文，7000 字，独撰），载于《金融科学》1995 年第 2 期。

87.**《苏联的“加速战略”及其主要缺陷》**（论文，12000 字，独撰），载于《金融科学》1995 年第 4 期。

88.**《“激进式”改革与“渐进式”改革》**（论文，9000 字，独撰），载于《金融科学》1996 年第 2 期。

89.**《中国金融学院代表团赴俄罗斯普列汉诺夫经济大学考察报告》**（5000 字，主撰），载于《金融科学》1996 年第 2 期。

90.**《试论搞活搞好国有大中型企业的基本途径》**（论文，10500 字，独撰），载于《金融科学》1996 年第 4 期（中国人大复印报刊资料《工业经济管理》1997 年第 3 期全文转载）。

91.**《略论我国企业技术改造的主要问题与对策》**（论文，5000 字，独撰），载于《金融科学》1997 年第 2 期（中国人大复印报刊资料《工业经济管理》1997 年第 7 期全文转载）。

92.**《东方社会主义大国的正确抉择》**（论文，9000 字，独撰），载于《金融科学》1997 年第 4 期（中国人大复印报刊资料《社会主义研究》1998 年第 2 期全文转载）。

93.**《我国当前个人收入差距与对策研究》**（论文，11000 字，独撰），载于《金融科学》1998 年第 2 期（中国人大复印报刊资料《劳动经济与人力资源开发》1998 年第 6 期全文转载）。

94.**《社会主义政治经济学教学方法探索》**（论文，7500 字，独撰），载于《金融科学》1998 年第 2 期（中国人大复印报刊资料《高等教育》1999 年第 1 期全文转载）。

95.**《社会主义社会基本经济制度与社会主义基本经济制度辨析》**（论文，4000 字，独撰），载于《金融科学》1999 年第 2 期（中国人大复印报刊资料《社会主义经济理论与实践》1999 年第 8 期全文转载）。

96.《**科研之道探微**》(学术综述，1500字，独撰)，载于《金融科学》1999年第2期。

97.《**教学之道再探索**》(学术综述，2800字，独撰)，载于《金融科学》1999年第3期。

98.《**关于社会主义制度历史命运的思考**》(论文，9800字，独撰)，载于《金融科学》1999年第4期(中国人大复印报刊资料《社会主义研究》2000年第4期全文转载)。

99.《**科研之道再探索**》(学术综述，2800字，独撰)，载于《金融科学》2000年第1期。

100.《**我国当前居民消费不足及对策研究**》(论文，9000字，独撰)，载于《金融科学》2000年第2期。

101.《**中国金融学院代表团赴美培训与考察报告**》(9000字，第一作者)，载于《金融科学》2000年第4期。

102.《**中国对外直接投资的逆向技术溢出效应——基于分行业面板数据的实证研究**》(论文，11000字，第一作者)，载于《海派经济学》2012年第3期(中国人大复印报刊资料《马克思主义文摘》2013年第1期转载)。

103.《**构建中国橄榄型个人收入分配新格局**》(19000字，第一作者)，载于《海派经济学》2013年第3期。

104.《**全球价值链视角下OFDI逆向技术溢出效应的传导机制研究**》(论文，9000字，第一作者)，载于《管理学刊》2012年第3期。

105.《**探讨中国基本经济制度的力作**》(书评，2000字，独撰)，载于《海派经济学》2017年第3期。

106.《**切实加强农业在国民经济中的基础地位**》(论文，11000字，独撰)，载于樊献征等主编:《实事求是是深化改革的法宝》(北京农业大学出版社1993年版)。

107.**社会主义市场经济中按劳分配特点新探**(论文，10000字，独撰)，载于国家体改委经济体制与管理研究所编:《中国经济改革的理论与实践——改革开放十五年研讨会优秀论文集》(北京科学技术出版社1994年版)。

108.《**关于国际价值理论的两个问题**》(论文，3000字，独撰)，载于郭飞著:《新世纪中国经济重大问题研究》(经济科学出版社2010年版)。

109.《关于我国公有资产在社会总资产中是否具有数量优势的探讨》（论文，9000 字，独撰），载于柳思维等主编：《中国改革 30 年：经济理论发展与实践探索》（经济科学出版社 2009 年版）。

110.《刘国光教授的分配思想与重大意义》（论文，11000 字，独撰），载于程恩富主编：《完善社会主义市场经济体制暨刘国光经济思想研讨会文集》（中国社会科学出版社 2014 年版）。

111.《程恩富：当代中国马克思主义经济学的领军人物》（论文，7500 字，独撰），载于中国社会科学院马克思主义研究院编：《程恩富学术思想研究》第 2 辑（经济科学出版社 2021 年版）。

112.《日中市场经济比较研究》（论文，约 40000 字，合撰），载于［日本］山形大学社会科学辑刊第 26 卷第 1 号（1995 年 7 月出版）。

113.《分配原则与分配制度的多维视角》（论文，3000 字，独撰），载于《人民日报》2003 年 7 月 8 日理论版。

114.《大学生就业难与选择性失业》（论文，2000 字，独撰），载于《人民日报》2004 年 10 月 21 日理论版。

115.《政治经济学研究对象创新刍议》（论文，2800 字，独撰），载于《人民日报》2005 年 7 月 8 日理论版。

116.《探讨国际投资问题的新作——〈国际投资条约与协定新论〉简评》（1000 字，独撰），载于《人民日报》2009 年 6 月 10 日理论版。

117.《使市场之手和政府之手优势互补》（论文，1500 字，独撰），载于《人民日报》2014 年 5 月 13 日理论版（《红旗文摘》2014 年第 5 期全文转载）。

118.《社会主义公有制理论的创新发展》（论文，2000 字，独撰），载于《人民日报》2015 年 12 月 6 日理论版。

119.《牢牢把握社会主义初级阶段这个最大国情》（论文，4000 字，独撰），载于《人民日报》2017 年 8 月 31 日理论版。

120.《关怀现实的历史研究——〈中外跨国公司发展史〉简评》（700 字，独撰），载于《人民日报》2017 年 11 月 6 日理论版。

121.《国有企业改革取得历史性成就》（论文，4200 字，独撰），载于《人民日报》2018 年 11 月 19 日理论版。

122.《“改革开放十五周年理论与实践研讨会”学术综述》(1000 字，第一作者)，载于《光明日报》1993 年 11 月 16 日理论版。

123.《“要素财富论”与按生产要素分配》(论文，2000 字，独撰)，载于《光明日报》2002 年 8 月 6 日理论版。

124.《以人为本与适度就业》(论文，3000 字，独撰)，载于《光明日报》2005 年 8 月 23 日理论版。

125.《社会主义市场经济中的国有经济合理布局》(论文，3000 字，独撰)，载于《光明日报》2008 年 9 月 23 日理论版。

126.《“经济全球化与中国经济科学发展高峰论坛”述要》(1500 字，独撰)，载于《光明日报》2011 年 12 月 9 日理论版。

127.《中国低工资制度的阶段性特征与对策》(论文，3000 字，独撰)，载于《光明日报》2012 年 4 月 13 日理论版。

128.《如何看“城乡居民人均收入十年翻一番”》(论文，3500 字，第一作者)，载于《光明日报》2012 年 12 月 28 日理论版。

129.《发展混合所有制经济与国有企业改革》(论文，2800 字，独撰)，载于《光明日报》2014 年 4 月 2 日理论版。

130.《深化收入分配制度改革：意义与路径》(论文，2200 字，独撰)，载于《光明日报》2015 年 9 月 16 日理论版。

131.《企业技改亟待四个转变》(论文，2000 字，独撰)，载于《经济日报》1997 年 4 月 21 日理论版。

132.《社会主义政治经济学教学方法改革的初步尝试》(论文，2200 字，独撰)，载于《中国教育报》1993 年 6 月 16 日理论版。

133.《我国高校教师工资纵横谈》(论文，6000 字，独撰)，载于《中国教育报》1993 年 7 月 7 日理论版(《新华文摘》1993 年第 10 期部分转载，中国人大复印报刊资料《劳动经济与人力资源管理》1993 年第 9 期全文转载)。

134.《略论公有制经济中劳动力不是商品》(论文，3500 字，独撰，署笔名郭鹏举)，载于《中国教育报》1993 年 12 月 8 日理论版。

135.《面向经济体制改革新阶段的思考》(学术综述，2400 字，第一作者)，载于《中国教育报》1993 年 12 月 8 日理论版。

136.《**切实把提高经济效益作为经济工作的中心**》（论文，6200字，独撰），载于《中国教育报》1996年3月15日理论版（中国人大复印报刊资料《社会主义经济理论与实践》1996年第4期全文转载）。

137.《**正确认识与把握初级阶段理论**》（论文，1000字，独撰），载于《中国教育报》1997年8月1日理论版。

138.《**大胆探索和采用公有制的有效实现形式**》（论文，6800字，独撰），载于《中国教育报》1997年10月3日理论版。

139.《**研讨式与综合式教学法新探**》（论文，4000字，独撰），载于《中国教育报》1998年10月21日理论版。

140.《**正确认识和把握"三个有利于"的根本标准**》（论文，6300字，独撰），载于《中国教育报》1999年1月13日理论版（中国人大复印报刊资料《邓小平理论研究》1999年第3期全文转载）。

141.《**社会主义是真正的历史大趋势**》（论文，5200字，独撰），载于《中国教育报》1999年10月13日理论版（中国人大复印报刊资料《社会主义研究》1999年第11期全文转载）。

142.《**我国经济发展问题的新探索**》（书评，1600字，独撰），载于《中国教育报》2001年4月11日理论版。

143.《**三代领导集体对社会主义经济理论的重大贡献**》（论文，5500字，独撰），载于《中国教育报》2001年5月30日理论版。

144.《**科学技术与价值创造**》（论文，3400字，独撰），载于《中国教育报》2001年9月12日理论版。

145.《**高校文科教师科研之道探微**》（论文，3500字，独撰），载于《中国教育报》2002年3月13日理论版（中国人大复印报刊资料《高等教育》2002年第4期全文转载）。

146.《**全面建设小康社会的思考**》（论文，3000字，独撰），载于《中国教育报》2002年12月4日理论版。

147.《**实施经济发展和扩大就业并举的新战略**》（论文，6000字，独撰），载于《中国教育报》2003年9月8日理论版（《新华文摘》2003年第12期部分转载）。

148.《**坚持和完善我国基本经济制度**》（论文，5500字，独撰），载于

《中国教育报》2003 年 12 月 3 日理论版。

149.《**增长速度　自主创新　收入差距**》(论文，2500 字，独撰)，载于《中国教育报》2005 年 10 月 18 日理论版。

150.《**坚持和完善我国现阶段基本经济制度**》(论文，4500 字，独撰)，载于《中国教育报》2008 年 8 月 9 日理论版。

151.《**当前收入分配领域的四大问题**》(论文，5000 字，独撰)，载于《中国教育报》2010 年 3 月 3 日理论版。

152.《**我国个人收入分配怎样改？**》(论文，4000 字，独撰)，载于《中国教育报》2012 年 3 月 2 日理论版。

153.《**中国特色社会主义的重大发展**》(论文，5500 字，独撰)，载于《中国教育报》2017 年 10 月 27 日理论版。

154.《**〈资本论〉核心经济理论在中国的当代价值**》(论文，6000 字，独撰)，载于《中国经济时报》2017 年 9 月 26 日。

155.《**十五大召开前的一次重要会议**》(2500 字，独撰)，载于《中国经济时报》2019 年 11 月 29 日。

156.《**学界泰斗　风范长存**》(3300 字，独撰)，载于《中国经济时报》2019 年 12 月 9 日。

157.《**论社会主义市场经济中的按劳分配**》(论文，4400 字，独撰)，载于《中国财经报》1993 年 9 月 7 日理论版。

158.《**高校扩大招生将拉动内需**》(论文，3300 字，独撰)，载于《中国改革报》1999 年 6 月 9 日理论版(《新华文摘》1999 年第 9 期全文转载)。

159.《**共和国乳汁哺育我成长**》(理论界庆祝中华人民共和国成立 50 周年征文，2000 字，独撰)，载于《中国改革报》1999 年 7 月 21 日理论版。

160.《**我国当前失业六大特征**》(论文，5000 字，独撰)，载于《中国改革报》2005 年 1 月 31 日理论版。

161.《**我国涉外税收实行国民待遇利大于弊**》(论文，5000 字，独撰)，载于《中国改革报》2006 年 10 月 9 日理论版。

162.《**当代国际投资的新变化**》(论文，4500 字，独撰)，载于《中国改革报》2007 年 7 月 5 日理论版。

163.《**马克思金融理论研究的新进展**》(书评，1300 字，独撰)，载于

《金融时报》1994年3月7日理论版。

164.《企业技改亟待四个转变》（论文，3000字，独撰），载于《金融时报》1997年5月18日理论版。

165.《商品经济意识的共性与个性》（论文，2000字，第二作者），载于《吉林日报》1987年2月5日理论版。

二、主要著作

1.《郭飞文选——经济理论与经济改革重大问题研究》（论著，75万字，独撰），经济科学出版社2016年版。

2.《中国经济改革若干问题研究》（论著，20万字，独撰），东北师范大学出版社1995年版。

3.《经济理论与经济改革新思考》（论著，22万字，独撰），吉林人民出版社2001年版。

4.《新世纪中国经济重大问题研究》（论著，26万字，独撰），经济科学出版社2010年版。

5.《经邦济民治学创新——我与马克思主义经济学》（论著，42万字，独撰），经济科学出版社2019年版。

6.《我以我血献轩辕——一位马克思主义经济学家七十自述》（著作，38万字，独撰），中国经济出版社2022年版。

7.《苏联演变与经济改革研究》（国家社会科学基金项目，专著，25万字，主编、主笔），吉林教育出版社1996年版。

8.《中国经济规律研究报告（2011年）》（35万字，主编），经济科学出版社2012年版。

9.《贸易自由化与投资自由化互动关系研究》（国家"十五""211工程"重点建设项目，专著，40万字，项目负责人，第一作者），人民出版社2006年版。

后　记

本书是我七十年中踔厉风发、砥砺奋进、尽忠报国的真实记录，是我献给伟大祖国和人民的又一部精心之作。

七十年来，我以我血献轩辕。我与中华人民共和国几乎同龄。中华人民共和国社会主义革命、建设和改革，我既是见证者，也是参与者，又是总体上的受益者。我既经历过顺境，也经历过逆境。我的命运，与中华人民共和国的命运、中国共产党的命运、人民的命运、马克思主义经济学的命运，紧紧地联系在一起。我由“文化大革命”前“老三届”中的老初一学生，成长为高校文科最高级别教授、国家一级学会——中国政治经济学学会副会长和中国政治经济学学会顾问，靠的是在正确路径中矢志不渝的顽强奋斗。这种奋斗，既不是为个人名誉奋斗，也不是为金钱和权力奋斗，而是切切实实“足踏在地上”，为中华民族伟大复兴和社会主义、共产主义的伟大事业奋斗。我年轻时不仅加入了中国共产党，还写下了“立志报国，不懈奋斗”的座右铭，立下了“他年若遂平生志，呕心沥血写春秋”的誓言。在祖国人民和中国共产党的哺育下，在父母的培育和良师益友的帮助下，我奋力拼搏，备尝艰辛，笃行不怠，实现了自己的誓言。精诚所至，金石为开。正如被公认为“千年第一思想家”的伟大的革命导师马克思所言：如果我们选择了最能为人类福利而劳动的职业，那我们就不会被它的重负所压倒，因为这是为全人类所作的牺牲，我们的幸福将属于千万人……

“人生中最美的珍藏，正是那些往日时光。”迄今为止，我七十年的人生是风雨人生、奋斗人生、教育人生、学术人生和幸福人生。从小学和初中一年级的好学生，到“文化大革命”中的学业中辍；从去贫苦农村插队落户，到在国营企业当工人；从成为1972级工农兵大学生，到“恶补”专业知识，从零起步自学英语突破全国硕士研究生英语成绩录取线；从硕士研究生期间发表10余篇科研论文，到独立在《中国社会科学》发表长篇论文；从数次在高级别报刊上撰文提出重要对策建议，到这些对策建议在我国完全实现并取得显著的经济与社会效益；从用7年时间实现从讲师到教授的晋升，到被国务院批准为享受政府特殊津贴的有突出贡献的专家；从普通的本科生教师，到成为科研为主型的博士生导师；从被评定为改革开放以来国家首批高校文科最高级别教授，到连任两届中国政治经济学学会副会长……多少个熟悉的身影，多少次亲历的事件，多少个激情燃烧的岁月，恍然如昨，在我的脑海中不断浮现。尽管我的人生经历在同龄人中尚属个案，但若将它准确生动、详略得当且图文并茂地展现出来，或许对读者更加真实和深入地了解当代中国国情、中国人民的奋斗史和改革开放以来中国经济改革与经济理论的新进展，具有沧海一粟的作用。

社会的进步与变革，既受客观规律支配，也是整个社会合力的结果。一个人的作用是微小的，正如地球在宇宙中是微小的一样。然而，聚沙成塔，集腋成裘。我坚信：只要坚持以发展的马克思主义为指导，坚持中国共产党的正确领导，坚持以经济建设为中心和科技自立自强，坚持中国现阶段的基本经济制度和社会主义的改革开放，坚持建设世界一流的强大的人民军队，全中国人民团结奋斗，勇毅前行，百折不挠，就没有过不去的雪山和草地，没有战胜不了的困难与挑战，没有不能打败的敌人，到21世纪中叶将中国建成富强民主文明和谐美丽的社会主义现代化强国的第二个百年奋斗目标就一定能实现。经过科技进步、反复博弈、千回百转和长期发展，共产主义社会终将在全世界实现。

“人生七十古来稀”，当今七十不稀奇。“人生自古谁无死，留取丹心照汗青。”我要继续发扬“咬定青山不放松”的精神，为中国特色社会主义伟大事业鞠躬尽瘁，发光放热！

值本书出版之际，我衷心感谢在我曲径成才的漫漫征途中帮助过我的同志和亲友，衷心感谢中国经济出版社领导对本书出版给予的大力支持与李祥柱编审的精心策划和王西琨编辑的高效工作。

郭　飞

2022年7月5日于北京轩昂斋